"全球史与澳门"系列编辑委员会

主任：许敖敖

委员（以姓氏笔画为序）：
许敖敖　余秋雨　吴志良　陈乃九　张曙光　唐嘉乐　钱乘旦

澳门科技大学人文社会科学研究丛书

本丛书获澳门基金会资助,谨此致谢

社会科学文献出版社
SOCIAL SCIENCES ACADEMIC PRESS (CHINA)

澳门研究丛书　MACAU STUDIES
"全球史与澳门"系列
主编　钱乘旦

望洋法雨
全球化与澳门民商法的变迁

GLOBALIZATION AND THE EVOLUTION OF
MACAU CIVIL AND COMMERCIAL LAW

黎晓平　汪清阳／著

社会科学文献出版社
SOCIAL SCIENCES ACADEMIC PRESS (CHINA)

总序　全球史与澳门

钱乘旦

本系列研究包括两个主题，一是"全球史"，二是"澳门"，这两个主题都不新鲜，但把二者对接起来进行研究结果会怎样？这是个有趣的问题。

"全球史"已经出现几十年了，在中国也早就成为人们熟悉的话语。但什么是"全球史"？仍旧需要简单地阐述。

巴勒克拉夫（Geoffrey Barraclough）说过："现代意义上的世界历史绝不只是综合已知的事实，或根据相对重要性的次序来排列的各个大洲的历史或各种文化的历史。相反，它是探索超越政治和文化界限的相互联系和相互关系。"他非常推崇 R. F. 韦尔的说法：当人们用全世界的眼光来看待过去时，"历史学便成为对相互关系的研究，而不是对事实的研究：研究文化的、社会的和商业的相互关系，以及外交的和宗教的相互关系"。他认为这种历史叫"世界史"（world history）。①

威廉·麦克尼尔（William McNeill）说："交流的网络支撑了每一个社会群体，也渗透全球一切语言与文化的疆界；专注于这个网络，就能在世界范围内理解我们独一无二的历史。"② 他认为

---

① 杰弗里·巴勒克拉夫：《当代史学主要趋势》，杨豫译，上海译文出版社，1987年，第257、258页。
② William McNeill, "An Emerging Consensus About World History?" www.hartford-hwp.com/archives/10/041.html.

i

交往与互动是世界历史的主要内容，他把它称为"整体史"（ecumenical history）。

杰里·本特利（Jerry Bentley）说："全球史观要求超越对某个社会的研究，而考察更大的地区，考察各大洲的、各半球的，乃至全世界的背景。全球史观还要考察那些对不同社会中人们之间的交流有促进作用的网络和结构。最后，全球史观要求关注各地区、各民族和社会之间的互动交流所带来的长期影响和结果。以全球史观来研究世界历史，旨在寻找一种理解过去历史的方法，为当代世界提供一个意义深远的背景。"① 他认为这样的历史是"全球史"（global history）。

无论"世界史""整体史"还是"全球史"，其表达的内涵实际上是一样的，② 就是把世界作为整体的对象，写各地区、各文明、各种群、各群体之间的影响与互动。如王晴佳所说："全球史强调文明、区域和群体间的交流和互动，这是全球化在历史观念上的体现。全球史的写作是要为全球化在人类的历史进程中定位，在这个意义上，全球史是'大写历史'的复苏和再生。"③

作为历史的一个部分，全球史其实是客观存在的，并不是人们虚幻的想象。相当长期以来，历史学家习惯于做"国家"的历史，而把历史研究置于"国家"的框架之内，所有课题似乎只有在"国家"范围内才有可能存在，"超国家"和"超地区"的问题似乎不可想象。④ 但"超国家"和"超地区"的历史确实是存

---

① 杰里·本特利、赫伯特·齐格勒：《新全球史》，魏凤莲等译，北京大学出版社，2007，第9-10页。
② 有一些学者分析了三种表达方式的差异，在此不赘述。
③ 教育部社会科学委员会秘书处编《国外高校人文社会科学发展报告2009》，高等教育出版社，2010，第445页。
④ 如果有"超国家"的课题，那也只是在外交史或国际关系史这样的领域，其他历史都被纳入"国家"框架内了。

在的，近几十年国际学术界的进展表明：这一类事例大量发生过，而且继续在发生。然而在过去，它们几乎完全被忘记，或者没有被意识到。① 举一个简单的例子：美洲的发现给世界各地的生活方式带来变化，比如粮食结构发生变化，这个变化引起人口增长，人口增长对世界很多地区的经济、政治发生影响，可能影响到这些地区的历史过程，造成制度和机制的演变。这些演变如果只放在"国家"的框架中加以研究，那么"国内的"原因是人们关注的主题；可是放在"全球史"的框架中，情况就变得复杂得多。类似例子其实很多，"蝴蝶效应"② 在历史上司空见惯，世界上任何一个地方发生的事，都可能造成超出其地域范围的意想不到的影响，只是这些影响在以"国家"为框架的历史研究中被埋没了，"全球史"则要把它们重新发掘出来。由此看来，"全球史"并非只是一种方法，也不仅仅是"史观"；它既是方法，也是史观，并且也是客观的历史存在。

我们一般把麦克尼尔的《世界史》③ 和斯塔夫里阿诺斯（L. S. Stavrianos）的《全球通史》④ 看做全球史的起点；1978年，英国历史学家巴勒克拉夫在为联合国教科文组织主持出版的《社会科学和人文科学研究主要趋势》丛书撰写的历史学卷中，把它们说成是"用全球观点或包含全球内容重新进行世界史写作的尝

---

① 相关的情况我曾在《探寻"全球史"的理念——第十九届国际历史学科大会印象记》中有过介绍，见《史学月刊》2001年第2期。
② "蝴蝶效应"是说某地方一只蝴蝶拍动翅膀，都可能在远方的喜马拉雅山上引起反响。
③ W. H. McNeill, *A World History*, Oxford University Press, USA, 1967.
④ 斯塔夫里阿诺斯（L. S. Stavrianos）的《全球通史》包括两部分，上卷《全球通史——1500年以前的世界》（*The World to 1500, a Global History*）第1版，1970，下卷《全球通史——1500年以后的世界》（*The World since 1500, a Global History*）第1版。1966。1988年上海社会科学院出版社将两卷同时推出称《全球通史》，2005年北京大学出版社根据英文第7版重新翻译出版。

试中"最有影响的两本书。① 这两本书的特点是打破自启蒙以来西方史学传统中以"国家"为基础的编纂体系，尽可能抛弃西方中心论，而把"世界"作为历史写作的对象，强调各文明、地区之间的影响与互动。在当时的学术界，造成很大的轰动。

此后，全球史的观点慢慢扩大影响，而逐渐被越来越多的历史学家所接受，更多的人开始用全球史的观念与方法探讨历史问题，发表了越来越多的研究成果。1995 年和 2000 年，两届国际历史科学大会都把全球史定为大会主题，引起全世界历史学家的普遍注意。国际历史学界已成立专业性的全球史学术研究团体，也出版全球史专门学术刊物，如本特利任主编的《世界史》杂志。一时间，全球史在西方学术界形成风气，许多人都以做全球史为时髦。

国内学术界在 2000 年左右开始注意全球史，有一些文章发表，介绍全球史的观念与方法。② 这以后的几年中，随着知识的传播，全球史逐渐为国内学者所知悉，最终也有人开始尝试用全球史的方法研究一些问题。③ 首都师范大学组建了国内首个"全球史研究中心"，并出版定期刊物《全球史评论》。2011 年夏，以全球史为主旨的美国世界史学会（World History Association）与首都师大合

---

① 杰弗里·巴勒克拉夫：《当代史学主要趋势》，第 245 – 246 页。
② 我所查到的最早介绍全球史的文章包括：钱乘旦《探寻"全球史"的理念——第十九届国际历史学科大会印象记》，《史学月刊》2001 年第 2 期；于沛《全球化和"全球历史观"》，《史学集刊》2001 年第 2 期；王林聪《略论"全球历史观"》，《史学理论研究》2002 年第 3 期；多米尼克·塞森麦尔《全球史——挑战与束缚》，《山东社会科学》2004 年第 6 期；伊格尔斯、王晴佳《文明之间的交流与现代史学的走向——一个跨文化全球史观的设想》，《山东社会科学》2004 年第 1 期；陈新《全球化时代世界历史的重构》，《学术研究》2005 年第 1 期。
③ 比如首都师范大学出版的定期刊物《全球史评论》第 2 期（中国社会科学出版社，2009）上发表的专题研究有：何平《中世纪后期到近代初期欧亚大陆的科学和艺术交流》；刘健《区域性"世界体系"视野下的古代两河流域史》；赵婧《葡萄牙帝国对印度洋贸易体系的影响》。

作，在北京召开第 20 届年会，有数百名中外学者参加。

但实事求是地说，中国历史学界之于全球史，迄今仍停留在介绍阶段，真正用全球史来做研究的成果少而又少，几乎可以忽略不计。很奇怪为什么情况会是这样，也许归根究底，一个原因是人们对全球史是什么及怎么做仍感陌生，甚为茫然；第二个原因可能是大家对全球史的意义还是未理解，没有看出它对以往历史研究的空白方面所具有的填补作用。因此，相对于国际学术界，国内的全球史仍处于初步摸索阶段，真正拿出全球史的研究成果，尚需付出巨大努力。

下面谈第二个主题：澳门。

澳门是中国一个特殊的地区，如果不是 15 世纪中叶发生在世界上的某些事件，至今它都会和它周边的广阔地域一样，是广东沿海的一个小海角，不会那样引人注目。

澳门史研究澳门的历史，澳门史之所以值得研究，是因为从 15 世纪中叶起，澳门成了葡萄牙在远东的立足点。由于这种特殊情况，澳门史研究和一般的中国史研究不同，它有三个支脉：1）中国的澳门史研究，2）葡萄牙的澳门史研究，3）其他国家的澳门史研究。

中国的澳门史源头可追溯到 18 世纪中期，若不算县志，最早的文献是印光任、张汝霖的《澳门纪略》。[①] 但真正的研究要到 20 世纪才开始，起初集中在粤澳划界问题上，后来才慢慢扩大到其他方面，1911 年出版的《澳门历史沿革》可能是第一部"澳门通史"。然而在三分之二个世纪中，澳门史研究并没有很大进展，1900－1979 年，只有 27 种与澳门史相关的图书出现，其中有一些没有学术意义。改革开放以后澳门史研究迅速发展，据统计，1980－2005 年，共出版澳门史著作 218 种，其中包括通史、专著、

---

① 印光任、张汝霖：《澳门纪略》，广州萃经堂，1751。

普及读物、档案集等,① 可说进入大繁荣时期。

葡萄牙的澳门史研究从 19 世纪中期以后经久不衰,按吴志良博士的说法,其中重要者有法兰萨(Bento da França)的《澳门史初探》(1888)、徐萨斯(Montaltode Jesus)的《历史上的澳门》(1902)、科龙班(Eudore de Colomban)的《澳门史概要》(1927)、文德泉(Manuel Teixeira)的《澳门及其教区》(16 卷,1940 – 1979)、雷戈(António da Silva Rego)的《葡萄牙在澳门的影响》(1946)、白乐嘉(J. M. Braga)的《西方开拓者及其发现澳门》(1949)、高美士(Luís Gonzaga Gomes)的《澳门历史大事记》(1954)等,② 其中有一些已经翻译成中文。葡萄牙的澳门研究比较集中于澳门的葡人群体,比如他们的政治治理、经济活动等。

其他国家的澳门史研究也是一个重要的分支,1832 年瑞典人龙思泰(Anders Ljungstedt)的《早期澳门史》首开先河,后来也有其他国家的澳门史著述问世,其中以英国、荷兰和德国为多。

总体而言,澳门史研究可以分为两大类,一类把澳门史放在中国史的背景中进行研究,因此是中国史的一个部分(澳门地方史);一类把澳门史放在葡萄牙史的背景中进行研究,因此是葡萄牙史的一个部分(海外领地史)。中国的澳门史研究基本上属于第一类,葡萄牙的澳门史研究基本上属于第二类,其他国家的澳门史研究可能二者兼有之,但会偏向于第二类。除此之外偶或可见一些视野更宽阔的作品,比如潘日明(Benjamim Videira Pires)的《16 – 19 世纪澳门至马尼拉的商业航线》(1987),但这种情况极为稀少。

以上两类研究都放在国别史视野下,除这两种视野外,是否还有其他视野?是否可以把澳门史放在"世界"的视野下进行观

---

① 相关统计数字可参见王国强《澳门历史研究之中文书目》,《澳门史新编》第 4 册,澳门基金会,2008,第 12 章。
② 详情见吴志良《生存之道:论澳门政治制度与政治发展》,澳门成人教育学会,1998,第 4 页。

察？16世纪中期以后，澳门就处在新形成的世界贸易体系的一个关键交接点上，它连接了欧洲海上贸易网和中国陆上贸易网两大贸易体系，起着东西方文化社会对冲与沟通的作用，中西文明最早在这里接触，并开始博弈。因此澳门的历史地位非常特殊，而澳门的历史也就有了第三个背景，并且是更大的背景，即世界历史的大背景。一旦把澳门的历史放在世界历史的大背景中进行观察，就一定能发现一个新的澳门，即世界历史中的澳门。换一个方向说：如果把澳门作为观察世界史的窗口，那么世界历史也会呈现出新面孔。于是，我们设计了"澳门在全球化和东西方文化交流中的历史地位、独特作用与现实意义研究"系列课题方案，其目标是：在全球史视野下重新审视澳门史，并以澳门为基点观察全球史。

大约十年前，我和现任澳门基金会行政委员会主席吴志良博士在上海一家咖啡馆喝茶，聊到澳门历史，我们都觉得澳门历史很特别，它既属于中国史，又属于世界史，澳门在近代以后的世界上也有过特别的作用，它既属于中国，又属于世界，因此澳门的特殊之处就在于它沟通了中国与世界，在中国与世界之间搭起一座桥。这样看待澳门，我们就觉得澳门的历史需要用一种新的框架来研究，什么样的框架呢？就是全球史框架。

全球史在当时刚刚被国人所接触，在国外也兴盛不久。全球史明显是一个新的学科领域，有很大的发展空间。中国的世界史学科正处在发展的机遇期上，它在观点、方法、视野等方面，都需要有新的尝试。那一次谈话对我的启发很大，我觉得用全球史来做澳门史，一定能打开一个新局面。两年后，我们的设想付诸实行，我们确定了一个真正意义上的全球史课题："15-18世纪澳门在全球贸易体系中的作用"，希望把它做成一个真正的"全球史"。这是本套书中第一个子课题。

再过一两年，澳门科技大学许敖敖校长到北京开全国政协会议，我去看望他，他当时在考虑如何推进学校的学术研究，希望能做出一些有特色的研究工作。我向他叙述澳门与全球史的关系，他听得很认真，尽管他是天文学家，与文科接触不多，但他非常敏感，很快就意识到课题与思路的超前性。当时他说他会回去想一想，想好了与我联系。不久，他就告诉我已决定要做一套全球史，一方面是追回澳门的国际地位，把遗忘的历史找回来；另一方面要推动一个新学科，让全球史也在中国结果。作为一个科学家，他的判断特别敏锐，他认识到文科和理科其实一样，要走学科前沿，才有发展空间。

这样，在2008年，由澳门基金会资助、澳门科技大学立项的"澳门在全球化和东西方文化交流中的历史地位、独特作用与现实意义研究"项目正式启动，共设11个子课题，现在，这11个子课题都可以问世了。回想项目研究的三年多时间，给我们印象最深的是许敖敖校长始终在亲自过问项目的进展，课题组成员曾多次在澳科大开研讨会，每次开会，许校长都从头听到尾，尽管他对历史的细节并不熟悉，但他对把握全球史的理念却紧抓不放——书必须做成全球史，这是他始终不渝的要求。

但正是在这个问题上，作者们面对最大的困难。尽管作者都是历史学专业出身，受过很好的史学训练，但对于什么是全球史，以及如何做全球史，确实心中无数。但一定要把这套书做成全球史，又是大家共同的心愿。所以我们花了很多时间去理解全球史，不断地讨论，相互交流，探讨每一个子课题怎样才能放到全球史的视野下。这些讨论对每一个人都有很大帮助，大家都感到：通过做这套书，自身得到很大提高。

尽管如此，各书之间还是有差异，对全球史的把握各有不同，有些把握得好一点，有些则略显弱。但所有作者都是尽心尽力做这件事的，而且都努力把书做成全球史的成果。迄今为止，中国学术界对全球史仍旧是说得多，做得少，我们希望这套书可以开始改变这个局面。

目录
CONTENTS

导　论 ··· 1

上卷　民法篇

第一章　怀柔远人：中葡民法文化初交汇 ················ 19
第一节　引言 ·· 19
第二节　中葡民法文化概要 ······································ 22
第三节　民法文化初交锋 ··· 27
第四节　怀柔远人 ·· 34

第二章　中西并用：华人习惯法与葡国民法典 ············ 38
第一节　《华人风俗习惯法典》的诞生 ······················ 38
第二节　葡人的法律移植 ··· 41
第三节　《华人风俗习惯法典》的法文化解析 ············ 47
第四节　起草者的民族情怀 ······································ 54

第三章　回归岁月：民法本地化 ································ 56
第一节　民法本地化之必要性 ··································· 56
第二节　民法本地化进程回顾 ··································· 62

ix

第三节　民法本地化之缺失 ……………………………… 68
第四节　本地化与法律信仰 ……………………………… 74

第四章　和而不同：民法未来之路 …………………………… 76
第一节　一种文化的响应 ………………………………… 76
第二节　社会变迁与民法全球化 ………………………… 79
第三节　传承与借鉴 ……………………………………… 87

下卷　商法篇

第五章　两种传统：澳门商人习惯法 ………………………… 91
第一节　大航海贸易背景下澳门商业地位 ……………… 91
第二节　葡萄牙商事律令及其在澳门的间接适用 ……… 99
第三节　澳门商人习惯法体系 …………………………… 107
第四节　重商议习惯法 …………………………………… 120

第六章　西法东渐：葡萄牙商法在澳门延伸适用 …………… 128
第一节　1849－1976年澳门商业社会的特点 …………… 128
第二节　19－20世纪葡萄牙商事立法评述 ……………… 139
第三节　商法延伸适用与本地补充立法 ………………… 150
第四节　法律的冲突及其结局 …………………………… 158

第七章　过渡时期：商法本地化 ……………………………… 171
第一节　澳门法律本地化与商法本地化 ………………… 171
第二节　公司法改革 ……………………………………… 180
第三节　《澳门商法典》 ………………………………… 194

第四节 "本地化"的关键 …………………………… 211

第八章 走向未来：商法全球化 …………………………… 220
第一节 澳门商业全球化之进程 …………………………… 220
第二节 商法改革：从本地化走向全球化 …………………… 229
第三节 商法全球化之途径：趋同与竞争 …………………… 241
第四节 商城之路 …………………………………………… 256
结 论 …………………………………………………… 260

参考文献 ……………………………………………………… 264

导　论

一　新澳门

　　澳门原本是中国东南沿海的一个偏僻渔村，海风渔火，白帆点点，静谧安详，如诗如画。

　　人们已经不能明确记忆，那是 1553 年抑或是 1557 年，是一个萧瑟的秋日还是一个灰色的冬天，澳门迎来了第一批不明身份、看似亦商亦盗，并在后来改变了其历史命运的不速之客——葡人。

　　具体的日期显然不重要。有意义的是：这是公元 1500 年，人类历史在这个世纪掀开了"世界历史"或"全球史"的第一页，开拓了直到今日的"全球化"的道路和进程。

　　正是在这个时代，澳门遭遇到黑格尔所谓历史的"机巧"。这个偏僻渔村成了被出现在历史天际的神奇全球化曙光点亮的第一片中国土地。澳门从此被写进了"世界历史"或"全球史"，被卷进了"全球化"的历史洪流。

　　历史的"机巧"常常表现为历史发展中诸因素的偶合，历史发展链条中必然性法则与偶发性事件之奇妙的连接，以及在此种"偶合"与"连接"中所形成的神秘的历史力量与历史机遇。这种"历史力量"与"历史机遇"在近代早期的欧洲得以展现。15－16 世纪的航海探险活动及其对地理的新发现，不仅开辟了通向世界各地的航道，建立了彼此关联，形成了跨文化人类互动，也决定性地影响了人类精神的发展，改变了人们对世界的看法，一种新的全球性观念开始形成。与此同时，资本主义社会正在慢慢形成，登上欧洲历史的舞台。资本主义逐利本质及其生产方式内在固有的扩张性，驱使欧洲人侵入全世界的海洋和陆地，掠夺更多的资源和财富。由此，欧洲人进行了史无前例的疯狂殖民征服和扩张。他们征服了非洲，把整个美洲变成了殖民地，在亚洲亦势力浩大。所谓"全球化"就是在如此这般历史力量的作用下和历史机遇中拉开了帷幕，汇成奔向"世界历史"或"全球历史"的洪流。

东来的葡人并不具有什么高尚的动机或什么"全球"意识。这些来自伊比利亚半岛贫瘠土地上冒险家的唯一目的就是寻找通向亚洲的商路和市场。他们从事商业投机和冒险，将其时欧洲粗糙的制造品销往亚洲，同时也将亚洲精美的货物运回欧洲，从中获取暴利。

这批葡国冒险家碰巧闯入了澳门，经由史称"行贿"之不正当的方式在此居住下来。澳门遂因此成了葡人往来欧亚、通向世界的商业据点和贸易中心。如此，这个偏僻的渔村被纳入了其时由航海、地理新发现、殖民扩张、贸易交往所正在形成的世界性经济体系中，被嵌入了世界性或全球性历史坐标中。

跨文化的互动原本就是历史发展的固有特征。只是在西方人的逻辑中，社会与历史往往是因恶而得善。亚当·斯密认为，在社会经济领域，追求己利可带来整个社会的普遍繁荣；康德提出"二律背反"，认为历史尽是罪恶、贪欲、自私、争斗，但正是由于这些恶构成了历史发展的动力，推动历史前进，最终走向美好的永久和平的世界；卡尔·马克思则发现了历史的辩证法则：资本主义的逐利本性及其生产方式的扩张性，亦在客观上开创和促进了"世界历史"的新趋向。严格说来，这样的逻辑并非就是社会和历史的真理，但的确相当深刻地解释了资本主义社会的现实及其历史意义，解释了近代历史发展的内在原因，亦为我们解释了葡人的东来带给澳门的变化。

新澳门诞生了。她告别了以渔为业的古老生存方式，以"商城"的面貌向全世界微笑；她被全球化的曙光点亮同时又以自身的光亮穿透中国内地那片古老的土地；她不再偏僻孤寂，成了连接欧亚和世界的贸易中心，并以这样的身份和姿态参与全世界的经济和文化的互动，发挥着特殊的影响与作用。

二 全球化与全球史观

澳门研究，尤其是澳门史之研究必先了悟全球化之意涵与全球史观之方法论。此处试论之。

1. 全球化

"全球"意指世界整体，"化"则是世界有机联系与整合的过程与趋势，"全球化"的概念很好地表述了1500年以来人类历史之进程与发展。然，"全球化"究竟意味着什么，对人类的发展究竟具有怎样的意义，则是众说纷纭，争议激烈，不可简单回答亦不是现时所能回答的问题。此处不拟复述有关"全球化"之种种学说、观点，亦不对之加以评论，仅谈谈我们对"全球化"的初步理解。当然，这种理解必定参考已有的相关学说与观点。

的确，没有比"全球化"更好的概念来描述人类近代历史的发展和趋势的了。但如果对之只是陈述列举各民族、各文明、各国家之交往与互动，只整理相关资料，其作用无非就是提供世界范围的历史知识。黑格尔将这种历史称为"反省的历史"，认为这种"历史"没有什么真正的意义。黑格尔倡导的是"哲学的历史"，即不是研究世界这样或那样的事实和现象，而是要探索事实和现象背后的东西，即历史的本质。当然，在黑格尔那里，历史无非就是"精神"的展开，精神是世界历史的真正本质。

"全球化"当然不是什么黑格尔的"精神"在人类近代历史中的开展，但黑格尔的观点颇有启发，我们必须把握历史的本质。

就本质言，"全球化"就是"现代性"在全球范围的开展与演绎。"现代性"按照自己的面貌为自己创造出一个世界。正是"现代性"形塑了近代以来的历史。所谓"现代性"，就是现代化或现代社会所具有的价值观念、社会形态、经济和制度模式，其内涵包括：市场经济、个人主义、民主宪政、法治人权等。所谓"现代化"无非就是基于"现代性"的社会形态与文明样式之历史嬗变过程。"现代性"内在地具有普适性、普世性之要求，它需要且只能通过"全球化"才可能成就其自身。

"市场经济"是现代性之基础性的铺陈。作为典型的资本主义经济形态，其目的"逐利"而已。然，正是"逐利"，市场经济就本质地、内在地具有扩张性。故其法则必定就是"自由竞争"，就是"贸易自由"，就是"自由"。它要冲破一切国家的、民族的地域界限，它也要冲破过往时代政治的、道德的、习俗的樊篱，将自己铺展到世界的每个角落，吸利以自养。这样，我们就可理解近代早期欧洲人冒死远航和后来向全世界侵略扩张之行动的原因了。当然，在客观上，市场经济必定会建立、紧密、强化世界各地、不同文化间关联与互动。我们还应明白，上述"现代化"之内在的普适性、普世性之要求，就是根源于"市场经济"。

"个人主义""民主宪政""法治人权"亦是与市场经济相适应的价值体系和各种制度安排。此处不宜过多地阐释它们的意涵及相互间的关联，仅指出这样一个事实：近代以来的"全球化"就是这套现代性的价值体系和相关制度在世界范围扩张、铺展的过程。

了解了"全球化"的本质或近代历史的本质，"全球化"概念和面貌就清晰起来了。至于信息、通信、交通、国际组织、跨国公司、国际交往等，则非"全球化"本身，亦非全球化的表现，仅为"全球化"的工具与实现方式而已。

"全球化"的利害得失及其问题在本质上就是"现代性"的利害得失和问题。今天的人类享受着现代化带来的福祉，但同时也正在经受"现代化"带来的灾难的煎熬。"全球化"的结局殊难预料，至少今日尚看不清楚。不过，我们已然明白："全球化"并不意味着或预示着一个统一和谐的全球社会或"千年福国"。

我们还是回望澳门。无论怎样理解"全球化"，澳门都是全球化时代的产物，并且伴随着"全球化"的兴起而兴起，成长而成长。在这里诞生了中国乃至亚洲最早的市场经济和商人社会；这里也是中国最早吟诵基督教福音的地方，传递着西域文明的信念和信息。从此，商人的叫卖与基督教的福音，不绝于世，不绝于耳，传遍了中国内地。

2. 全球史观

全球史与全球化相关。如果将"全球化"理解为"现代化"在世界范围内之铺展和演绎的过程，人类历史便告别了以往个别民族的或国家的历史，进入到"全球史"进程。全球史即"全球化"过程。人类历史的这一重大转换，必定给人们历史观念以重大影响，"全球史观"遂即形成。与以往历史观的差别是："全球史观"不是从单个国家、民族、宗教、文明去了解和解释历史，而是将世界视为整体，既探析整体之纵向发展，尤注重构成整体诸部分之相互关系与交互作用，也就是跨国家、跨民族、跨文化的联系、交流与互动。易言之，在这种历史观里，联系、交往、互动之关系比国家、民族、宗教这些主体更重要，更基本。历史现象、历史事变、历史进程只有在"关系"中才可得到理解和解释。

如前所述，15世纪的航海和地理的新发现，资本主义社会的兴起和欧洲的殖民扩张，拉开了全球化帷幕，改写了人类历史。从此，一切关于历史现象和历史事变的研究也就不能不放在不同文明、国家、民族、宗教之相互作用、冲突、影响的关系中探求了。

全球史观首先是一种关于人类历史的整体性观念，是对无论"欧洲文明中心论""中国文明中心论"抑或其他文明中心论的排除。一个文明无论多么强大，只有在世界整体中才具有意义；一个文明无论多么弱小，也是构成世界整体的部分，具有同等价值与意义。而离开了整体的部分，必失其价值。

全球史观是这样一种历史意识，它在把握历史的同时，也赋予历史以意义，在寻觅全球化时代的本质与法则的同时，也引导历史的方向。历史观、历史意识与历史本身亦是互动的和相互影响的。全球史观昭示全球性的视野，唤醒和聚集全球性意识，形塑和提振全球化精神，从而成就全球化事业。全球史观和历史的哲学关系就是如此。

全球史观不忽视从纵向角度把握全球化进程和发展趋向，但更着重从横向角度探析构成历史画面的多种关联、互动、作用的因素，及其形成机制。历史本身就是纵横发展的有机统一，而全球化进程一刻也不脱离不同文明、国家、民族、宗教的交往、互动、冲突与融合。

全球史观亦是这样一种有意义的方法：开阔视野、开放心灵、增长智慧。

全球史观同样是一种今天这个时代十分有价值的学术研究方法，不限于历史研究，对哲学、经济学、法学、社会学等研究，也是必须的和行之有效的方法。就法学而言，它如何对待发生在世界范围内的大规模法律移植以及商贸法律世界一体化的事实？显然，过往时代只专注于一国一地的法学不能把握和解释这些新的现实，而全球史观则能提供一个可能的解决之道。

澳门法制的研究中应用全球史观所蕴涵的哲学观和方法论，是题中应有之义。其理由一如前述。

根据全球史观，在具体讨论澳门民商法的历史变迁之前，此处有以下问题必须获得解释。

其一，澳门兴起时的中欧文化、制度渊源。

我们前面说过"澳门是人类神奇的创造"，澳门法制是法制文明史上的奇观，其奥秘也许深藏在文化和传统里。我们在这里尝试着去发现。

首先要讨论的是：中国文化精神与葡人之居住澳门。人们常说，中国文化是一个博大精深的文化。何谓"博大"，曰"有容乃大"，"容"意味着"容纳""宽容"。"容纳""宽容"正是中国文化精神特质的外在表现，它无疑是一种开放的系统。说"外在表现"，表示中国文化还有其更为深厚的内在精神本质。这个精神本质是什么？笔者曾在一篇文章中做了简要概括，可能说的不完整，那就是"仁爱、公义、和谐和统一"。笔者认为这就是"中国之道"。即中国国家和民族的生存之道。"仁爱、公义、和谐和统一"在笔者看来一直就是我们文明的信念、民族的精神和国家的事业。需要指出的是：人们往往在谈论这些价值的时候，或者不认为他们有什么实际的效用；或者认为实际的国家生活恰与此相反，且不乏其例。然考诸数千年中国对外的关系史，中国文化的这种精神均构成了国家行为的准则。葡人潘日明神父在《殊途同归》一书中对此进行了详尽考证。葡人东来，正值明朝的强盛时期。明代推行的对外政策，可概括为"厚往薄来，怀柔夷人"的开放、和平政策。主张"内安诸夏、外抚夷人、一视同仁"。即使是对那些"不懂得禁忌而误违国家宪条法令者，都可宽恕之，以关怀爱护远来之人"。葡人入居澳门后的一段时期，明朝朝野曾发生过关于澳门的争论，大体有"主驱派"和"主留派"两种。明政府采纳第二种主张，允许葡人居留澳门。这不是妥协，亦非强制；明政府有充分的能力驱逐甚至剿灭居澳葡人。但明政府没有这样做，除了种种外在的经济政治利益考虑之外，文化精神则是其决策的内在根源,在背后起了决定性的作用。如没有中国文明继承下来的那种宽容开放文化精神,葡人居澳是不可能被接受的。同时,在以后的各个时代中,中国政府也遵循了同样的精神。正因为如此,笔者认为,中国之道,也就是"仁爱、公义、和谐和统一",是中国的文明大宪章,就是"国家的事业",也规范着"国家事业"。今天在澳门实行"一国两制",传承的依然是我们文明的信念和精神。

接下来谈谈中国文化的制度渊源。有两项唐代创设的制度,居然给澳门的兴起提供了某种制度模式与法律依据,恐为唐人始料不及。一是"蕃坊"制度,一是唐律中的"化外人"名例。所谓"蕃坊"就是外邦人在中国的居住区域。盛唐时代,外邦人来朝者甚众,为了管理上的需要,建立了外侨居留地——"蕃坊"。中国政府的政策是让外邦人聚居在一地,享有某种程度的自治,设管理蕃坊公事的官吏,由外国人充任,称为蕃长。外国人只要遵守秩序,便可获得使用他们自己的法律,按照他们的风俗习惯办事之特许。但中国政府保持最高的主权,在司法上蕃人犯罪轻微者才能自决,徒刑以上者,则由中国官府判处。这样的"蕃坊"除首都长安外,主要出现沿海通商口岸城市,如宁波、泉州、广州等。

所谓"化外人"名例指的是《唐律》卷六"名例"之规定"诸化外人,同类相犯者,各依本俗法;异类相犯者,以法律论。"这条适用法律的原则明显与前述"蕃坊"制度相联系。

用不着特别强调,"蕃坊"制度与"化外人"名例是中国文化精神具体写照。

葡人入居澳门,设立自治机构等,在当时的中国政府看来,无非是唐时代的"蕃坊",虽然明清律例中均无"化外人"名例,但他们依循传统。

现在我们该把目光投向欧洲了。来澳的葡人根本就不了解中国的文化精神及上述制度。他们按自己的方式居住下来，设制自治。他们最初建立的"议事会"制度模式则渊源于中世纪中后期在欧洲兴起的城市制度。这种制度中，"城市"既与希腊的城邦不同，不是完全自治的独立的城邦国家，也不是罗马城邦那样是国家中央权力的行政中心，而是介于两者之间的一种体制。中世纪的城市是一个法律实体，拥有自己的独特法律体系和市政制度及机构。它是在宗教势力鼎盛、世俗国家权力衰落的社会条件下出现的。除了教会之外，不存在一个君临一切之上的世俗王权，因而，这个时期的城市，在他们享有包括征税、铸币、缔结同盟和发动战争的权力以及立法、司法、行政的权力之意义上，同近代国家一样。另外，城市的这些权力也受到各种各样的约束。城市的市政结构、立法权限、市民的权利和义务一般根据国王的特许状而得成立。

在葡人入居澳门、筑室建城时，城市制度在欧洲和葡萄牙已有三四百年的历史，城市自治的传统可谓根深蒂固。1586年，葡印总督宣称澳门为"中国圣名之城"，1596年葡国王颁令予以承认澳门从此便获得"法令特许状"，享有与葡萄牙埃武拉（Evora）同等的自由、荣誉和显赫。因此，在葡国政府看来，澳门就如同欧洲中世纪的"城市"一般。

事实上，居澳葡人的城市自治与欧洲式葡萄牙的自治城市根本区别在于：居澳葡人必须听命于中国政府，接受其规制，还必须交地租银。这的确是澳门的独特之处。

无论如何，中西传统的制度渊源均在澳门得以体现，进行了某种程度的交合。"蕃坊"与中世纪欧洲的城市制度原本是风马牛不相及的呀！

在西方传统中，必须要提到罗马—日耳曼法律传统，或称罗马法传统、民法传统或大陆法传统。这是一种渊源于罗马法并以其法律制度为基础演进发展而成的法律传统。这一传统的基本精神是民法中心主义，基本特征是以法典法为主要法律渊源。葡萄牙延伸适用于澳门的法律，以及在澳门创制的法律，依循就是这一传统。这一方面有很多讨论了。

其二，为什么澳门的"原有法律"可以保持不变？

400多年的历史中，澳门华洋共处分治，虽然是长期葡河汉界，"各依本俗法"，却也诸多交融汇合；澳门法制史几经变迁，契合了不同的时代格局。澳门法律体制在回归后保持不变，人们一般了解说，这是基本法的规定。而基本法之所以承认"原有法律"，就不仅仅只考虑到澳门人生活方式，而是因为这些"原有的法律"，体现了时代的精神与原理。这印证了庞德的那句话："与其说现代法律是某一特定民族生活的产物，不如说是文明史经验和诸多民族理性的产物。"

全球史观或许就这样导致我们不仅对澳门法制史，同时也对"法"本身产生新的认识。

三　本书主题

人类世界和自然界一样，隐藏着无穷的奥秘。澳门可说就是一项神奇的人类创造。而在这片土地上生发出来的法制文明，亦堪称人类法制文明史上的奇观。

自葡人据居澳门迄今，约5个世纪的时光消逝在历史之中。澳门社会发展的历史奇特而独有。人们现在发现，自1553（或1557）—1887年长达330年的岁月中，根本就不存在任何一份中国政府允许葡人可以在澳门居留的成文条约，葡萄牙人如何神话般地在这"普天之下，莫非王土"的天朝土地上据居下来？明清政府为何让他们"筑室建城，雄踞海畔若一国"，实行自治长达300多年？历经明、清、中华民国和中华人民共和国4个时代，应该说任何一个时代的中国政府都有理由有能力将在刚闯入中国时就被宣布为不受欢迎的不速之客——葡人——驱逐或请离。奇怪的是，为何任何一个时代的中国政府均未采取此类行动？葡人在澳门一住便是400多年，也是历经沧桑，几度沉浮，承受着无数的危机和挑战。他们在澳门400余年的存在亦堪称奇迹！澳门有太多的神奇，有太多的故事！本书讨论的"全球化与澳门民商法的变迁"只是这诸多神奇故事中的一个。

在根本上就不是政治实体，澳门自始至今只是一座商城，本质上是由商人塑造和构建的社会。澳门社会亦可称为商人社会，今日亦复如是。然商业社会的发展以及商人的行动并非在真空中进行，必然服膺于一定的政治法律框架。同其他社会不同的是，民商法在澳门社会中具有基本和首要的意义，民法，尤其是商法，尤为切合澳门社会的性质。当然，这并不意味着澳门社会不需要其他法律。事实上，澳门这座50余万人口、30平方公里土地的小城，承载着一个庞大的法律体系。本书选择民法特别是商法作为研究客体，并非忽略其他法律（我们已出专著论述澳门法制的整体历史），仅仅是基于澳门社会的性质，基于全球化之影响最为深刻的法律。商法正在形成为一个"世界性"的法律体系。本书旨在运用"全球化"的理论框架和"全球史观"之方法论原则，考察澳门民商法体系及其形成过程，探寻"全球化"与法制变迁的机制与规律，为澳门民商法制建设提供理论的支持和改革的意见。

为了更好地理解"全球化与澳门民商法的变迁"这一主题，有必要对澳门法制整体历史发展作一概要的了解。

澳门法制的历史大致经历以下3个时期。

第一时期：1553-1849年，大多数学者称之为"租地时期"。其法律含义是：澳门是中国的领土，葡萄牙人是以赁居的身份据居澳门。中国政府在澳门行使着完整的和实际的主权与治权。这个时期在澳门实施的总体上是中国法律，特别是中国地方政府的治澳之法。居住澳门的葡人与华人均受中国法制的调整与控制。

也有学者将这一时期称为"议事会"时期。其法律含义是：澳门是一个葡人自治的城市。议事会是葡人的自治组织，1583年成立，其后葡人逐渐设置市政机构、法官，甚至军队。时人评论"筑室建城，雄踞海畔若一国"，说的就是这种情形。也有外国观察者说：澳门是"东方的第一个共和国"。澳门葡人自治组织也接受葡萄牙海外殖民系统和葡萄牙国王的指令，并依照葡国法律和议事会之决议管治居澳葡人。

葡国学者将这一时期的澳门管治模式称为"双轨制"，即由两个民族共享澳门的治权。但大多数中国学者认为：葡人在澳门是赁居的地位，他们清楚知道必须服从中国政府与法律的管辖，否则将无立足之地。他们的自治不能算是"一轨"。但无论如何，这一时期澳门的管治形态与法律，的确是一个特殊的历史案例。

第二时期：1849－1976年，可称之为殖民管治时期或准殖民地时期。其法律意义是：居澳葡人从"赁居"者变成"管治者"，澳门成为葡人管治的地方。这也意味着澳门政治法律地位的重大转变，在事实上成为葡国的殖民地。

鸦片战争后，外患迭起、内乱纷扰、气息奄奄的清政府已无力抵抗环伺的强敌，保卫国家主权和中外关系格局发生了根本变化之际，已经沉沦了数个世纪的欧洲小国——葡萄牙竟然附列强之骥尾，乘人之危、趁火打劫，开始执行侵略扩张政策，打澳门主权的主意了。1822年葡国宪法首次将澳门宣布为葡萄牙领土，1845年葡政府宣布澳门为自由港。1846年，派出了一位被认为"性格坚强""爱国热忱"，在北非殖民战争中失去一条手臂的亚马留将军出任澳门总督，来执行"全副武装与中国交涉"的任务。此公到任后，在1846－1849年间果然不断制造争端，他单方面废止了"地租银"；摧毁市议会入口处刻有《澳夷善后事宜条约》的石碑；用武力强行关闭中国海关；对华人居民强行征税；驱逐中国官吏；强占土地；如此等等。这一连串的侵夺，逐步排除了中国在澳门的主治权,使澳葡当局取得了澳门地区排他管理权。由此,澳门地位发生前所未有的变化,葡国在澳门推行殖民统治,直到 1976 年。

从此,葡萄牙法不再仅是居澳葡人的法律,也把居澳中国公民纳入其管辖之内,而中国法不再适用于澳门。葡国政府亦逐步将葡国法延伸适用于澳门:1822 年宪法被宣称为澳门的宪法;1854 年葡国刑法典、1869 年民法典、1881 年民事诉讼法典、1888 年商法典等重要法典延伸到澳门适用。

"澳门地位",亦即澳门之领土主权的归属及居澳葡人的"身份",构成鸦片战争后 150 余年中葡关系实质的主要问题。1887 年《中葡和好通商条约》是中葡两国第一个,也是《中葡关于澳门问题的联合声明》(1987 年)缔结以前唯一一个涉及澳门法律地位的条约。从严格的法律观点看来,居澳葡人的"身份"存在着"合法性"问题:没有任何中国政府的法例,亦无任何中葡两国的协议,葡人非法居留澳门竟达 300 多年。事实上,自从踏入澳门这片中国土地起,直至终结其对澳门管治的 1999 年,居澳葡人就一直为"合法性"危机所困扰且无从逃遁,他们头上高悬着的是历史正义之剑和法律正义之剑。1887 年条约的签订,使葡人获得了在澳门"永居管理"的特权,这亦为葡人管治澳门的法理根据。"永居管理"的法律含义是:葡人永租澳门(而不付租金),条约为澳门规定的是一种租借地的地位。在国际法上,租借与割让是截然不同的两个概念。割让是指一个国家把对特定领土按照条约让与另一个国家,这是一个特定的领土主权丧失的原因之一。而租借则是一种对主权的行使所进行的限制,它并不丧失主权的本质。租借地的地位以承租国与出租国之间的条约为根据,其中出租国保留主权而承租国则取得一种治权,或称"管辖权力"。

基于租赁的法律性质,所以中国拥有主权及由此产生的最高处分权,加上该条约规定葡方承担不得转让(其永居权)的义务,中国可以在适当时期结束租借，收回治权。所以用"永居管理"而不用"永久租借"，乃因为"永久"与"租借"是矛盾的，在法律上是不正确的，而葡方又要求在条约上不出现"租借"字样，后经双方妥协，使用了同样在法律上不正确的词"永居管理"。其实质意义是"租借"，"永久"一词是表达诚意的修饰用语，与该条约另一款中"永远敦笃友谊和好"一句中"永远"的意义一样，"永租"与有限期确定的租借定义相同，永租的实质仍然是租借。总之，"地位"条款的法律意义是"租借"而非割让，中国从未放弃澳门的领土主权，葡方获得的仅仅是管辖权或治权。正是在这个意义上，中国政府从来就不承认澳门是殖民地。我们将之称为"殖民管治"或"准殖民地"，不是基于法律，乃是基于事实，葡国是个老牌殖民国家，它在澳门的管治，事实是一种殖民统治，与其在其他地方推行的殖民法治一样。

在殖民管治时期的立法方面还值得一提的是 1909 年《华人习惯法典》。该法典主要内容为华人的婚姻家庭与继承。这或许是葡人在澳门推行殖民统治的法律中，占人口 90% 以上的澳门华人能够了解并与遵行的唯一法律了。华人基本上是生活在葡国法律之外的。

第三时期：1974 – 1999 年，"后管治时期"。有学者将这一阶段分为两个时期：1976 – 1987 年为"管治时期"；1987 年《中葡联合声明》的发布则宣布了"过渡时期"的来临。然而在法律与事实上，这一时期澳门社会政治体制与管治形态在形式上与前期一样。区别在于：1974 年葡国发生民主革命，改变了其数百年的殖民主义路线，推行非殖民化政策，宣布澳门为葡管中国领土，并于 1976 年颁布《澳门省组织章程》，在法律上葡治澳门就不再具有殖民主义性质，而这种管治已然是最后的时日了，故可称之为"后管治时期"。

这一时期最重要的法律事件：一是 1976 年《澳门省组织章

程》。该章程除了规定澳门的政治法律地位外,更重要的是赋予澳门总督和立法会某些立法权力。至此,澳门可为自己立法了,就意味着澳门法本地化的开始。二是1987年《中葡联合声明》,这是400余年中葡两国第二个最为重要的法律文本,它不仅宣布了澳门的回归,也预示了澳门基本法主要原则与精神。三是1993年的《澳门基本法》,这是一部立澳、建澳、治澳之法,它奠定了回归后的澳门政治与法律基础。四是在《中葡联合声明》,特别是基本法颁布之后至1999年期间,澳葡政府与立法机构制定的一系列法律,其中又以所谓"五大法典"最为重要。正是这些法律构成了今天澳门法的基本框架及主要内容。

总之,我们探寻"澳门法的历史"达致的一个观念是:历史是各项基本法则的体现。这样的法则本质、永久地属于现在,而不是过去。它们在一个社会的现在法中被保持,保持在该社会的法之现在的深处。

上 卷
民法篇

第一章

怀柔远人：中葡民法文化初交汇

第一节 引言

人们多以"中西合璧"或者"东西文化交汇"来论说澳门，由此彰显澳门所具有的包容性格。这种性格，在葡萄牙诗人庇山耶[①]的诗歌中得以充分表达：

> 在欧洲，无人可以想象一种葡国的宗教典礼在中国会是什么样子。绣着葡国徽章的圣幡，炮台和两艘寒酸的沙维克船上旗帜飞舞，一支由后山省人，贝拉人和面孔黝黑的果阿人组成的三百人的队伍。圣罗萨中学皈依天主的中国女子，身穿救济院的服装。[②]

在诗人的笔下，来自利比里亚的宗教文化与华人风俗习惯融合一起形成了与欧洲截然不同的文化特质。这种文化特质，或中

[①] 卡梅洛·庇山耶（1867-1926），葡萄牙诗人，代表性著作有《漏钟》《中国》，曾于1900年获委任为澳门物业登记局局长。
[②] 约瑟·奥古斯都·西亚贝拉：《澳门与葡国诗》，http://www.macaudata.com/macauweb/book145/html/04901.htm，最后访问日期：2010年9月1日。

或西，或古或今，虽多元却也能共生而相得益彰。我们由此可以认为，澳门这座微型城市，具有接纳多元文化的勇气和果敢，而这种勇气和果敢，也正是全球一体化进程中所必需的一种质量。基于这样的质量，澳门当仁不让地成为世界文化交流的一个微观缩影。

多元文化对澳门法治提出很高的要求。首先需要法律的制定者对诸种文化有着充分的认识，因为只有认识，才能尊重，只有尊重，才能协调诸种文化之间的关系；其次，诸种文化之间的矛盾需采用共通法则，否则会有所偏颇，而难以令人信服。

由此可窥澳门法治之难。如若侧重当中一种文化，则另一文化难以融入法治视野，从而游离于成文法之外；如若两者同时偏重，则产生何者为主体的问题，主体问题解决不当，则各文化之间将会相互排斥，从而使成文法成为多元社会环境之陪衬物。

因而，探究澳门诸文化之真正意蕴及关联关系，便是有作为之法治的先决条件。而诸文化当中，最为核心的当属以"礼"为代表的中华法文化和颇具拉丁风格的葡萄牙法文化。

一个族群用以区分善与恶和正确与错误的深刻情感，我们谓之文化。民事法律制度与规范要获得其全部意义，就应该对本族群的文化有着坚定而持久的信仰，就应该对本族群奉之为永恒的、力图加以维护的价值观进行深刻理解并将之构造成鲜活的法律规则。这样的过程，并不能满足于对文化的纯粹性的、肤浅的认识，而应致力于解读其各层次所蕴涵的意义。

对于那些内涵丰富寓意深刻的文化来说，比如葡萄牙文化，这样的深入解读对一个局外人而言则变得极其困难。资料之欠缺便是一个客观的理由，且在为数不多的资料里，很多情况下局限于表层方面的轻描淡写，法律被孤立于文化和社会背景，由此所获得的感官及视野是贫乏的。

第一章
怀柔远人：中葡民法文化初交汇

即使是作为自己民族文化的中华法文化，这样的深入解读也是一件困难的事情。历史上的两次运动使我们对自己传统文化感到陌生。一次是提倡"德先生和赛先生"的新文化运动，它使国人对儒家思想为代表的传统文化产生怀疑态度；而另一次则是以"打倒孔家店"为口号的"文化大革命"，它将儒家思想视为人民革命的敌人。

这样肤浅的认识是危险的。缺乏应然的价值认识，人们在立法、适法的过程中往往会运用他们熟悉的文化概念或价值去填补价值空白。如同我们在阅读一篇小说时，会借助我们脑子里的形象、信息和情节去填补故事里的空白。这样，就臆造了所要描述的制度，将不是属于对方而是属于己方的意图、意义、行动范畴等强加于对方身上。

当然，这种张冠李戴的错误做法，并非肇始于今日之澳门。且以1925年发生于澳门的一起华人离婚案为例。妻子张莲控告丈夫李华森残暴，要求离婚，而丈夫则否认妻子的控诉并提出证据证明他不是麻风病患者。[①] 这样的行为很大胆，因为在华人民法文化中，只有丈夫患上麻风病前提下，妻子才有提及离婚之资格。当妻子张莲上告法庭时，是否已然采用了葡国人所奉行的价值标准，而断然否决华人法文化呢？其实不然，张莲此举意在让人知晓是其抛弃其夫。换言之，意在经由法庭诉讼宣判其丈夫为麻风病患者，以侮辱其夫。显然，此争讼之内核依然为华人文化价值观念，只不过套用了葡萄牙法律的外衣。

此张冠李戴之现象卓然有趣，但亦引发若干思考。其中最为重要的是，有着深邃内涵，并为亿万华人奉之为无上理念的华人文化为何会套用由葡萄牙文化所延及的民法制度？此问题之回答，显然要回溯中葡民法文化初交锋之历史过程，我们且将这一历史

---

① 叶士朋：《多元文化结构下的法律与正义》，《行政》1994年第1期。

过程定位在 16 世纪葡萄牙人借居澳门，至 19 世纪中叶鸦片战争开始的这段时期。

第二节　中葡民法文化概要

我们有必要认真地认识中葡民法文化，虽然如前所述及，这种认识往往是肤浅的。

一　中华民法文化概要

中华土地之广袤，岂是万水千山一言以概之！

正是如此广袤之天地，我们的祖先一直过着以农耕生产为主的社会生活。他们世代眷恋着、守望着这片热土，只求靠自己勤劳之双手生产供妻儿老小填饱肚子的粗茶淡饭和免于受冻的布衣粗服，这就是中国传统的自给自足的自然经济。

在这个自给自足的经济体内，物产富饶，无所不有，所以勿须假贸易以沟通有无，勿须假金银以通达天下。而稳定而有序的社会关系便是这个自给自足的经济体内良好运行之关键。先辈们首先经由对自然界的观察去学习如何维系这种良好社会秩序，言传至今的"五行说"与"天道观"便是例证。

事实上，模仿自然现象寻找维持社会秩序的方法，并非仅限于中华文化中，在西方哲学中亦可寻见，比如亚里士多德的《形而上学》和《物理学》，就是从自然的角度去寻找维护秩序的手段。

自然界是一个令人惊叹的动静综合体，之所以谓之动，是因为自然界中发生着接连不断的变化；谓之静，是因为所有的变化皆遵循不以人的意志为转移的永恒法则。动静之间，自然界完成

第一章
怀柔远人：中葡民法文化初交汇

了自身多元幻灭与重生的和谐统一过程。如同自然界一样，社会亦是不断发生变化的活的机体，亦有不以人的意志为转移的永恒法则。而历史，将人类社会于变化与持久之间存在的这种张力，恒久地定格下来，并成为思想者——作为中华文化代表的儒家——构造思想的素材。

儒家哲学将维系社会和谐状态的关键方法，发展成"礼"的学说。于儒家学说中，礼是个多义词，既是"典礼"，又是"仪式"，再或者是对行为举止加以规范的标准和要求。在此意义上，礼是社会规范的重要因素，满足礼的要求，社会和个人就可以走向内部和外部均和谐的最高境界，"故圣人以礼示之，故天下国家可得而正也。"[①]

作为规则和方法的"礼"，经由习惯、典礼、仪式的方式，不仅为先祖，亦为今人之日常生活——无论出行、嫁娶、动土、开业、交易抑或开光——提供了周详的细节。一旦社会生活有了礼的规范，那么人们就可以在社会关系的各个层面——家庭、朋友和整个国家——占有他们自己的位置，也就有了安宁和谐。

于"礼"之基础上，儒家形而上地抽象出两种思想，一种是基于已然良好社会秩序下的"中庸"思想，而另一种则是基于个人道德自律下的"仁爱"思想。

"中庸"之道与平衡的概念相关，这无论从中国思想体系还是从欧洲思想体系来看都是如此。保持"中庸"，意味着避免走极端，意味着追寻平衡，意味着寻求共识，意味着拒绝虚伪抑或哗众取宠的不切实际的举措，"舜其大知也与！舜好问而好察迩言，隐恶而扬善，执其两端，用其中于民，其斯以为舜乎！"[②] 在中庸之道下，秩序是万事之端，任何人都不能凌驾于他人之上，所拥

---

① 《礼记·礼运》。
② 《中庸》。

有的权利亦不能超越秩序赋予的权利。因而，在由礼加以保障的自然状态下，没有个人权利或者自然概念的位置。

社会和谐不仅取决于宏观秩序的维系，在微观层面，还要求对他人有仁爱之心，即所谓"仁者，人也"。[①] 于字面而言，"仁"即二人亲密结合一起，亦即"仁爱"为人际交往中对个人修养的道德自律要求。于此自律前提下，仁爱根据交往对象而衍生出不同的规范要求，爱至亲方面表现为为孝悌，爱友人方面则为忠恕。"仁爱"这一内生性的规范，勿须假以外力干预。唯有对那些无仁无德之人，才能对之施以谓之为法的强制性规范，作为维持社会秩序的补充手段。在任何情况下，法以及与其共生的强制手段，尽管是正当的，都只能是一种日渐衰退的、不足够的、不太有效、不被提倡的规范手段，都只能是为仁爱所驭使的补充措施。于此下，"无讼""息讼""耻讼"之华人法律观，得以应运而生。

二　葡萄牙民法文化概要

若非700多年前的几次航海探险，葡萄牙至今依然在不足10万平方公里的，且多数为丘陵和峭壁的贫瘠土地上苦苦挣扎。由自然境遇观之，葡萄牙人是不幸的，至少他们不能融合其自我于自然之中以与自然共相游乐。因而，自然之制服，境遇之改造，便为几代葡萄牙人努力所向之方。

自然之制服，须置自身于自然之对立面。于东方哲学思想——特别是中华天道观看来，这无异痴人梦话！因而，赋予人果敢、个性以及冒险的精神，便为征服自然之首要条件。葡萄牙人的确具备这样的精神。15世纪之初，葡萄牙人在国王的第三个儿子——恩里克王子带领下，根据一本错误百出的著作——《地

[①]《中庸》。

第一章
怀柔远人：中葡民法文化初交汇

理学指南》，启动了征服大海的冒险行程。这一冒险行程，使葡萄牙摆脱了贫穷和落后的境遇。

　　冒险精神所获得的胜利果实，坚定了葡萄牙人关于个人观念及私权观念——特别是所有权——的信仰。而在此之前，罗马法长达几个世纪的统治，早已使葡萄牙人对"私权"这种源自于罗马法文化的概念耳濡目染。在罗马法文化中，"各得其所"所衍生的私权保护，正契合了对冒险活动所带来的成果肯定之需，因而天然地受到航海家的好感。

　　千万不要因为葡萄牙人所具备之冒险精神，就认定他们厌恶祥和而稳定的生活方式。事实上，相对于其他民族而言，葡萄牙人对安定性和确定性有着更深刻的追求。虽在字面意义而言，冒险与安定是一组反义词，但有时二者却也能良好地结合起来。其实这很容易理解。在自然境遇上的不安定性促使卢济塔尼亚人（即葡萄牙民族）本能性地崇尚冒险，而冒险之历程之终极目标在于追求一种确定性的、安定性的生活模式。法律的安定力，即法律规定某些行为与其后果之间稳定的因果关系的这一特征，正契合了卢济塔尼亚人追求一种稳定的、确定的、持久的、可预见的生活方式的要求，因而受到广泛认可，并升华成其日常生活行事之准则。

　　历史上葡萄牙曾先后受到罗马人、西班牙人和法国人的侵略，英勇的卢济塔尼亚人进行了艰苦卓绝的抗争，最终都将殖民者驱赶出去。但是殖民者的法律及其所蕴涵的思想——比如《拿破仑民法典》和自由主义思想——却最终在葡萄牙生根发芽，并切实地改变了当地人的思想和生活方式。更甚有之，葡萄牙法律史上一位著名的改革家——彭巴尔——为确立罗马法在葡萄牙的主体地位，还专门主持制定了所谓的《来自健全理性的法律》，排除了本土法学家学说理论在法律实践中的适用。当然，这样做并非基于对殖民者之崇拜使然，而是殖民者所带来的法律契合了卢济塔尼亚人对法律安定力的要求。

对安定力的追求,有的人求助于法律,而有的人却求助于一种超自然被谓之"神"的东西。天主教在卢济塔尼亚人中有着绝对的支持率,超过90%的人都信奉天主教。因而,葡萄牙民法及其文化——特别是婚姻家庭法——被深深地烙上了天主教文化的印迹。习惯婚——也就是天主教的教堂婚礼——在葡萄牙婚姻关系中一直居于主导地位,并且具备与民事婚一样的法律效力;离婚是一件羞耻的事情,虽然现代民法将之置于婚姻权利的鲜明地位上;为确保亲子关系的纯洁度,人们至今默默遵守着长达300天待婚期(自前一个婚姻关系解除至另一个婚姻关系缔结之间必须经过的期间)的这种今人认为不可理喻的制度。

三　中葡民法文化差异分析

如果不是葡萄牙曾经在澳门有过且影响至今的那段历史,中葡法文化之间的比较分析实在没有太大的意义。这是自然环境、人文环境截然不同的两个国度,差别所产生的陌生感是不言而喻的。借居澳门的半个世纪之前,葡萄牙人甚至还不知中国位处何方、路途多远,[①] 即使当时他们已经身处离中国不太远的马六甲了。差异所带来的陌生感,在中葡民族之间产生了不信任感,这种不信任感延伸到法这种关于正义的永恒事物的理解中去。双方均试图适用己方关于法律的理解,去审视甚至判断对方行为的对错、得失。而这个问题至今仍困扰着澳门法律界,关于此所引发的法律"葡国化""本地化"抑或"国际化"之争论此起彼伏。正本清源,我们有必要认真厘清中葡之间关于民法认识之差异,

---

① 张天泽:《中葡早期通商史》,姚楠、钱江译,中华书局香港分局,1988,第36页。

有学者称，这便是民法文化之差异。

第一，中华文化坚信良好的社会秩序从根本上说是建立在遵守那些被一个社会所广泛接受的、正确的、由"礼"构成的生活准则基础上的；葡萄牙文化则坚信良好的社会秩序建立在个人私权，特别是所有权保护基础上的，而这样的保护，往往经由法的国家强制性予以保障。

第二，中华文化更多地认为法律至少是无用的，就一般而言却是有害的。譬如春秋时期成书的《周礼》就提出"礼不下庶人，刑不上大夫"，法只适用于无法道德自律的"小人"，对于高尚的人来说，道德自律已然足够，法之适用会造成业已形成的良好秩序遭受到破坏；而形塑于罗马民法的葡萄牙民法文化则将法律认为是"最高的理性，是从自然生长出来"，[1] 从而否定了情感、伦理等非理性因素在社会秩序维持方面的主导作用。

第三，中华文化认为争议应该在诉讼活动之外经由协商或者当事人相互宽恕加以解决。因为这种自愿的、通过协议解决争议的方法就远比官方的、令人感到疏远的、代价昂贵和缓慢的判决更容易被人所接受，虽然后者能武断地判断某一方的对错，却不能使所有当事人达成长久的共识；葡萄牙人却乐于将争议交由诉讼活动解决，甚至参与与自身无涉的诉讼活动也是一件快乐、无比荣耀的事情，比如获委任为议事会裁判成员。

第三节　民法文化初交锋

文化差异有时候往往会引发激烈的冲突，甚至诉诸战争予以解决，比如十字军东征，天主教与伊斯兰教的文化、圣土冲突，

---

[1] 张乃根：《西方法哲学史纲》，中国政法大学出版社，1997，第33页。

使整个欧洲陷入了一个"黑暗"时期。中葡文化之间的巨大差异，是否也在葡萄牙人借居澳门的初期，碰撞出激烈的火花呢？

答案为否定。"澳门四百多年的立法和司法演进存在明显的双轨特征，即华人社会一条线，葡人社会一条线。二者虽偶相汇合，但基本保持平行"。① 于明清政府而言，澳门为皇帝有条件赐给外国蛮人使用的另类"蕃坊"，对葡萄牙人适用特殊规则调整，即建立自治组织依据其自身风俗习惯及法律来管理内部事务，这一特殊规则构成了早期澳门"华洋共处、分而治之"的历史场景，并维持到1849年。

一 分而治之

明清政府完全有条件、有能力将葡萄牙人驱逐出澳门，这一点毋庸置疑。事实上，许多政府官员亦持此观点，并提出许多具体的驱逐方案，最直接的莫过于俞大猷的用兵驱逐方案，"今与之大做一场，以造广人之福"。② 然而，即使是在倭寇盛行、战争频发的海禁、迁海时期，明清政府也没有这么做，而是采取了"建城设官而县治之"③ 的策略，对澳门直接行使主权，并赋予葡萄牙人一定的"自治权"，准许其建立自治组织管理其内部事务。

1. "建城"

就"建城"而言，明清政府首先扼澳门与香山县咽喉之地设置关闸，以"驭夷"于关闸之内。关闸初期隔5天开放一次，以为中葡商民交易。葡人虽可居住关闸之内，但擅自兴作是被禁止的，"凡澳中夷寮，除前已落成，遇有坏烂，准照旧式修葺。此后

---

① 吴志良：《东西交汇看澳门》，澳门基金会，1996，第65－67页。
② 《明史》卷325《外国传六·佛郎机》。
③ 卢坤：《广东海防辑览》卷3，《险要》。

敢有新建房屋，添造亭舍，擅兴一土一木，定行拆毁焚烧，仍加重罪"。①

同关闸牌匾所著"畏威怀德"四字一样，明清政府"建城"之目的在于使葡人畏惧其声威，从而感怀其德惠。当然，葡萄牙人并未也不可能感怀明清政府"建城"之举，更多的时候，他们感觉到的是此举的不便，只是碍于实力上的差异，他们不得不服从于明清政府的管制。

有时候，文化隔绝只需一堵围墙。"建城"举措下，中华文化在关闸之外，葡萄牙文化在关闸之内。这是一种半封闭式的文化自我保护机制，其主要目的在于避免稳定而有序的中华文化受到蛮夷侵扰，从而影响粤海安宁。"建城"举措下，华夷交涉被固定在日常贸易、租务等行为方面，在统治者看来，贸易、租务属可控的行为范畴，因为它们并未触及一个社会关于善与恶、正义与非正义的我们称之为文化的东西。

2. 设官

明清政府治澳官员依其职责分为两类，一类监管商贸海关事宜，此类官员一般驻扎澳门；另一类则为主管一般民政与司法事宜，也就是香山知县。至清朝，朝廷以澳门人口日众，华夷难处，遂于香山知县之下分设县丞，专责察理民夷事务。

至于民政司法方面，明清政府移用保甲制度治理澳门。澳门开埠之初，明政府即在澳门城内推行保甲制度，"近者，督抚萧陈继至，始将诸夷议立保甲，听海防同知与市舶提举约束"。② 至清时，林则徐亦曾多次重申保甲制度应严格适用，"……仿照编查保甲之法，将通澳华民，一体户编查"。③

---

① 喻安性：《海道禁约》。
② 郭棐：《（万历）广东通志》卷69《外志》。
③ 林则徐：《会奏巡阅澳门情形折》，沈云龙主编《近代中国史料丛刊》第6辑，文海出版社，1966，第845页。

保甲制度以十户为一排，十排为一甲，十甲为一保，由此而设立保长，负责辖区内的事务。保甲制度是传统中国行之有效的管理模式，对人口流动、结构稳定的人群管理较为合适，而对流动性强、结构复杂的葡萄牙人来说，却难以适用。但是，这一制度并没有因为葡萄牙人的不满而撤销，直至亚玛留出任澳门总督之前，明清政府在澳门区域内，不论是对葡人还是华人，一体使用保甲管理制度，却是不争的事实。①

保长在处理黑奴偷窃事件、协调中葡人士冲突、确认房屋四至等方面，起到一定作用。一些争议经保长之协调，最终并未走向司法诉讼，从这个角度看，保甲制度过滤掉了部分因争议所可能引发的中葡民事文化冲突。当然，因为与葡萄牙人"私权自治"的法文化理念相冲突，保甲制度往往受到葡萄牙人的抵制，故执行效果难以与在中国其他地区相比。

3. 自治

1583 年，借居澳门的葡萄牙人仿照欧洲中世纪城邦自治模式，选举产生两名普通法官、三名市政官和一名理事官，组成议事会实施内部自治。对葡萄牙人而言，在一个陌生的国度内实施内部自治，这既是一种利益自保，又是一种文化自保。

对明清政府而言，葡萄牙人自治其实也是一种文化自保，所不同的是，前者所保护的是利比里亚文化，而后者则是中华礼教文化。允许葡萄牙人自治，经由怀柔手段体现对葡萄牙法律及风俗习惯之尊重，一方面可以尽量减少本国民众在华夷交涉中受葡国文化之教化，而另一方面则可直接通过自治首领实现对葡萄牙人的限制。由此角度观之，认可葡萄牙人的议事会自治，不正是明清法律体系自保的一种手段吗？所以，议事会成立的第二年，

---

① 严忠明：《保甲制、理瑶法与明清政府对澳门的管理》，2005 年澳门历史文化学会第四届年会论文。

明政府将议事会理事官视同唐代的蕃长，封其为"督理蚝镜澳事务西洋理事官"，授其不入流的"二品"官衔，① 行使自行管理居澳葡人之权责及若干管理澳门中国商民之权力。

自治并不表示葡萄牙人拥有"治外法权"，若碰上葡人内部危及澳门整体安定之民事纷争，明清官员会适时地行使最终的司法处分权。从今人法律观视之，给予葡萄牙人自治，只不过是明清政府民法领域的部分管辖权之让渡。

二 偶相汇合

由上分析，"建城""设官""自治"三种治澳政策，隔离人员往来于一墙之外，限制文化交流于体制之外，这是怎样的一种文化防御！于民法而言，其结局对双方是一致的，即葡萄牙人信服自己的法律、风俗与法庭，而华人则信服自己的礼仪、乡俗及县令。不过，我们也不能据此认为，中葡文化"老死不相往来"，彼此没有发生任何联系。

1. 天主教中国化及中国教徒葡萄牙化

按葡萄牙学者瓦雷的说法，葡萄牙人之所以居留澳门，与实现天主教东方保教权是分不开的。早期借居蚝镜澳之葡人，多数为耶稣会士，② 他们将在澳传教视为己任。

明清政府虽对葡萄牙人自行奉教不予禁绝，但却不许其引诱华人入教，并为此多次颁布严厉禁令，比如印光任在其《管理番舶及澳夷章程》就规定，"其从前潜入夷教民人，并窜匿在澳者，

---

① Eudore de Colomban, *Resumo da Hisória de Macau*, 20 milheiro, Macau, 1927, pp. 14 – 15.

② António Manuel Matins do Vale, *Entre a Cruze o Dragão*: *O Padroado Português na China no séc. XVIII*. pp. 81 – 82.

勒限一年，准其首报回籍"。①

明清政府禁令加之华人对天主教的陌生感，早期耶稣会士的传教活动开展得不是很顺利。耶稣会士开始反思自己葡国化的传教方法——"凡欲进教保守者，须葡萄牙化，学习葡国语言，取葡国姓名，度葡国生活"，②他们开始积极学习中文，了解中国习俗，使传教事业趋于"中国化"。在利玛窦、罗明坚等坚持传教"中国化"的耶稣会士努力下，澳门天主教大为盛行，许多华人——包括商贩、雇工、通事——冒死潜入澳门受礼入教。至17世纪末，澳门人口约为20500人，天主教徒总数为19500人，其中，华人天主教徒竟然多达18500人。③

久而久之，部分华人教徒渐被夷化，或更名、变服入教，或娶葡女为妻而长子孙，或借资本营贸易，或为葡人工匠，或为兵役，又或往来居住于葡人之家，以葡式生活为炫耀之资。

他们果真弃华人文化而独尊天主教？

早期华人对天主教之信奉，主要原因不外乎如下，其一，葡萄牙传教士在宣讲宗教教义之时，同时亦对其施以小恩小惠，如物质上之诱惑，或疾病上之治疗；其二，为使其在商业竞争处于有利地位，改变信仰以为商业活动之敲门砖。或者说，其对天主教之信奉，主要还是因为经济原因，具有浓厚的功利主义色彩，所以至今闽粤一带将教徒入教谓之"吃教"或"吃洋教"。他们并未从根本上触及深层次的中华文化信仰，这一点龙思泰有一段经典的评价："有若干中国人已信天主教。似乎主要是为了方便，而不是为了信仰。"④

---

① 印光任、张汝霖：《澳门记略·官守篇》赵春晨校注，澳门文化司署，1992。
② 徐宗泽：《中国天主教传教史概论》，上海土山湾印书馆，1938，第169页。
③ Manuel Teixeira, *The fourth Centenary of the Jusuits at Macao*, Printed by salesian school, 1964, Macau, p. 10.
④ 龙思泰：《早期澳门史》，吴义雄等译，东方出版社，1997，第42页。

2. 田土、房屋纷争

"建城"之制下，葡人不得随意加建房屋，"将西洋夷人现有房屋若干、户口若干，逐一查明造册申报，已添房屋姑免拆毁，不许再行添造寸椽"。① 这一政策客观上加剧澳门田土、房屋的紧张关系，加之澳门人口不断攀升，造成租赁需求火爆，租金不断上调。因而，来自葡萄牙业主与华人租户之间围绕着产权与租金所生之纠葛日渐增多。

《清代澳门中文档案汇编》收录了当时40余起民事案件，其中半数以上为房屋租赁纠纷（其余的为借贷纠纷）。这类案子有两个共同的特征，其一，原告多数为葡萄牙业主；其二，裁决者为明清政府地方官员。

就第一个特征而言，葡萄牙人动辄兴讼自与其私权保护意识有关；华人多为被动应诉，在其看来，纷争本属不义之事，何况诉及法庭公然外传？因而，华人于应诉中，或指责葡人之不仁不义，比如"万威吡喱诉杨亚旺案"中杨亚旺指责业主兴讼居心不良，企图"混禀背批，暗图加租"，或以人情世故辩驳其行为之正当性，从而希冀将诉讼活动导入礼的范畴，由礼加以规范。

涉及华夷之纷争，明清政府地方官员具有最终的司法裁决权。这是一批有着良好儒家教养，且受到科考制度严格考验的特殊群体，他们将"礼"的维持视为己任，认为法律适用所带来之裁决只能短时维持稳定，却更容易引发更多的纷争。对于田土、房屋等涉及物质层面的"利"的关系之纷争，他们总是倾向于在诉讼的过程中有意识地对争诉双方进行"礼"的教育，动之以情、晓之以理，从而为其裁决披上情理、伦理等"义"的外衣，以符合儒家主流价值观念。其裁决则多数以

---

① 梁廷枏：《粤海关志》卷78，道光刊本。

"各守其业""毋庸更张"等以维持原有的社会秩序的结果出现。

此情此景自然令葡萄牙人十分不满，所以在以后类似的争议中，他们选择目的性地规避明清政府之管辖，"外国人同外国人之间的商务纠纷，一向不告诉中国人，而这点也正符合于中国人的办法，即通过行会或用调解方式来解决民事诉讼案件——却从不向法庭控诉"。[①] 中葡两种民法文化，有时候就像两条并行线，无论距离有多近，却永远也不会连结在一起。

第四节 怀柔远人

前所述及，明清政府"建城""设官""自治"之治，为文化防御之策。就战争角度而言，防御多指因敌强我弱，为消灭敌人、保存自我的一种手段。明清时期之中国，当真这般弱小？远在千里之外的熏衣草王国（葡萄牙王国），当真那么强大？我们有必要还原历史真相。

借居澳门之前，葡萄牙人在南中国海吃尽败局，先有屯门之役，后有西草湾之战，接连的失败使他们认识到中国的强大，为获取贸易利益，他们以晾晒货物为借口，通过行贿的手段才得以借居澳门。有必要提醒的是，这是葡萄牙历史上最强大的时期。经过大航海的短暂辉煌，葡萄牙国运逐渐衰退，国力日显薄弱，前有西班牙、后有法国，对其实施殖民统治。明清政府完全有能力、有条件驱逐葡萄牙人于国门之外，同时也有能力将借居于澳门的葡萄牙人及其文化融化于中国文化之内。为何独采取

[①] 马士：《中华帝国对外关系史》第 1 卷，张汇文等译，上海书 出版社，2000，第 109 页。

第一章
怀柔远人：中葡民法文化初交汇

防御之策？

一　化外人之治

"诸化外人同类相犯者，各依本俗法；异类相犯者，以法律论"。针对异族文化，《唐律疏议》并非简单地直接抵触，而是采取包容之态度。此宽容之态度，使后世人赞赏不已，亦由此感怀中华文化之强大生命力。

明代元后，为恢弘中华正统，《大明律》一改《唐律疏议》之做法，规定"凡化外人犯罪者，并依律拟断"，① 确立了中华法在解决"化外人相犯"中的主导地位。以今人法律观点视之，此规定确立了中华法属地管辖力。清袭明制，《大清会典事例》亦规定，"凡化外来降人犯罪者，并依律拟断"。

如是观之，允许居澳葡人依其法律实施自治，岂不是违背了被奉为至高无上的国法？明人张楷在《大明律集解附例·名例律》中，对"化外人"作出进一步解释，"化外人即外夷来降之人，及收捕夷寇，散处各地方者"。换言之，化外人包含三类人，其一为归化之人，其二为侵犯中华安宁而被擒获之人，其三为散处中华危及社会秩序之人。反观之，若为中华之友人，至少不危及中华安全、社会秩序之友善之人，其法律、风俗习惯、价值理念值得尊重，其同类相犯，应依其"本俗法"，而不用中华法。进一步讲，允许居澳葡人依其法律实施自治，而不强制其适用中华法，本身就建立在这样一种假设前提下，亦即明清政府将远来经商贸易之葡人视为友善之人。这一假设，便是明清政府处理居澳葡人关系的基本前提。

---

① 《大明律》卷1《化外人有犯》。

二 怀柔远人

史料文献中，明清政府官员下达给葡人的官文多现"柔远"二字，比如清康熙朝工部尚书杜臻巡视澳门时，曾提及"本朝弘柔远人之德，谓国家富有四海，何较太仓一粟，特与蠲免，夷亦感慕"。[①]"怀柔远人"绝不是什么外交辞令，它构成了明清政府处理与葡人关系的主要手段。

孔子为鲁哀公讲解修身治国之道时曾说道："柔远人则四方归之，怀诸侯则天下畏之。"对未开化之蛮夷，经由优待、绥靖之方法，比如赐予、和亲、通商、教化，使四方归附，最终实现"礼"的秩序。这实际上是从儒家仁爱思想中对友人之爱所延伸出来的一种外交观，并长久地影响了明清政府的对外交流模式。

秉承此思维，明清政府在商贸、司法及宗教各方面给予葡人优待。商贸方面，对在澳登记之商船减免1/3关税；司法方面，给予澳门议事会自治权；宗教方面，允许居澳葡人自由信教。有时候，明清政府给予葡人之条件甚或优于中国商民，比如康熙时期清廷与罗马教廷之间发生"礼仪之争"时，清朝采取禁止本国海商前往南洋贸易的措施，却仍是本着"怀柔远人"的方针，仍允许澳门葡人出海贸易。

在明清统治者看来，此等优待，必使葡人感激涕零（当然，后来的历史证明并非如此），从而遵守中华礼节，而不至破坏粤海业已形成之良好的社会秩序，维护社会稳定。同时，在稳定之余，亦可弘扬儒家仁爱之义，以求教化化外之人。由此观之，明清政府对澳门之策，虽直接表现为文化防御，但却蕴涵了同化之义。

---

① 杜臻：《粤闽巡视纪略》。

三 结语

无论如何，澳门开埠之早期，中西传统的民事制度与渊源均在澳门得以体现，并进行了某种程度的交合。而议事会也取得了依据其"本俗法"——葡国法律调整其民事法律关系的空间。但是，这绝不意味着葡萄牙学者叶士朋教授所言的"双轨"司法体系的出现，也不意味着中葡民法文化交融，从而缔结出一种新的文化。理由有三：其一，葡人自治及葡式法律之适用，是建立在中华法律规范没有触及或者不损害中华文化传统基础上的，违背此原则，他们则必须服从于中国政府及法律的管辖。其二，明清政府对葡人之策，以友善为出发点，以优待为具体措施，以感怀为目标。这样的措施是恰当的，它保证了中葡法律文化的相互尊重，从而保证了澳门社会秩序之稳定。其三，华夷交涉，使华人与葡人对对方的传统及法律制度有所了解，但这种了解属于表层的，那种属于深层次的、精神的、文化的东西，无法为对方所感同身受。

第二章
中西并用：华人习惯法与葡国民法典

第一节 《华人风俗习惯法典》的诞生

　　1804年，人类法律文明史上第一部资产阶级民法典——《法国民法典》终于诞生了。在它生效实施63年后，这股浓厚的法兰西理性主义立法精神被带入了利比里亚半岛卢济塔尼亚民族的日常生活当中。也即，1867年，《葡萄牙民法典》诞生了。

　　1822年，葡国宪法单方面宣称自己租住了将近300年的澳门是其海外属地。1840年，第一次鸦片战争爆发，清政府外强中干之实质被暴露无遗。此时，在欧洲沉沦了几个世纪的葡国人发现他们解决"澳门问题"的机遇来了。于是，葡国一方面在欧洲通过与英国签订《维多恩条约》来获得"英国对澳门的保护"。另一方面，1846年，一个极具政治手腕的独臂将军——亚马勒被葡国女王派到澳门担任总督。期间，他采取一系列野蛮措施来排除中国政府对澳门的治权。1849年，此人被澳门义士所杀，史称"亚马勒事件"。但是这桩刺杀在大快人心的同时也引起更严重的政治交涉。葡国人借机反扑，以武力威吓中国政府来确定其在澳门的统治地位。而当时已被英国人的坚船利炮吓破了胆的清政府根本

第二章
中西并用：华人习惯法与葡国民法典

无力来处理澳门事务，也就默认了葡国对澳门的治权。

于是，这些殖民主义者就开始忙着搬自己的法律来澳门了。当然，对于有着大陆法系传统的葡国来说，跟人们的日常生活、衣食住行密切相关的民法也就尤为重要。所以，1879年，葡国颁布法令把那部《葡萄牙民法典》延伸适用到了澳门。它既管辖在澳门的葡国人，也适用于在澳门的中国居民。当葡国人在澳门实施《葡萄牙民法典》的时候，却发现这部民法典在华人社会基本上被架空了，居澳华人仍然自主地遵守着中国传统的那一套礼法。

至于接下来发生的事情就奇怪了：在澳门处于统治地位的葡国人没有将此法典强制实施于华人社会，而是先出了一个法令，规定澳门的华务检察官权限内的案件所涉及的华人风俗习惯允许保留，而到了1909年，葡国的海外事务部居然还颁布了一部《华人风俗习惯法典》。这个法典更进一步，更明确地将华人有关亲属继承的习惯固定为成文法。

在《华人风俗习惯法典》诞生的动态过程中，值得我们关注的事件就是：1879年，《葡萄牙民法典》一被搬到澳门就在华人社会基本被架空的史实。

我们知道，在通常状态下，任何国家的法律秩序都是实证主义的。实证主义法学理论认为法仅仅是国家制定、维护和强制执行的法律规范。正是因为它强调国家制定的法律，它契合实际，契合古今中外所有统治者之需，所以，它历来被各国的立法者所接受并赋予至高无上的权威。正如，没有一个中国人会质疑"王法"，也没有一个葡国人不承认"国法"。那么面对具有法律效力的《葡萄牙民法典》，澳门华人为什么会视若无睹？而对于毫无公力保障的传统礼法，他们却自觉遵守？其实这两个问题是一个问题，即澳门华人守法的理由何在。

讲到守法，直接决定人民守法与否的因素就是他们的法律心理。那么，1879年的澳门华人的法律心理如何呢？我们说，一方面，作为出生于文明国度的华夏子民必然明白"统治者颁布的'王法'要遵守"；另一方面，在礼仪人伦、诗书典则下成长起来的华人也一定知道"承载着圣贤教诲的传统礼法要遵守"。可是，共存在澳门华人心中的两种法律心理却有着不同的行为指向。那么，为什么他们最后选择了后者？

实际上，法律心理抉择的本质乃法律价值观的取舍。我们知道，自近代启蒙运动以来，西方社会形成了以个人本位、理性主义为基础，以自由、平等、民主、人权为主要内容的主流价值观。在这种精神的指导下，葡国人写下了属于他们的《葡萄牙民法典》。而千万里之外的东方，有着五千载文明史的中华民族也在漫漫的历史长河里激荡出了自己特有的民族禀赋，那就是"仁爱、公义、和谐和统一"。[①] 在这"中国之道"的照耀之下，儒家传统礼法成为了华人世界的共同信念。

1879年，当一个陌生民族的价值"进犯"到澳门这片土地的时候，生长在那里的华人本能地倾向于毫无公力支持的"中国之道"。他们为何有如此倾向？笔者认为或许是出于对"中国之道"的惯性；或许由于这些价值本身之令人无法抗拒的魅力，但在此，我们先不对中西方价值观的优劣进行评判，留出下文详解，只是表达一个事实：澳门华人的守法理由其实就是遵守符合其本民族主流价值观的法律。这也正好印证了19世纪德国历史法学派代表人物、著名法学家萨维尼的观点：族人守法是基于法律中深藏的一种"内在地、默默地起作用的力量"，[②] 亦即"民族精神"，它是"一个民族所特有的禀赋和取向"。

[①] 黎晓平：《一个国家的正当理由》，《行政》2002年第3期。
[②] 萨维尼：《论立法与法学的当代使命》，许章润译，中国法制出版社，2001，第30页。

第二节　葡人的法律移植

《华人风俗习惯法典》诞生前，葡人在澳门已经进行一场历时 40 年的"移植手术"活动。这一场"移植大幕"的拉开缘于《葡萄牙民法典》在澳门被架空的事实。充满野性的葡人当然不肯善罢甘休。可是"不告不理"的民事法律原则让他们"哑巴吃黄连——有苦说不出"。同时，"中国之道"、人伦理法的"三尺冰冻"也让他们感受到要想在华人社会普及葡国民法可谓是"滴水穿石，非一日之功"。

为了能在短时间内让自己真正获得对澳门华人之民事管辖权，葡国政府统治者先于 1869 年 11 月 18 日颁布法令，该法令第 8 条第 1 项 b 款明确规定，《葡萄牙民法典》不适用于检察长依华人风俗习惯办理的案件。

需要说明的是，根据成文法系国家的法学理论，法律的产生是一个长期渐进的由习惯到习惯法再到成文法的漫长过程。而习惯法是国家有关机关认可的并由国家强制力保障实施的习惯，属于法律的正式渊源。那么上段所指的"华人风俗习惯"在澳门其实经历了这么一个过程，即首先，1553－1849 年前，它是以一种一部分为习惯法、一部分为国家成文法的面目存在于澳门社会，即那时的它早已属于澳门法律的正式渊源；然后，1849－1869 年，这些"华人风俗习惯"其实是以一种"习惯"的身份扎根于澳门社会的。因为 1849 年后，清政府已经失去了对澳门的治权，清廷的强制力已经保障不了其实施了；那么最后，等到上段提到的法令颁布之后，那些"华人风俗习惯"就再一次上升为了澳门地区的习惯法。

"69 年法令"颁布之后，华务检察长负责的华人民事案件明显增加。可见，一条开明的法令，葡人不仅获得了对华人民事纠纷的实际司法管辖权，更为自己那野蛮的殖民者形象披上了一件高贵的晚礼服。然而，这毕竟是葡国人的权宜之计，因为倘使他们真的那么"温顺"，作为传统的大陆法系国家成文法的性格必定会让葡国人对那模糊不清的习惯法感到极为不踏实，他们会本能地去对这些华人习惯进行成文法典化。可是，历史又一次告诉我们：他们让成文化的工作延迟了40年。他们为什么会迟疑？因为他们仍然抱有幻想：华人的观念也许很快就被我们同化了。

可是，历史并没有像葡萄牙人想的那样"美好"。1909年《华人风俗习惯法典》的颁布就是最好的证据。当然，这次跨越40载的法律移植虽未完全成功，但也取得了部分成效。当我们翻开这部法典，便可发现，开篇即有"鉴于需要将澳门华人在家庭和继承方面的一些风俗习惯提高到法律权利义务层次"一句。我们知道，按照传统民法学理论，民法调整的法律关系是涉及物权、债权、婚姻家庭和继承四方面的。

一　补充型法律移植的成功

我们看到，《华人风俗习惯法典》只涉及家庭与继承这两方面内容。难道真是葡人的价值同化获得了一定程度上的成效吗？

笔者认为这样理解是不对的。之所以习惯法典未涉及物权债权这两方面的立法，之所以《葡萄牙民法典》有关物权与债权的规定会被华人所接受，那是因为：

首先，中华儿女自古生长在一片肥沃的土地上，周围的高山、沙漠和海洋让这里的人们过着与世隔绝的生活。因为有如此广阔的土地，我们的祖先一直过着一种以农业为主的社会生活。土地人出生在土地上，土地人眷恋着土地，土地人扎根于土地，土地人只求能用自己那勤劳的双手生产出够自己的妻儿父母填饱肚子

第二章
中西并用：华人习惯法与葡国民法典

的粗茶淡饭和免于受冻的布衣粗服，这就是中国传统的自给自足的自然经济。土地人善良、淳朴，他们只求家族的稳定，只求保住自己一方平静的生存环境；土地人没想过交换，也不知商品为何物，他们信奉无须交换，靠自己的辛勤汗水也可以世世代代地生存下去。无数的土地人构建了农业社会，组成了中华民族，更浇灌出了一颗颗纯净的中国心灵。这是一颗勤劳质朴的心灵，这是一颗"重义轻利"的心灵，这更是一颗天然地会对那以倒进倒出从中获取价差的工商活动产生贱视的心灵。所以，中国固有法律文化中不存在"物权法、债权法"的价值体系。纵使有散落民间的林林总总、纷繁复杂的交易习惯以及习惯法，即使存在反映商品交换关系的国家规范和制度，但这些与西方之"物权法""债权法"可谓风马牛不相及。

然后，1553年葡国人来到了中国南方的一座小渔村——澳门。他们带来了"海上贸易"，带来了"商品经济"，更带来了商品观念和交换观念。于是，原本生长在这块中国历史上第一个开埠的港口，这块雄踞了300年"远东第一海运中心"宝座的城邑——澳门的农民和渔民也不得不被动地看着、听着，甚至学着。因为这片土地实在是有太多太多的得天独厚，太多太多的机缘巧合。就这样，澳门华人渐渐地接受了西方人的这套生产方式与经济形式。接着，越来越多的人投身商场，越来越多的人成了华商。这也引出了越来越多的物权、债权纠纷。有了纠纷就得解决，可怎么解决？难道从一向不提倡民间工商活动自由发展的《大清律例》里找准据？难道从浩如烟海而又五花八门的全国各地的民间习惯与习惯法里找惯例？我们的华人不可能也没有必要这样做。因为葡国人早已经将那成熟的欧洲民法带到了澳门。那可是和发达的商品经济相配套的民事法律规范。于是，华人就尝试着用上了葡国民法里的物权与债权规范。时间长了，华人也就接受了。

综上,我们发现习惯法典未涉及物权与债权这两个方面的立法,并不是因为葡人同化了华人一部分价值观,而是因为我们的祖先并不关注甚至鄙视商品经济。更巧的是,历史机缘竟让葡人的民法得以先入为主。崇尚和谐、胸怀宽广的华人也便顺手接受了这些舶来品。

于是,若将此发现抽象到理论层面进行理解,更深刻的结论出现了:互补性的外来法与本土法的关系、配套外来法的经济状况、利于移植的政治环境以及兼容性的本土文化可以合力促成一次成功的法律移植,而其中起决定性作用的因素是外来法与本土法的互补关系。另外,从法律移植的模式上说,这种通过移植的方式引进某种外来法以补充本土法不足的法律移植是所谓补充型法律移植。基于以上分析,很显然,由于本身补充型的属性,这类法律移植比较容易成功。

二 替代型法律移植的条件

谈完习惯法典未立有关物权、债权规范之原委后,我们就该谈下一个问题:在家庭继承方面,葡人的"价值同化"为什么会破灭呢?

首先,我们要知道,相对于上文提到的补充型法律移植,葡人对亲属继承法的移植是一种替代型的法律移植,即以外来法律代替本土法律,从而使本土法律失效。笔者认为,对于这种类型的法律移植,若要成功,只有两条路:一条路是两民族精神、共同信念的恰巧统一。正如孟德斯鸠在《论法的精神》中指出的:法律与一个国家或者民族生活的地理环境、人民生活方式、风俗习惯、宗教等具有非常密切的内在联系。所以,"为某一国人民而制定的法律,应该是非常适合该国的人民的;所以如果一个国家的法律竟能适合于另外一个国家的话,那只

第二章
中西并用：华人习惯法与葡国民法典

是非常凑巧的事"。

那么，另一条路就是本民族主流价值观被异族之观念所置换。简单来说即本民族之共同禀赋被异族之意识形态所取代，从某种意义上说这也就是所谓的"思想殖民"。所以，当初葡人想使华人接受其民法典的首要条件就必须是将西方的法律文化、意识形态植入华人的心中。但是仅仅凭借一纸法律，就想把澳门华人从一种历史传统中"连根拔起"，谈何容易！我们知道"法律文化"可分为内核和外核两部分。内核指支配法律实践活动的价值基础，被称为"传统"；外核指价值基础外化的表现形态，即所谓"法体"。"法统"就是中文讲的"民族精神"。北京大学武树臣教授在其书中认为："一个民族或国家的'法统'是长期社会实践的文化结晶，它经过人们世世代代的思考、加工、完善和沉淀，深深植入该民族的心灵，成为该民族的文化历史传统和民族心理的精神产物，它一旦形成便带有极大历史惯性而极难改变。"[1] 另外，苏格兰著名法官库珀爵士也曾经说过："法律是一个民族精神的反映，这是个真理，只要苏格兰人还意识到他们是一个民族，他们必定保存其法律。"[2]

所以，"如果正式颁行的法律与我们的历史传统相距太远、'相互不懂'，那么，即使以'国家强制力'作为后盾，即便付出了高昂的执法成本，恐怕也很难将人们的行为模式、情感模式彻底地扭转过来。"[3] 这也就是为什么英国曾被罗马帝国统治400年，而我们今天在英国法律里几乎看不到罗马法的影子。既然如此，葡人的失败也就顺理成章了。

---

[1] 武树臣等：《中国传统法律文化》，北京大学出版社，1994，第35页。
[2] 张文显主编《法理学》，高等教育出版社，2007，第210页。
[3] 喻中：《法律的历史性与历史法学的语境——〈论立法与法学的当代使命〉读后》，《中国图书评论》2007年第4期。

三 法律应是什么？

从据得澳门到自己的法律被架空，从40年的守候到等来一本《华人风俗习惯法典》，葡人的不幸让我们见证了实然性法律的尴尬境遇。

从对华夏精神的推崇到对传统礼法的遵守，从对民族禀赋的坚守到对异族法律的抵制，华人的坚毅使我们开始思索：法应当是什么？

这是一个有关法的应然性的问题，应然性的法是内含价值与目的的。基于上文的发现，笔者以为最佳的答案还是来自法学家萨维尼。他说"法乃是这个民族的共同信念和内在必然性的共同意识，而不是因偶然的和专断的缘故而产生的观念"，"它深深地植根于一个民族的历史之中"，"它首先产生于习俗和人民的信仰，其次乃假手于法学……职是之故，法律完全是沉潜于内、默无言声而孜孜进化的伟力，而非法律制定者的专断意志所孕就的"。[①]

笔者不赞同某些学派的理论，是因为它们无法解释《华人风俗习惯法典》诞生这一法律文化现象。比如，若法律应当如某些学派所说的"由特定物质生活条件所决定的""反映统治阶级意志的"，那究竟为什么这部反映葡国统治阶级意志的《葡萄牙民法典》可以轻松地适用于生活在同样物质生活条件决定的澳门社会的葡人，却摆平不了华人？若法律应当是如自然法学者所言的"人类之永恒理性""共同正义""世界精神"，那没有人能否认这部法兰西式的《葡萄牙民法典》渗透着19世纪理性主义的精神，没有人能否认这部法典散发着19世纪浓浓的人本主义精神，更没有人能否认它对启蒙运动以来西方人所谓"真理"的肯定；但站

[①] 萨维尼：《论立法与法学的当代使命》，第25–30页。

在自然法学的角度，又有谁能解释为什么面对崇尚权利本位的法典，华人毅然选择"重义而轻利"，为什么这些被西方人欣然地称为真理的"民主、自由、人权、平等"却招致华人的不屑一顾？

当然，笔者承认著名法学家博登海默"法律应当是秩序和正义的综合体"的观点；笔者也赞同功利主义法学家边沁在其著作《道德与立法原理导论》中将法律视为应当实现最大多数人的最大幸福的秩序；笔者同时更坚信法确应如古罗马著名法学家塞尔苏斯所云的，"是实现善与正义的艺术"。但是，我们根本无法用这些过于表层的真理来回答：那些能让当时的葡国人感到"正义、幸福与善"的《葡萄牙民法典》为什么无法被华人接受？

笔者坚持"法乃民族之共同信念"这一观点，是因为它能就上述问题给出答案。答案就是法是自发地成长的，而不是立法者任意地制造的；答案就是法具有"民族特性"，它是"民族的共同意识"；答案就是不同民族对于什么是正义、什么是幸福、什么是良善有着不同的理解。

第三节 《华人风俗习惯法典》的法文化解析

一 华夏民族精神的研究

1. 一种根深蒂固的宗法观

说完了《华人风俗习惯法典》诞生的动态过程，下面就该涉足该法典本身了。其条文背后的价值体系是值得我们了解的关键环节。综观整部《华人风俗习惯法典》，无处不渗透着浓浓的华夏文化。

看那《华人风俗习惯法典》第 4 条的"夫妻财产概由丈夫掌管",不正是对"夫为妻纲""既嫁从夫"的认同吗?看那第 7、8 条里的"七大理由",不正是对"妇有七出""三从四德"的诠释吗?看那第 11 条的"妻妾与敌庶",不正是对"尊卑长幼""亲疏敌庶"的重申吗?看那第 20 条的"父权由父亲行使",不正是对"宗法家长""父为子纲"的推崇吗?看那第 13 条的"华人无男嗣时,应立一养子",不正是对"有子立长、无子立嗣"的解读吗?再看那第 22 条规定的"继承权只归儿子",不正是对"宗祧承继""男尊女卑"的标榜吗?

而从这一拨拨的四个字里,我们更看到了中华民族传统法律文化中一块至关重要的内容——宗法伦理和"礼"。宗法伦理是华夏家庭继承法律文化的"法统",它是中国之道在家庭继承方面的具体内容。而"礼"则是调整华夏几千载君主社会婚姻家庭与继承关系的一个最主要的规范。宗法论是"礼"的内在实质,它源于远古父系社会,以血缘家族为本位,教化华夏子孙"亲亲父为首""尊尊君为首"。而"礼"则是宗法伦理的外在表现形式。根据宗法伦理,"礼"首先以血缘关系的亲疏为人们规定了各自的身份,在此基础上然后规定人们应去遵守的具体社会规范。顺应华人"重家庭,求稳定"天性的宗法伦理和"礼"有着共同的目标,即营造一个"仁爱、公义、和谐、统一"的社会。让人与人之间的关系有序而稳定,让每个人都能够获得符合其身份的利益。拿婚姻家庭关系来说,互相包容的"仁"、一日夫妻百日恩的"义"、举案齐眉的"礼"、互相信任没有猜忌的"信",难道不是我们华人理想的夫妻关系吗?难道不正实现了我们追求的和谐家庭吗?

2. 宗法伦理和 1909 年的大中华

明晰了这些宗法伦理之后,紧接着等待我们的问题是:历经 40 年殖民统治的澳门华人会去坚守这些观念是历史的必然,还是

第二章
中西并用：华人习惯法与葡国民法典

历史的偶然？笔者认为这个结果是必然的。因为1909年，整个华人社会的宗法伦理观还没有被西方人的殖民行径所动摇。我们可以从一些事例中看出。

首先，让我们来看一下与澳门一水之隔的香港。1909年的香港早已沦为了英国人的殖民地。可是，1841年英国人登陆香港岛之后就宣布华人仍然依当地习惯治理。也就是说，从那时候起到1909年，在英国人统治下的香港华人仍然遵照着《大清律例》过日子。毋庸置疑，这部中国君主社会极具代表性的法典当然依旧延续着中国几千年来的法律文化传统。具体到家庭继承领域，此律的指导精神无外乎还是宗法伦理。而事实上，甚至在清朝灭亡后的60年里，《大清律例》里的家庭继承规定也一直适用于香港华人。直至1971年港英政府以一《婚姻法》取代了《大清律例》中有关家庭方面的条款，才最终结束了《大清律例》的历史使命。那么换言之，我们可以说，即使是在英国政府的统治下，即使是在世界金融中心，华人的宗法伦理也竟要到1971年才在香港华人的法律层面消失。可见，这是一种多么强烈的民族禀赋。

然后，我们再把目光投向内地。20世纪初，大清帝国可谓是风雨飘摇、危在旦夕。于是，1901年1月，流亡西安的慈禧太后被迫下诏以变法求自救。而"变法"中一块很重要内容即"修律"。1908年，清廷设修订法律馆，委派专人主持民律起草工作。等到1911年8月，就完成了五编制式的《大清民律草案》。所以，这部民律可谓是与《华人风俗习惯法典》同一时期诞生的民事法律规范。通过阅读《大清民律草案》，笔者有了3个十分有意义的发现。

其一，在学习西方精神的指导下，此部民律总则、债权和物权三编均系聘任日本法律专家起草；而亲属与继承编却由精通国学的中国专家起草。①

其二，在这部仿照 1900 年《德国民法典》五编式体系结构而来的《大清民律草案》的原定编纂大纲中，光绪三十三年（1907）民律草案大纲所列的篇章顺序竟一改《德国民法典》总则、物权、债的关系、家庭法和继承法的顺序，而将亲属和继承两编分别安排在整部民律的第二编与第三编。足见当时的亲属与继承编关系在华人心目中之重要性。

其三，这部充斥着西方法文化的《大清民律草案》在其亲属继承两编却依旧向我们显示中国传统宗法礼治的坚不可摧。

我们从《大清民律草案》"亲属编""家制"中的一句"家政统于家长"中又一次看到了宗法家长的权威；从第 1338 条"结婚须由父母允许"与 1351 条"关于同居之事务由父决定"里又一次体会到了"未嫁从父，既嫁从夫"的坚定不移；从第 1376 条的"子之财产归行亲权之父或母管理之"中又一次读到了宗法亲权的神圣；从第 1380 条的"妻所生之子为嫡子"与 1387 条的"非妻所生之子为庶子"里又一次发现了"妻妾有别，人伦礼庶"的传统；也从"继承编"里有关"女儿有承受遗产权，无继承权"的规定与"妻子惟有在夫亡无子之守志者方可得承其夫应继之份为继承人"的规定又一次感受到了"宗祧继承"的前世今生。

前述 3 点足以说明在 1909 年前后的内地，宗法观念仍旧深入人心。而其实即使是在辛亥革命之后的长达半个多世纪的时光中，宗法礼庶观念在华人的心中同样十分强烈。比如，1912 年 3 月 11 日，北洋政府宣布沿用清末有关法律。这其中就包括沿用《大清现行刑律》民事部分为中华民国的民事法律规范。而我们知道

---

① 《大清民律草案》"总则""债权"和"物权"三编，系聘任日本专家志田钾太郎和松冈义起草。"亲属"编由中国专家章宗元和朱献文起草，"继承"编由高种和陈箓起草。

第二章
中西并用：华人习惯法与葡国民法典

《大清现行刑律》完全是中国传统法律的延续。拿家庭继承方面的制度来看，此刑律中的条款均是对《大清律例》的直接继承。那么，它对宗法伦理的保护可想而知。接着就是"新文化运动"。等到南京国民政府成立以后，1930年，中华民国公布《民法典》，该法典完全吸收了西方近代的意识形态，明确规定了男女平等，确定一夫一妻制，废除纳妾制度，也废弃了宗祧继承，采取财产继承制。可是，从司法实践来看，这部民法的亲属继承规范其实只在国民政府的公务人员中得到了真正的遵守。而广大百姓的宗法观丝毫不灭。这种情况即使在中国大陆也一直延续到20世纪50年代以后；而在台湾地区却一直持续到了80年代。在这期间，无论是大陆还是台湾地区皆不同程度地承认民间有关亲属继承的习惯法。

由此可见，在1909年，传统国粹——宗法伦理依然牢牢地拴着华夏子民的心。

3. 宗法伦理并不过时

当然，有人会说：1909年，虽说宗法思想在整个大中华根深蒂固，可澳门毕竟已经迎来了其华洋共处的第365个春天。面对如此"先进的"西方理念，澳门华人观念太落后，还没跟上时代，而跟上时代只是时间问题，华人的不接受只是历史的偶然。

笔者认为这种观点是可商讨的。"民族精神"与"共同信念"绝无先进与落后之分，试图用自然科学"进化论"的观点来解释这些意识形态的先进性与真理性的做法是荒谬的。因为即使今天的人类也依然没有跳出轴心时代思想家的思索：我们究竟需要怎样的公共生活？我们究竟应该要有怎样的共同体？各民族都在思考这些问题，于是不同的民族禀赋形成了不同的文明。那种宣传他人的宗法伦理为"封建思想""陈旧观念"的行为仅仅只是感性的认识而已。

萨维尼说："法随民族的成长而成长，随民族的壮大而壮大，最终则会因民族个性的丧失而趋于消逝。"那么，看看我们今天华人世界的成文法，看看这里面还有多少源于我们自己的法律文化……已经少得可怜了！笔者认为本土原生的精神，自己祖先传承下来的精粹才是最有感召力和生命力的。舶来的文化绝不会是这片土地的"真理"。就像菲律宾的政治体制完全照搬美国，可它的现状有目共睹。原因很简单：两国的历史不同，法律文化的渊源不同。

以上这些事情虽很表面，但足以见出孕育在我民族之中的宗法伦理是最具有感染力和生命力的。因此，它在1909年澳门华人心中的地位无可置疑。

4. 中西法律意识形态的根本区别

所谓中西法律文化的价值本原其实源于对一个问题的回答，即我们走到一起过国家生活，真正的目的何在。近代西方人认为，国家生活之目仅仅就是追求社会成员的利益最大化。这种目的观认为，在生活方面，人们都有各自的目标和志趣；在事业方面，人们都追求利益最大化。由此西方人确立了自由主义、权利本位，进而阐发出了以自由、平等、民主、人权为主要内容的价值观。与此不同，华人的先驱认为，国家生活的目的是谋求生活成员共同的善，这种目的认为在事业上，人们通过国家生活充分发展自己各方面的能力来为国家作贡献，并在此过程中获得多方面的成就；在生活方面，通过修身养性来过上与一个民族共同奉行之德行相一致的生活。由此华人确立了义务本位，进而推演出了以"仁、义、礼、智、信"为主要内容的信念。

华人对于王法的遵守来源于对礼的尊重。人们不仅必须遵守礼，而且也自内心地愿意遵守礼。因为礼中孕育着一种使人无法抗拒的凝聚力与感染力。其实，任何一个文明都有自己的礼，它是一种"基本法"。柏拉图说："法律是导致文明的力量。"笔者认为，这个法律就是基本法。它虽带有不同文明的烙印，但都立足人性，顺应自然。从它那里我们找到了我们的美德，从它那里我们知道了为人的准则，从它那里我们更明晰了国家生活的目标。它是我们人类精神和力量的源泉。它让我们从不平等中感受公平，从不自由中实现良善，更让我们从困苦中走向正义。

这个基本法是人类最原初时代的那些最伟大的思想家，用他们纯净的心灵体悟到的人之为人的德行与志向。它能让政客变成政治家，能让资本家感到羞愧，能让老百姓打开视野，更能让法律获得尊严与权威。因为这部基本法来自最纯净的智慧，那是一种让人不得不服从的智慧。

二 《华人风俗习惯法典》里的葡国文化

说了这么多，让我们再次回到《华人风俗习惯法典》条文。在笔者为华人间依据中国传统方式缔结之婚姻获该法典承认而欢呼之后，在笔者为男子可以纳妾的制度居然被虔诚的天主教徒——葡国人所认可而惊讶之余，更让笔者有"出其不意，但又在情理之中"之感的地方就是：法律文化对一国法律的影响竟如此巨大！即使是为华人制定一部习惯法典，立法者也不忘在其中掺杂自己的文化偏好。因为一条条的规范中不时地散发着浓浓的葡国风味。

《华人风俗习惯法典》第7条让"淫妇"避免了面对"一纸休书"的无奈，也获得了司法途径所给予的"人权"。

第8条让妇女告别了终生伺候病夫（麻风病）的精神负担和健康威胁，也获得了请求居之"自由"。

第11条让自古低人一等的妾生子女，也享受到了与妻生子女"平等"的地位和权利。

第12条更是为地位卑贱的妾侍解除了随时会被抛弃的忧虑，也获得了类似婚姻的司法保障。那不正是对"人权"的尊重吗？

第22条也为史上从未有过继承权的未婚女儿留下了"相当于其他儿子遗产份额四分之一的嫁妆"。那不正是朦胧的"男女平等"吗？

第27条给予妾侍以对其子女行使母亲权利这一历来被正房妻子垄断的权利不正是一次对"天赋人权"的体现吗？

然而，最奇妙的是，历史居然有这样的机缘：两个文明、两种文化的精神居然可以在一部法典的一个条文里融合得那样自然。而这也恰恰是这部《华人风俗习惯法典》的魅力所在。

第四节 起草者的民族情怀

基于以上发现，我们有能力对此《华人风俗习惯法典》执笔人的身份进行合理猜测。据史料记载，该法典是由"澳门省总督具奏"，经葡国"海外咨询委员会和部长会议"后拟定颁布的。那么这部法典的草案究竟是谁起草的呢？经过分析，笔者认为这部《华人风俗习惯法典》极有可能是由一个或几个对西学精通的华商起草的。

首先，从法典条文的字里行间里，我们不仅看到了这部法典采用了非常规范的中国式立法模式，更看到了深藏其中的中国法律文化精粹。很显然，没有一定中国阅历和汉学修为的人起草不出这样的法典。它必定出自一个或是几个对中国文化十分精通的人之手。那会是葡国人起草的吗？据史料记载，当时在澳门葡人社会几乎不存在这样的汉学专家。至于在这期间担任过澳门总督的罗莎达以及马葵士就更不可能写出这样的法典了。而极有可能以及有能力来执笔的应该就是华人。

其次，我们知道一般情况下，每一部法典都体现立法者利益。可翻开这部法典，我们发现法典除了可以帮葡国人挽回一点面子或者是树立一点开明形象外，丝毫感受不到其中存在着对葡人利益的保护，感受到的仅仅是对华人风俗习惯无微不至的关怀。这是为什么？结论只有一个：该法典是中国人起草的。

再次，从条文中的"纳妾""嫡长子继承"等字眼里，我们进一步会发现：《华人风俗习惯法典》里浓浓地蕴涵着澳门华人上流社会的阶层利益。换句话说，这部法典很可能是怀揣自身小算盘的华人富商起草的。因为只有华商才有钱来纳妾，才要在起草法典时顾全自己今后的利益。

最后，我们从法典中还可以发现立法者在以华人法律文化为基础的基本思路上还融入了一些西方的意识形态。因为我们发现很多条文中的规定对传统礼法作了一些修改。这一点告诉我们，如果起草法典的是一个华人，那么他至少是一个对西方法律文化略知一二，并对之十分喜好的人士。另外，为了便于向葡人禀报，笔者猜测此人必定精通葡文。

回顾该法典诞生的整个过程，从澳门华人60年的坚守里，我们看到了：人们遵守的是历史中自发孕育的民族精神；从澳门华人40年的历史中，我们明白了：替代型法律移植必须以移植"民族精神"为前提；而这些又指引我们找到了应然的法——它是一个民族之共同信念，深深地植根于一个民族的历史之中。

查看《华人风俗习惯法典》的字里行间，华夏民族的价值禀赋为我们诉说着崇高的智慧，而那零星的西洋文化也为我们展现出文化情结的深入骨髓。

是的！民族精神对于一个民族的法律来说太重要了。作为华人的我们，又有什么理由丢弃自己的"民族精神"？又有什么理由丢弃那属于自己的法律呢？

第三章

回归岁月：民法本地化

第一节 民法本地化之必要性

　　澳门是中华人民共和国版图上不可分割之一部分，这一已经在法理上得到证成的命题，在事实上亦无可辩驳。澳门回归是历史的必然。游离在母亲怀抱之外上百年之久的澳门，终于在20世纪末的时刻姗姗归来，如一个少小离家、经历了百年沧桑而如今满身故事的邻人。长期处在葡萄牙人的管理下，却一直以各种刚性抑或柔性的方式将自身中华文化传而统之的澳门，将要翻开历史新的一页。作为施行法制的澳门，回归首先面临的问题即是必须拥有一套与回归后的澳门地区情势相符的法律体制，能够保障澳门社会的秩序和稳定，保障澳门人民安定的生活。因此，随之而来的是这个拥有近50万人口的地区的法律本地化问题。

　　根据《中葡联合声明》的精神，法律本地化的含义是指，由澳门立法机关按照立法程序，将适合于澳门的葡国法律从形式上转为本地法律，同时又要求在内容上结合本地政治、经济的实际

第三章
回归岁月：民法本地化

进行修订。① 据统计，澳门约有 250 项葡国法例需要本地化。为什么澳门需要对法律进行本地化而非简单沿用已有法律？无疑，回归后澳门的政治体制将发生变革，进而带动澳门的经济发展和社会文化的变革，这些变化自然不是原有法律制度能够承载的。然而，这样的说法未免过于笼统和粗浅。以史为鉴，可理解现在，可预知未来，现实中的问题往往能够通过对问题产生之历史渊源的回顾而得到深刻解答。澳门法律发展与运行的历史不例外地为我们窥探澳门法律本地化的因由与探寻解决之道提供了一面镜子。同时，法律文化视角的理论分析也将有助于我们更好地理解这一命题。

1. 历史的警示

澳门的法律制度可以概括为以葡萄牙法律为主要制度框架，融合了包括澳门当地法律和习惯、华南地区的习惯、中国台湾地区和内地的法律及习惯等在内的混合法律体制。在以往澳门的历史中，无论是葡萄牙海外部于 1869 年 11 月 18 日颁行于澳门的《塞亚布拉民法典》——一部由国家制定，并由国家强制力保障实施，历来被各国立法者广为评述并赋予至高无上的权威的法典，还是葡萄牙 1966 年制定、由 1967 年葡萄牙第 22869 号训令延伸至澳门适用的《葡萄牙民法典》——吸取了德国、法国、意大利等国家的经验，并融合了葡萄牙数百年理性自然法基因和传统人本主义精神的优秀法典——都不可避免为占澳门人口绝大多数的华人在日常的生活和法律适用中所架空。可以说，葡萄牙法律对于庞大的华人群体来说一直是"形式上的存在"。有葡国学者指出，"中国居民则一直以来都是生活在葡国法律以外"，"对葡式法律制度的合法性，我们没有准确看法，但一切表明，居民对澳门现行

---

① "澳门法本地化"是 1987 年《中葡联合声明》的内容，具体包括"'司法制度的本地化''法律条文的本地化'、'法律语文的本地化''司法官员的本地化'和'法律在本地民间社会的普及化'等"。参见吴国昌《澳门过渡后期的法律本地化》，《行政》1995 年第 2 期。

法律制度模式的认同是微不足道的"。① 建立在葡萄牙传统文化背景下、反映葡萄人民生活习惯和法律观念的葡萄牙法律制度从未能够为澳门华人所接受和认同。

那么华人一直以来生活在法律和秩序的空白地带吗？当然不是！相反，澳门几百年来安定的环境和稳定的秩序说明华人之间的交往活动是"有法可依"的，并且该"法"十分有效地调整着澳门华人的行为。探寻历史，不难发现，一部《华人风俗习惯法典》以及各种隐性的习惯与传统才是在澳华人一直遵守与适用的对象。《华人风俗习惯法典》是一部处处渗透着浓郁儒家教化思想的法典。即使在晚清政府后期，国内变法维新，新思想新文化迭出不穷，西方自由、民主、私权的概念传入澳门之时，《华人风俗习惯法典》被葡萄牙政府撤销，也并不意味着澳门婚姻、家庭领域双轨法律体系的终结。相反，华人社会对固有传统文化的眷恋使得葡萄牙政府不得不通过第 36987 号法令，首次在婚姻和继承领域将中国民事法律延伸适用于澳门。不难看出，在民法领域，并非是人民对法律权威的屈从，而是制度对于身处其中的人们的生活习惯与行为方式的确认。一旦缺失了文化的保障和支撑，再先进的法律制度也只是摆在纸面上的空壳而已。

2. 法文化的视角

何为文化？人类学家霍贝尔将其定义为"一个社会成员表现和分享后天得到的行为方式的总和"，着重从分享的角度阐释文化。中国学者费孝通将之定义为"依赖象征体系和个人记忆而维持着的社会共同经验"，侧重于从群体的共同经验的角度解释文化。无论如何，文化不是个人的，它可以被分享，尽管其是以个人的行为来表现；文化也不是短暂的现象，它以被传承为要件，尽管各个时期的文化可以有不同。也因此，文化是特定人类群体

---

① Rocha：《论澳门法律制度之可行性》，《行政》1991 年第 3 期。

第三章
回归岁月：民法本地化

的思想和行为模式的总和。一个民族的文化决定了该民族的精神气质。民族精神是民族文化、民族智慧、民族心理和民族情感的客观反映，是一个民族在长期的共同生活和实践基础上形成的并为大多数成员所认可和接受的信念、价值观及道德的总和。它是民族文化的核心和灵魂，也是一个民族心理特征、文化传统、精神风貌、价值取向的集中体现，具有对内动员和聚集民族力量、对外展示和树立民族形象的重要功能。[1] 正是民族精神定义了该民族，形塑了该民族的存在方式和思维习惯，决定了该民族的法律文化。法律文化是文化的子概念，是特定人类群体与法律相关的思想和行为模式的总和。法律文化亦是一个群体概念，它集合了某一地区或某一民族对于自身法律的思想观念和行为方式，法律文化依赖该地区或该民族的文化而存在。同时，法律文化是法律规则所依据和体现的东西，反之，法律规则反映着法律文化，同时也促使法律文化的演进。

　　读者可能会有此疑惑：澳门这块弹丸之地，处在葡萄牙政府管理之下长达数百年之久，为何葡萄牙的文化未能将澳门华人同化，以至于接受和认同自己的法律文化？

　　也许我们可以用文化的特殊性使得文化间交融时会产生斥力以保全自身的理论来解释，尤其是一种文化对另一种文化的渗透越强大，被渗透一方对之斥力越大。正如在外国的华人相较国内华人越注意保存自己国家的传统和文化，越是远离家乡的游子越眷恋曾经的生活方式并刻意延续之。正如澳门虽然与祖国分离数百年之久，至今却是中国传统文化保留较好的地区。

　　我们也可以用传统的力量来解释，一个民族的历史文化传统是其在漫长的历史长河中磨炼出来的文化命脉和成果，并据此形成本民族广泛认同的社会心理习惯和社会行为习惯。传统既是对

---

[1]　吴荣先：《论民族精神》，《重庆广播电视大学学报》2006 年第 1 期。

过去文化的传承,又包含着对未来美好理想的预测。正是由无数历史积淀而来的传统,构成了一个民族的独特气质并定位了该民族。丧失了民族的传统和文化,就丧失了民族本身。澳门之所以为澳门,就在于其拥有久远的中华传统,拥有历史积淀而来的中华气质。

但或许更加深层的原因就埋在中华文化本身的特质里。中华文化天生带有对不同文化的包容性。其形成之初即具有广阔的地域,使其后续的发展大多表现为一种对内的充实。"中国人对于异族的文化,常抱有一种活泼广大的兴趣,常愿意接受而消化之,把外面的新材料来营养自己的旧传统","中国一向偏重人文科学,注重具体的综括,不注重抽象的概推,惟其注重综括,所以常留着余地,好容纳新的事项与新的物以便之随时参与。中国人一向心习之长处在此,所以能宽廓,能圆融,能吸收,能变通。"① 中华文化包容的特性,是中葡人民相安数百年之久的根本原因。同时,其具有包容性并不代表容易被同化,相反,中华文化总是因为其能圆融、能变通的特性将其他文化中的精华吸收同化,滋养和丰富自身,这才使得中华文化源远流长。中国古代对于印度佛教的改造性接纳,就是体现其文化包容性和强大同化力的绝好例证。因此,中华文化的内生力量使得直接移植于葡萄牙文化和生活方式的《塞亚布拉民法典》和《葡萄牙民法典》被虚置也就不足为奇了。

孟德斯鸠曾在其《论法的精神》中不惜重墨阐述民众对一国法治的深层影响。法治事业能否得以健康快速发展在很大程度上取决于社会民众对其认可和接受的程度,也就是法的群众认同度问题。法治认同使得民众在法治实践中产生一种感情上的信赖感和精神上的归属感,正因为有这种信赖感和归属感的存在,才使得法治建设产生坚不可摧的强大内在驱动力。作为调整最为广泛

---

① 钱穆:《中国文化史导论》,商务印书馆,1994,第205、228页。

第三章
回归岁月：民法本地化

的民事活动关系的民法，更是与一个地区或民族历史积淀而来的风俗习惯和精神质量密切勾连。回想人类历史上最优秀的民法典之一——《德国民法典》的制定：在19世纪初海德堡大学法学教授A.F.J.蒂鲍（1772－1840）从民族主义出发认为德国要迅速制定德国的法典包括民法典，而以萨维尼为代表的德国历史法学派坚决反对。萨维尼雄辩的声音至今回响在法律人的耳畔：法律就像语言、风俗、政制一样，具有"民族特性"，是"民族的共同意识"，"世世代代不可分割的有机联系"，它"随着民族的成长而成长、民族的壮大而壮大"。[1] 萨维尼力主在对德国社会有一个全面深刻了解的基础上开始制定成文的《德国民法典》，这一思想最终被采纳。直到1900年1月1日《德国民法典》开始施行，其一直是大陆法系最重要的民法典之一，影响力远及欧洲亚洲诸多国家。再者，民法是许多部门法的基础，其他许多法可以说都是从不同的侧面对民事法律关系和基本原则的保护、充实和发展，或者为它们的完满实现创造必要的法制条件和环境。民法之所以如此博大精深，正是因为其"是以特定的历史解释模式为依据"的。[2] 民法的历史，便是一个国家的发展史，是一国人民的生活在法律上的缩影。

可见，法律制度与民族或地区的文化相符合才是法律的生命之所在，制度背离了本应该成为制度背后的社会文化和民族精神，便逃不掉生命力丧失、被搁浅的命运，更何谈成为保障社会有序运行的良法善法？如苏力所言，"把法律理解为与人们具体现实的生活方式无法分离的一种规范性秩序"，"法律的主要功能也许并不在于变革，而在于建立和保持一种可以大致确定的预期，以便利人们的相互交往和行为"，[3] 这种预期便是藏在人心深处的传统

---

[1] 萨维尼：《论立法与法学的当代使命》，第9页。
[2] 徐国栋：《民法哲学》，中国法制出版社，2009，"导论"。
[3] 苏力：《法治及其本地资源》，中国政法大学出版社，1996，"序"。

法律文化和法律制度指导下的人们的行为模式和法律观。澳门回归后的社会秩序需要依靠与澳门地区文化相融洽的、良善的法律制度来保障。作为与人民生活息息相关、最重要的法律之一，民法的本地化问题便是澳门回归急需解决的重大问题，如何制定一部适应澳门人自己的生活惯习并能起到切实的规范作用的民法典成为重中之重。

第二节　民法本地化进程回顾

一　早期的法律本地化

1976年葡萄牙颁布的《澳门组织章程》首次确认澳门地区享有"立法自治权"，这标志着澳门法律开始脱离葡萄牙而存在，以及澳门法律本地化的开端。接续而来的是，1987年《中葡联合声明》签订，不仅宣布了澳门的回归，标志着澳门进入了过渡期，也预示了澳门基本法的主要原则与精神。1988年1月，澳门总督发布了第8/GM/88号批示，设立澳门政府法律翻译办公室，由其规划、统筹及执行翻译澳门现行法律的工作。1989年10月，澳门总督发布批示设立了立法事务办公室，并重整法律翻译办公室，完成了澳门法律本地化的组织架构。1993年的《澳门基本法》，一部立澳、建澳、治澳之法，奠定了回归后的澳门政治与法律基础。可以看出，在《中葡联合声明》，特别是《澳门基本法》颁布之后至1999年期间，澳葡政府与立法机构制定了一系列法律，尤其以"五大法典"最为重要。正是这些法律为未来的澳门特别行政区"立法"，构成了未来特别行政区法律的基础，规定了当下澳门法律制度的基本框架及主要内容，并成为澳门法律本地化的初步成果与未来法律

第三章
回归岁月：民法本地化

本地化的基石。《澳门民法典》是其中最重要之一部。

然而，本地化征程一开始便显示出法律制度与地区文化不相协调所导致的曲折，这一点在澳葡政府的第 32/91/M 号法令中得以体现。该法令撤销了自 1948 年以来中国的婚姻、继承领域的民事法律在澳门的适用效力。为填补文化上的空白，澳葡政府经由第 6/94/M 号法令（《澳门家庭政策纲要法》），将 20 世纪后半期欧洲盛行的婚姻、家庭平等制度作为未来澳门婚姻、家庭发展的纲要确定下来①。该纲要可以说响应了当时世界的主流文化和法律思潮，彰显了人人平等的天赋人权精神。然而，这个纲要和 1966 年《葡萄牙民法典》所确立的夫妻平等关系，特别是夫妻共有财产中的平等关系等一度使澳门的法律实践出现混乱。因为华人深受传统文化之影响，并不能接受所谓的夫妻之间地位平等以及所谓共有财产平等分配之规定，于是转而偏向于采用虚假身份声明或"法院代为同意"②的方式，以避免未经配偶同意的家庭共有财产的处置行为被撤销的风险，这些行为直接影响到民法典在澳门社会的实施。葡式文化观指导下的立法还带来文化变异问题。婚姻上的平等观念向家庭财产领域延伸，从而婚姻圣事③被物欲观所笼罩，违约责任、侵权责任这种从前只在物权法、债权法领域才有的概念，堂而皇之地成为家庭法的主流概念。可见，不顾及地区的文化特殊性而一味理念性地进行"先进"制度安排的结果，只能是迫使人民走上法律规避的道路。法律规避的合理性源于民法制度是对受其调控的民众生活惯习的确认与安排，而非对其生

---

① 《澳门家庭政策纲要法》第 2 条确认了配偶双方对民事和政治能力，以及对子女的抚养和教育，均具有相同的权利和义务。
② 1966 年《葡萄牙民法典》第 1684 条第 3 款之规定。
③ 天主教将两位受领洗礼的教徒的婚姻提升到圣事的高度。见《天主教法典》第 1055 条，http：//www.peterpoon.idv.hk/Resource/Canonlaw.htm，最后访问日期：2011 年 7 月 29 日。

活方式的建构。法律规避也许是创设新制度的源泉,但不可否认的是法律规避也会使得一个国家或地区的正式法律规范的权威被削弱甚至被架空。①

澳门民法在物权、债权领域的发展也证明了民法制度必须与社会发展和需求相吻合才能够释放出法律制度的力量。20 世纪中后期,澳门走上了一条比葡萄牙本地更快速的商业道路,这使澳门接触一些葡萄牙未曾有过的商业概念,比如房产预售(又称"楼花"销售),这一制度源自香港。机缘巧合,《塞亚布拉民法典》以及 1966 年《葡萄牙民法典》内含的预约合同制度符合了澳门房产销售模式的需求。只要预约合同之将来物(楼花)不违反法律、非自始不能,所以没有必要对将来物的销售做太多的限制。② 事实是,1966 年《葡萄牙民法典》所规定的传统的所有权制度,特别是建筑物分层所有权制度,无法满足或者保障将来物买受人之权益,为此,澳葡政府于 1996 年制定第 25/96/M 号分层楼宇法律制度,赋予将来之楼宇可作类似于普通不动产的临时登记权利,并创新性地规定了经由行政行为可创设分层所有权。这可以说是对 1966 年《葡萄牙民法典》内含的物权类型法定原则的一种突破。然而该种突破并非说明葡萄牙法律文化在澳门得到了认同,而恰恰说明了社会进步和发展的需要催生了法律制度。

可以说,自 20 世纪 70 年代中期开始的澳门法律本地化,其实质是葡萄牙法律文化主导下的法律自治,运用葡萄牙民法经验在澳门维持、创设葡式样的法律精神、信仰、理念和传统,这一点在家庭、继承法领域表现得尤为突出。而在物权法、债权法领域难得的立法创新,也并非基于对华人社会法律文化观的认同,其

---

① 苏力:《法治及其本地资源》,第 41 – 73 页。
② 艾林芝:《房地产预售制度的比较研究》,《澳门研究》第 46 期。

深层次的原因是葡萄牙本地滞后于现代商业社会的发展,从而缺少在此领域的经验。澳门大多数居民不能了解更不能主动应用其从葡国移植而来的法律,他们对澳门地区的法律始终是陌生的。澳门正是在这样不利的背景下,在临近澳门回归之时,开始了《澳门民法典》本地化的征程。

二 《澳门民法典》的本地化

澳门行政当局通过总督第 121/GM/97 号批示,命令组成一个专门草拟现行民法典本地化草案的专责委员会。在该委员会关于《民法典的革新工作——初步计划》中可以看出,委员会拟将澳门民法典本地化的工作分为三个阶段进行:第一,狭义的本地化——仅仅通过抽离直接或者间接与葡国实况有关的部分以及更改原法典的方式,最终完成将民法典的条文配合澳门目前和 1999 年后的法律、政治环境的工作。第二,法典的重新编纂——把由本身管理机关所制定,并涉及民法典载有事项的部分单行民事法例重新编入法典内,克服法例的扩散问题。第三,法例的配合及更新工作——便是对现行法典所载的方案深入分析,将一些似乎已不适用的解决办法更新。最终而言,是要把法典的方案进行重新评估,倘发现与环境不适应的部分而须对制度进行改革时便把那些解决办法更新和现代化。[①] 该三种层次的法典本地化看似应该可以收到很好的效果——既满足了当下澳门社会的需求,又对法律制度与社会发展形势相符合做出了长远打算。然而仔细思考民法典本地化的立法指导思想,探寻当时立法的具体措施,可以说,澳门民法的本地化远未成功。

---

① 民法典的革新工作——初步计划,http://www.al.gov.mo/lei/codigo/civil/cn/4.htm,最后访问日期:2011 年 7 月 27 日。

如何将原来适用于澳门的民法典修改，使其能够适应回归后的澳门社会？考虑到以往在澳门适用的民法多出现与本地区华人风俗习惯殊异从而难以得到很好实施的历史，此次修订就应该正视这一问题，着力克服制度与文化之间的冲突，努力使新的民法制度能够反映澳门人民的生活方式和风俗习惯。然而，专责委员会修订法律的指导思想却不甚积极。正如专责委员会在文件中所说，"修订此法典的任务纯粹是对本地区现行《葡萄牙民法典》予以革新，并非重新制定一部新法典。换句话说，是将已有的原始材料进行加工，再制成未来的澳门法典。此外，由于即将修改的体制本身已可以良好运转，故目的不在于重新组织，只是进行改造，或将现有的成果略作修饰而已"。① 并且当时修订者认为不应该对《葡萄牙民法典》作出深入修改，因为对1966年《葡萄牙民法典》的深入修改"将会导致大量（葡萄牙）民法典适用的经验的流失，而这些经验对于在现在及将来维护（澳门）法律制度的特性起决定性的作用"。② 可见，法典修订者十分乐观地认为以往的法典在澳门社会得到了良好实施，其并未直面澳门社会对于以往法典适用的消极反抗和规避措施，这种基于文化传统殊异而带来的内心不认同，导致原来法律游离在人们行为和规范之外的状况并没有作为民法典本地化时被重点考虑的要因。外加之，在相当长的时间内，澳葡当局对法律本地化的态度不够积极，一些澳葡当局的人士认为，中葡联合声明并未规定葡萄牙法律的重新通过是强制性的，从法律角度看，法规并不是非本地化不可。③ 正是怀抱这样的心态，注定《澳门民法典》也只能是1966年《葡萄牙民法典》的另一种版本，至多，补充或更改一些

---

① 民法典的革新工作——初步计划，http://www.al.gov.mo/lei/codigo/civil/cn/4.htm，最后访问日期：2011年7月27日。
② 澳门立法会：《跟进及参与制订民法、民事诉讼法及商法典草案的临时委员会第2/99号意见书》，《澳门民法典》，澳门特别行政区立法会，2003，第596页。
③ 简天龙：《澳门立法改革的种种决定因素与导向力线》，《行政》1998年第2期。

技术性的规范。其主体特征，必然与1966年《葡萄牙民法典》一样，在德国式或"物文主义"外衣下，蕴涵着深厚的人文主义、理性自然法基因。

在制度层面，同1966年《葡萄牙民法典》一样，《澳门民法典》的篇章结构分为"卷、编、章、节、分节"五个层次。两部法典在"卷"这一结构层次方面完全一致。"编"这一层次基本一致，只不过《澳门民法典》"物法卷"删除了不合澳门时宜的"永佃权"一编，应该说这属于技术规范上的考虑。"章"这一层次的差异主要体现为三个方面。第一，将1966年《葡萄牙民法典》第1卷第1编第3章"外国人之权利及法律冲突"更名为"非本地居民之权利及法律冲突"，这是应对回归后所产生的属人法原则的变更所作的技术处理；第二，删除了第3卷第2编的"合伙"和"牲畜分益"两章，对"合伙"一章的删除是基于避免与《澳门商法典》重复立法的技术考虑，而"牲畜分益"在澳门商业社会中已没有界定之必要；第三，在第4卷第2编新增"亲属法律关系"和"事实婚"两章，并且删除了第4卷第2编的"结婚的种类"一章，这是因为回归后，天主教教会法庭就会终止对澳门婚姻家庭之管辖权，天主教婚姻就没有存在的法理依据，但是为应对一些经由天主教礼仪或华人风俗习惯而缔结的婚姻，有必要给予其必要的法律保护，所以规定"事实婚"一章以应对该现象。

从具体制度来看，《澳门民法典》与1966年《葡萄牙民法典》的内容相差不大。除上述所提过的宏观差异所引发的具体制度差异外，还存在一些因技术因素所造成的差异。《澳门民法典》新规定了"夫妻候补财产制度"，目的在于补足夫妻共有财产制度的缺陷而作的技术性处理；鉴于澳门微型社会的特征，故取消了结婚的初步公布程序；为应对澳门地区居民流动性大从而难以落实抚养权的难题，对"特留份"制度作进一步规范；而预约合同、利息、占有、都市房地产租赁和建筑分层所有权诸种制度中所存在的差异，本身早已在澳门实施，只不过《澳门民法典》将之吸收到法典中来。

总结而言，《澳门民法典》更多的是从技术上处理了与1966年《葡萄牙民法典》的差异，实质上相当于对其完全的移植和继受，针对澳门社会的实际情况而对法律进行修订和调整的工作十分有限，澳门社会对本地化后的法律的了解和认同，也并没有得到实质改善，因而其只是"在形式上将澳门的某些社会习惯纳入法律范畴，但作为具有法律性质的价值取向尚未获得广泛的认同"，[1] 它注定深植于葡式法律文化之中，对于受其调整的华人社会及文化而言，"它虽是一部新法典，但并不构成对现行民法制度（指1966年《葡萄牙民法典》及附属法）的彻底革新"。[2] 就这样，澳门法律本地化的重要一环——制定民法典的努力仅甚微向前走了一步就搁浅了。

第三节 民法本地化之缺失

《澳门民法典》的制定，受到各种因素制约从而未能很好地实现澳门法律本地化的目标，尤其表现为司法效率不高。截至2008年底，澳门第一审法院中之行政法院未决案件总数为100件、结案率为47.4%；初级法院未决案件总数为12810件，结案率为45.1%；中级法院未决案件总数为628件，结案率为47.2%；终

---

[1] 何超明：《在澳门民商法研讨会上的致辞》，http://www.mp.gov.mo/gb/int/2002-11-16m.htm，最后访问日期：2011年7月29日。

[2] 韦奇立：《核准人民法典》，《澳门民法典》，第1页。

审法院所有类型未决案件总数为 17 件，结案率为 82.1%。[①] 我们无法苛责《澳门民法典》本地化程度不够的结果，因为澳门法律本地化存在着许多困难，如本地法律人才缺乏、澳门法律法规混乱繁多、时间短促等。但无法苛责并不代表不需要反思与检讨，因为只有如此才能发现，《澳门民法典》本地化不足的根本原因并非原有民事法律制度不够先进，也并非由于时间紧促，而是在于法律背后的民族精神和中华文化的缺失，由西方背景下的葡国法制模式"本地化"而来的澳门民事法律不能被以东方背景的华人为主体的澳门社会所认同和接受。

1. 非主要因素的剖析

第一，澳门民法本地化收效甚微的根本原因并非葡萄牙法律技术不够先进——相反，澳门民法体系虽然渊源繁杂，但在制度层面上，亦可说是博采各方之长的。澳门民法的主体部分源自葡国、源于欧洲，应该说是很现代、很西方化或很欧洲化的。现代人类之民法，均渊源于欧洲，或者是以其为模范的，因此，澳门民法从制度上看十分先进。如此先进的民法典历经岁月长河却不能在澳门本土生根发芽，不能成为规制澳门人民民事活动的本地法律规范，只能说明民法典的先进与否并非民法适用效果的决定性因素。制度的优越与否取决于其能否被适用的对象认同，换言之，制度是否适合当地人民的法律情趣、文化精神。源自于葡萄牙的《澳门民法典》从始至终反映的是葡萄牙人民的生活习惯和文化传统。这样的法律体系在一个华人社会无疑是缺乏生命力的。

第二，澳门民法本地化不成功的原因也不能归结于时间问题。简单看来，从澳葡政府通过第 121/GM/97 号批示成立"民法典起

[①] 参见澳门特别行政区终审法院办公室《澳门特别行政区法院司法年度年报 (2007－2008)》，2009 年 5 月，第 21－23、28、35－42 页。

草委员会"至法典生效,为期不过 3 年。一部如此重要的法典制定,从对相关民事法律规范进行系统清理,到对需要本地化规范性档进行修订、编纂、翻译,再到对法律草案进行审议、表决和通过……所需要的时间自然是不会少的。更何况身处葡国政府管理下的澳门社会是一个融合了多种国家和民族居民的复杂与多元的社会,其间文化的冲突与融合、法律制度如何适应不同居民生活需求等一系列问题都需要严谨翔实的调查与思考,这一浩大的工程势必需要很长的时间。修订民法典的专责委员会认为时间紧张,不可能为澳门重新编纂一部民法典,几乎没有作多少实质性的修改就将原来适用于澳门的《葡萄牙民法典》的内容延续了下来。

虽然时间局限的确是影响澳门民法本地化的客观因素之一,然而,时间仓促不过是表面问题,至少不是《澳门民法典》本地化最重要的困难所在。虽则政府通过第 121/GM/97 号批示成立"民法典起草委员会"是在民法典生效前 3 年,而澳门法律的本地化征程实则从 1987 年伴随着《中葡联合声明》的发布,澳门进入过渡阶段就已宣告开始。澳葡政府当有十多年的时间进行澳门法律本地化事宜。然而,许多葡萄牙人认为葡国的法律在澳门的适用情况良好,无须作大的修改。更主要的是,如前文提及的,在相当长的时间内,澳葡当局对法律本地化的态度不够积极,一些澳葡当局的人士认为,《中葡联合声明》并未规定葡萄牙法律的重新通过是强制性的,从法律角度看,法规并不是非本地化不可。澳葡当局对于法律本地化问题的轻视导致法典本地化进展缓慢。因此,并不能用时间紧促来解释本地化存在的问题,毋宁是法典修订者对于法律背后的社会需求和文化精神的淡漠所致,是对华人社会的传统和习惯的漠视所致。

2. 根本原因:文化的缺失

从之前在澳华人对于《塞亚布拉民法典》以及对于《葡萄牙

第三章
回归岁月：民法本地化

民法典》的拒斥就可看出，在澳华人虽然与葡萄牙人和谐共处，但在文化的认同与归属上，始终没有摒弃源远流长的中华文化传统，中华文化的"宽容爱人""屈己让人""重义轻利""和谐统一"的精髓流淌在每一个华人的血液里，影响着他们的日常行为和对纠纷的处理方式，塑造了谦逊内敛、善良朴实的性格和作风。而深受欧洲启蒙运动思想而产生的现代法律，建立在"理性人"的假设之下，将每一个个体看做独立谨慎、会通过理性算计从而选择最优最有利方案的现代人，法律规则和纠纷解决制度都是围绕着这一假定而制定。葡萄牙极大程度上分享了现代性的法律文化。这就造成了澳门社会实质上深受中华传统法律文化影响的华人却生活在极具现代性的葡萄牙法律制度之下，两种不同的文化观和价值观难以融合。进而言之，澳门法律存在的文化冲突不仅是葡萄牙文化与澳门地区华人文化的冲突，也是中国传统儒家文化与现代性文化的对冲，是一场东方文化与西方文化的交错。[①] 以"礼"及由此展开的伦理道德为价值标准的中国法律文化，基本上是主观的、静态的法律文化……归根到底是规范如何做人，而不是如何做事，是一种约束人守规矩的义务本位的法律文化。与此相反，西方法律文化则是以"利"及由此展开的平等自由为价值标准……它归根到底是一种规范如何做事并让人自由进取的权利本位的法律文化。[②] 中西文化之不同，尤其是法律文化价值观的不同，使得澳门这一地区的文化复杂性更显突出。因此，简单继受源于葡萄牙的民法自然难以从容应对这样复杂的文化场域。澳门华人长期生活在澳门社会的官方法律之外，而以自己民族的风俗习惯作为指导自身活动的规则，以及作为发生纠纷

[①] 梁漱溟根据意欲的不同将世界文化分为中国文化——持中协调的文化、西方文化——进取向前的文化和印度文化——取消向后的文化。参见梁漱溟《东西文化及其哲学》，上海世纪出版社，2006，第59页。

[②] 米健：《法以载道——比较法与民商法文汇》，商务印书馆，2006，第39页。

时的解决方式。

　　另外，文化的载体——语言，也是澳门法律本地化存在问题的一个重要因素。长期以来，葡语是澳门社会的唯一官方语言，无论是由葡萄牙延伸适用至澳门的法律还是澳门本地制定的法律都是用葡文写成。而操葡语的葡萄牙人和土生葡人又占澳门总人口的极小部分……占95%以上的以中文为母语的华人不仅难以同管理机构沟通，而且也难以认识了解澳门的法律，有的甚至根本不知道自己置身于其中的社会有什么样的法律。[1]《中华人民共和国澳门特别行政区基本法》第9条规定"澳门特别行政区的行政机关、立法机关和司法机关，除使用中文外，还可使用葡文，葡文也是正式语文"。该规定是出于对维持澳门社会现状的考虑，但同时也造成了中文在澳门社会普及过慢的问题。有学者在评述澳门法困局时明确地指出，"中文化"的程度不高是澳门司法效率低下的原因，"澳门法院……完全无法或者无法熟练使用中文裁判案件，因此造成司法人员不足的假象，且由于案件裁判都必须翻译，为此多花费了大量不必要的人力、时间和其他管理成本"。[2] 这样的认识十分理智而深刻。语言是一国文化的载体，本质上，语言就是思想，语言就是精神，语言的缺失即是思想的缺失。语言不通，文化自然不能够被分享。大部分澳门居民的母语是中文，葡萄牙将葡萄牙语作为官方语言但是适用范围却极其有限，基本只限于澳葡政府使用。大众对于葡语的陌生使其无法对由葡语承载的葡萄牙法律文化产生认同。这一问题在澳门回归以后也未有多大的改变。《2006年中期人口统计总体结果》显示，以葡语为家中常用语言的居住人口占0.6%，现时澳门95%左右的居民为华人，

---

[1] 孙同鹏：《澳门法律本地化的新思考》，《行政》1998年第4期。
[2] 谢耿亮：《法律移植、法律文化与法律发展——澳门法现状的批判》，《比较法研究》2009年第5期。

第三章
回归岁月：民法本地化

96.6%的居民（包括华人以外其他族裔的人）对于葡文是陌生的。然而，截至2007年，澳门仍然聘有6位葡萄牙籍法官、4位葡萄牙籍检察官。中级法院目前只有5位法官却有2位为葡籍法官，因该2位葡籍法官不懂中文，因此无法组织两个使用中文的合议庭，中级法院因此完全使用葡文进行裁判。[①] 语言的隔阂，足以使他们长久被排除在澳门法律文化之外，民法的本地化自然受到极大限制。

再者，承担澳门法律本地化的法律职业人员缺失也是造成华人文化缺失的因素之一。公共管理和法律职业领域向来是为葡萄牙人和土生葡人所垄断。华人进入公务员阶层的速度和人数始终很缓慢，尤其是法官、检察官和高层次行政领导，华人还未能占据必要之职位。根据澳门现状及其法律规定，高等法院院长、法官、助理副总检察长等在相当长的时间内必然只能由葡萄牙人担任。

《澳门民法典》大体上只是由《葡萄牙民法典》翻译而来，距离法律本地化的要求还相差太远。中文程度不高，华人专业法律人士欠缺，以及更为重要的澳门民法脱离澳门社会民众生活习惯与文化传统，华人文化在澳门民法中的缺失问题，根本上造成了澳门民法本地化不足的现状。澳门是一个华人社会，它有着完全不同于葡萄牙的历史文化背景，澳门人有着自己的习俗、价值观和文化，这些内容自然是没有包括在葡萄牙人原本是为自己制定的法律中的。而真正属于澳门的法律恐怕也只有散乱的规章、法令，然而，《澳门民法典》在制定时对于这些规章和法令的吸纳也是极其有限的。

---

① 参见澳门特别行政区终审法院办公室《澳门特别行政区法院司法年度年报（2007－2008）》，2009年5月，第35页。

第四节　本地化与法律信仰

民法首先来自于一个社会中现实的、可感知的社会生活领域,但同时也是一种精神的存在。精神的领域应该是一个信仰、理想、应然、理性的世界,"法律必须被信仰,否则它将形同虚设",① 就是针对这个精神世界而言的。法作为"精神"的存在,恒表现为一个社会的信仰和理想,一个民族的人心与人性的向往与追求。而这些往往是一个社会或一个民族最伟大的智者,例如伟大的哲学家、思想家表达出来,形成一整套的思想、观念、学说、理论,形成我们今天所称之为"法律文化"的事物。

一个社会、一个民族从来就不是依据既定的法律规则,而是根据法律文化来观察和解释法律事物,体验法律生活,改善社会法制。换言之,是根据信仰、理想、应然、理性来解释世界并且按照它们来生活的。由此可说,作为"精神之存在"的法较之"现实存在"的法,是一种高级法。位阶高,效力亦然。

澳门民法或者源自欧洲而适用于澳门的民法从来就不是澳门社会或西方社会形成的原因,罗马—教会法如此,《塞亚布拉民法典》、《葡萄牙民法典》一样如此,甚至"本地化"之后的《澳门民法典》亦是如此。恰恰相反,它们是澳门各历史阶段之产物。而保持在一个社会中那些真正意义上的民法,过去是,今天亦然是该社会或该民族文明和文化传统的事物或民族精神的事物。这就是为什么我们需要在一个社会或一个民族的历史中寻找对它的文化解释。

作为欧洲民事法律体系之基础或根本精神的,既非罗马的《国法大全》、日耳曼民族的习惯,亦非后来的法、德民法典,而

---

① 伯尔曼:《法律与宗教》,梁治平译,中国政法大学出版社,2003,第40页。

第三章
回归岁月：民法本地化

是这些法律背后的事物，那就是希腊哲学所培育的理性精神，希伯来宗教所赋有的神圣信仰、启蒙思想所阐扬的自由理念及欧洲大陆诸民族之向往与追求。而所有这些，被一代又一代欧洲杰出的哲学家、法学家表达为系统的思想、理论、观念，从而形成了欧洲人民的信仰和文化传统，构成了欧洲民法体系最核心、最根本的部分。

今人将法律移植视为法律发展或法制建设最有效、最便捷之途径，并以植物嫁接或人体器官移植之不伦不类比喻论证之。在这样做的时候，他们忘记了法律是"给每个人以稳定和永恒权利的移植"，[①] 是关于"人与神的事务"。[②] 植物可以嫁接，器官可以移植。然，精神呢？

由上可知，澳门民法体系的问题不是制度不完善，不是其内在杂芜，不是司法素质不优，而是最核心、最根本部分——精神抑或文化上的缺失。

或者说，澳门的民法典，迄今仍依附于葡萄牙或欧洲的民事理论体系，可以说远未"本地化"。须知，这个法典，已经不是葡萄牙式欧洲的法典，而是澳门的法典，它们必须契合澳门社会的民心人情，附属于澳门人的信仰和理想，真正成为澳门人的法律。

[①] 彼德罗·彭梵得：《罗马法教科书》，黄风译，中国政法大学出版社，2005，第4页。
[②] 原话为古罗马法学家乌尔比安提出，见张文显主编《法理学》，法律出版社，2007，第1页。

第四章

和而不同：民法未来之路

第一节 一种文化的响应

法律制度是建立在一定法律文化的根基上，而非单纯如实证主义者强调的那样"法律就是法律"，与精神、与价值无涉。承认澳门法制发展过程中法律曾长期与民众隔离，意识到澳门民事法律本地化存在的最主要问题在于华人文化在澳门民事法律中的缺失，在于澳门人自身的文化传统、法律精神未得到彰显，就不能忽视法律在本地化过程中与民众生活的再融合。新时期下培育澳门社会对于自身法律体系尤其是民事法律规范的信仰自然要依靠法律制度的改进，使其能够体现澳门本身文化传统，能够响应澳门当下的社会需求。而法律本地化最终依靠的无疑是在该法律制度下生存与生活的普通民众和将法律作为安身立命之事业的法律专业人士。

将法律文化按照主体的不同区分为大众法律文化和专业法律文化。大众法律文化是法律适用领域的普通民众对于法律的认识、感受和评价，进而体现为他们对于法律的观念、智慧和经验；专业法律文化的主体是法官、检察官、律师、法学家等法律专业人士解决法律问题、提出法律学说、发展法律而形成的法律职业文化。澳门法律文化的建设应该同时满足这两方面的本地化，才能

第四章
和而不同：民法未来之路

够促使澳门法律制度的本地化。然而，审视澳门历史与现实中两种法律文化的存在状况，更加显示出新时期下澳门法律文化建设的重要性和紧迫性。

学者将澳门法律体系的发展状况分为两个阶段，并对不同阶段下澳门法律的状况进行了精辟的论述：回归前是葡萄牙法"强制直接置入"澳门，排斥和限制澳门本地法文化，而回归时葡萄牙法实际上是被"准强制直接置入"澳门，这导致当今澳门法构成的残缺——没有本地专业法律文化和大众法律文化，而仍寄生在葡萄牙法律文化之上。[①] 在前一阶段，葡萄牙无视澳门本地情况直接在澳门适用葡萄牙法，专业法律人士包括澳门的法官和检察官亦由葡萄牙政府指定，大众了解法律的最重要途径——语言，也是以葡文作为唯一官方语言，中文在法律上的无地位导致以中文为母语的大众对于葡萄牙主导下的法律体系始终陌生。因此澳门无论专业法律文化抑或是大众法律文化都是非澳门的。而回归之前的所谓法律本地化也仅仅是进行了翻译和技术性修改工作，因此至今澳门法的法制实践没有根本性改变。回归以来，中文在澳门第一审法院中使用越来越多，但是在终审法院和中级法院中的影响力则十分微弱，其依然维持着葡萄牙化运作模式。澳门本地法律者进入澳门法律界的速度亦过于缓慢。这些因素共同作用于澳门，使其大众法律文化与专业法律文化本地化依然严重不足。为法律制度提供指导的法律理论的发展亦显得滞后。澳门特别行政区政府检察院检察长何超明先生睿智地说道，"以研究基本法为基础，以研究澳门实体法、程序法、行政法为主体的学说体系并未建立。因此，澳门尚未建设完成具有澳门特色的法律理论体系。这一研究领域的缺憾，对于澳门的法律实践的损害，如果不是致

[①] 谢耿亮：《法律移植、法律文化与法律发展——澳门法现状的批判》，《比较法研究》2009 年第 5 期。

命的，至少也不可低估"。①

因此，新时期下澳门民法的本地化、澳门法律的本地化，都必须以创设能够为大众所认同和信仰的大众法律文化，以及澳门法律体系和司法制度、培养本地化的专业法律者群体为进路。

大众对于法律的情感，自然是以法律制度能够保障其自身人身和财产安全、能够提供公平正义的法律产品、能够确保生活秩序之稳定为条件的。然而，先不论澳门的法律制度能否满足澳门人民上述需求，澳门法制发展中的语言问题即首先成为拦挡在澳门民事法律本地化路上的巨大障碍。不克服语言在澳门法律界的阻碍，澳门法律的本地化势必成为空谈。因此，深入推行中文在澳门的适用广度和深度，加强澳门司法界利用中文审判并制作中文判决书，用中文对法律作出解释等是解决这一难题的钥匙和切入点，是培养澳门大众法律文化信仰的起点，也是澳门法律本地化的条件。

如果说澳门法律本地化需要以澳门的文化传统和特色为背景，根据澳门社会的实际情况，通过澳门本地的立法司法来实现，那么法律职业人员本地化就是解决这一切问题的又一必备条件。回归前在专业法律文化层面上，澳门的法律职业人员基本上都是葡籍人士。即使在回归以后，澳门本地的法律职业共同体远未建立起来。澳门中级法院和终审法院依然以葡语作为工作语言、适用葡文本的澳门法、创制葡文裁判文书，严重影响了司法效率。根据米健教授的分析，澳门法律者阶层大体由三个部分组成。② 第一，原澳门法律者群体，即在澳葡政府行政、立法、司法和教育机构和法律实务部门工作的人员，其主要构成是葡萄牙人和土生葡人。第二，新法律者群体，即在澳门过渡期内逐步产生、形成

---

① 何超明：《关于澳门司法改革的若干问题》，《文汇报》2009年5月8日，澳门法制专版。

② 米健：《法以载道——比较法与民商法交汇》，第240、241页。

第四章
和而不同：民法未来之路

的法律者群体，既包括原先曾在澳葡政府，现今又在特区政府部门工作的法律者。第三是未来法律者，即正在成长的澳门法律者群体，他们长期在澳门或内地生活，是澳门特区自己培养的第一批法律者，未来澳门的法律事业正是要靠这一批人去推进和发展。然而，如前所述，因为华人进入公务员阶层的人数和提拔速度多很缓慢，尤其是法官、检察官和高层次行政领导，华人还未能占据必要之职位。高等法院的院长、法官、助理副总检察长等在相当长的时间内必然只能由葡萄牙人担任。因此，需要放宽华人进入澳门法律界的条件，提倡和鼓励华人在澳门法律界执业。

价值如何进入规范是一个复杂的命题，民族或地区的法律文化建设也不是一蹴而就的，上文对于澳门民法本地化问题在文化上应作出响应的分析无疑只是冰山一角，粗略而浅陋。仅希望能够引起人们对于法律制度与法律文化关系的重视。

第二节　社会变迁与民法全球化

法律必须反映当地的文化，尤其是与人们生活息息相关的民法更是如此。澳门未来民法的发展何去何从，也必须以澳门社会本身的发展变化为依托。澳门社会也处在不断的变革与发展中。回归以后的澳门首先是宪制基础发生了变化，基本法确定的各项原则是法律发展的方向；其次是社会环境不同，以葡国法律为蓝本的五大法典，刚刚进入澳门就遇到水土不服的情况；再次是发展进程不同，澳门得益于内地改革开放成果的巨大支持；最后是文化传统的不同。[1] 这些变化都要求能够在澳门立法与法律适中反

---

[1] 何超明：《在澳门检察十年与法制建设研讨会上的讲话》，http：//www.mp.gov.mo/gb/int/2009 - 12 - 29m.htm，最后访问日期：2011 年 7 月 29 日。

映出来。最明显的是,回归以后澳门与内地的关系越来越密切;澳门在全球化浪潮的冲击下同时亦成为全球化的一分子。该两种身份的转化,对于澳门社会的发展,对于澳门未来法律的构建,尤其是对于未来民法的决定性影响,都值得我们思考和讨论。

1. 澳门与内地的关系对澳门民法的影响

回望学者数年前为澳门法律本地化所作的构思和设想,对今日论题之思考亦不乏启发。学者米健从澳门临近回归时的政治、社会背景以及它所具有的特殊地位和区域性环境入手,曾提出澳门未来法律制度的三种可能形态。① 第一,以当时澳门本地区立法机关制定的法律、法令为基础,以澳门现行葡萄牙法律为借鉴;第二,以澳门现行葡国法律为主要框架,澳门本地区立法为具体的补充,同时结合当地习惯,吸收香港普通法的一些内容,从而建立一个葡国法律占主流并且充分反映葡萄牙法律文化影响的澳门法律制度;第三,以中国内地的法律为基础,吸收现行澳门法律,其中尤其是葡国法律的一些内容,并顾及当地的一些习惯和已在澳门法律实践中发生影响的香港普通法内容。如果说,过去澳门的历史发展已经将第二种可能性在很大程度上排除,那么当下澳门的发展状况更是将之永远地丢进了历史的故纸堆。

首先,在经济上澳门与内地的往来愈来愈密切。回归以来,在中国政府对澳门实行"一国两制""澳人治澳"的政策下,澳门平稳过渡并取得良好的发展成果。澳门回归之后不仅扭转了经济负增长的局面,而且出现了连续7年的持续性高增长。2001年,澳门的 GDP 基本恢复到回归前的最高水平。回归前澳门的人均生产总值仅为 11.0637 万澳门元,2008 年则上升至 29.22 万澳门元,即不足 10 年就翻了一倍半多,成为亚洲最富有地区。2000 – 2008 年澳门 GDP 的年均增长率皆保持在 10% 以上。2010 年全年澳门的

---

① 米也天:《澳门民商法》,中国政法大学出版社,1996,第53、54页。

第四章
和而不同：民法未来之路

本地生产总值为2173.2亿澳门元，实质增长率为26.2%；人均本地生产总值为398071澳门元（约49745美元）。众所周知，澳门经济的支柱产业为博彩业和旅游业，我们可以从往来澳门的旅客数目窥见内地以及整个大中华区对澳门经济的影响。2006年，中国内地、香港、台湾的旅客分别约占总数的54.48%、31.55%和6.54%，来自大中华区的旅客合计占旅客总数的92.57%；2007年，来自大中华区的旅客合计占旅客总数的90.71%；2008年来自大中华区的旅客合计占旅客总数的86.96%。[①] 可以看出，大中华区的资源以绝对优势影响着澳门经济的发展。澳门得益于内地改革开放成果的巨大支持，即便是遭遇世界性的金融风暴，中国内地也以强大的发展动力，领先世界主要经济体，成为世界经济发展的火车头，这对澳门经济的发展起到了直接或间接的保障。外加之，随着2009年6月27日十一届全国人大常委会第九次会议决定允许澳门特别行政区政府以租赁方式取得澳门大学横琴校区的土地使用权，更是推动了粤珠澳的经济发展和文化交流。[②] 不难想象，在如此紧密的经济往来下自然产生频繁与高效的文化交流，中华文化又将进一步在澳门凸显其主导地位。

其次，从文化认同的视角分析澳门当前社会面貌，华人身份认同增强。澳门本身以其多元文化并存而著称，在回归之前澳门社会的文化认同亦呈现多元的局面，包括对中华文化和国家的认同，对澳门本地区文化的认同——包括身份上和地域文化的认同，

[①] 以上资料来自澳门特别行政区统计暨普查局《澳门资料》（2009年），第16页。转引自谢耿亮《法律移植、法律文化与法律发展——澳门法现状的批判》，《比较法研究》2009年第5期。

[②] 该决定授权澳门特别行政区对澳门大学横琴校区自启用之日起依照澳门特别行政区法律实施管辖。横琴不仅将成为带动珠三角、服务港澳的粤港澳紧密合作示范区，形成"一国两制"框架下制度创新的优势，同时将为澳门与内地文化交流与合作提供一个新的平台。

以及族群文化认同和其他亚文化认同并存的局面。① 尤其是在澳门将要回归之前，不少人出现了文化认同危机，许多澳门人都不愿意说出自己是澳门人而更愿意以葡萄牙人的身份定位自身。然而，澳门回归以后，文化认同发生了巨大变化。澳门回归以后，澳门人士申请加入和要求恢复中国籍者增加，占到国籍申请总数的94.3%。统计表明，从1999年12月20日澳门特区政府成立到2001年3月底，身份证明局共收到245宗国籍申请，其中外国人申请加入中国籍者126宗，曾有过中国籍的外国人申请恢复中国国籍者86宗，土生葡人选择加入中国籍者19宗，共计231宗。可见，回归后，为数不少的澳门人包括土生葡人的认同趋向开始转向选择中国人的身份。② 对华人身份的认同，是澳门经济文化快速发展的结果，也是华人文化在澳门社会从隐性地位转而到显性地位的写照。

总而言之，澳门是一个华人社会，澳门的文化无论如何多元，归根结底是中国传统文化的保存地，有着完全不同于葡萄牙的历史文化背景、社会风俗习惯和价值观念。因此，澳门法律本地化必须立足于澳门本地的社会大背景，注重法律适用于澳门的实际情况，与澳门民众的现实生活相适应，使源自葡萄牙的原有澳门法律所体现的价值观转化为蕴涵中国文化的社会价值观。③ 并且，回归以后澳门与内地的沟通更加频繁，其自身的社会结构和经济结构又决定了澳门的发展不得不与内地的发展唇齿相依。澳门与祖国内地的政治、经济、社会、文化交流不断增加，民族文化对澳门的影响也不断扩大，澳门人对澳门和国家的信心和归属感得

---

① 郑晓云:《澳门回归后的文化认同变化与整合》,《中南民族大学学报（人文社会科学版）》2010年第2期。
② 孙九霞:《澳门土生葡人的认同解析》,《广西民族研究》2003年第2期。
③ 参见 Nuno Calado《构成澳门本身特色的法律制度》,《澳门社会科学学报》（又名《濠镜》）1997年第15期。

到了前所未有的增强，认同中华文化的根基不断得到夯实，这一切表明澳门正在加快从法律框架上的回归到文化意义上的回归进程。澳门法律需要解决的纠纷，也主要是发生在绝大部分华人之间，包括澳门本地居民，抑或是在澳门工作、学习、旅游的内地居民，以及身处内地却与澳门有经济和利益往来的内地居民，他们统一构成了澳门民事法律规范规制的最主要对象。因此，澳门民事法律的制定和完善必然要以中华文化为根基，要能够回应澳门社会华人的风俗和习惯。大中华区尤其是内地和台湾地区的民事法律制度都是经过了长时间的经验积累，又与澳门同属于成文法系，在借鉴上有着极大的便利和不可估量的价值。在"一国两制"下的多法域格局中，应当加强内地与澳门法域的相互沟通和学习，努力实现法域之间的协调和合作。

2. 全球化对澳门民法发展的影响

全球化在最近这些年已经成为家喻户晓的名词，也成了全世界范围内的热门议题。全球化"试图总结全球经济及交流的变化，其中涉及人员的融合及排斥，资本财产与信息的融合及排斥"。[①]全球化首先是但并不限于经济全球化，它在各国经济迅速流通的同时，将各参与分子的文化传播至世界各地，它促进或者限制着某些国家或地区在全球化活动中的空间和参与度，使强者的文化气场愈强大，使弱者被迫不断追赶主流的文化潮流。葡萄牙人进入澳门的历史正是全球化时代来临、葡萄牙向外扩张的结果，澳门历史的发展最初就与全球化的历史与发展相伴相生。在当下，澳门更是无可避免成为全球化的一分子。

在澳门法律本地化的同时，不要忽视了澳门本身亦是全球化参与者这一身份。全球化不只是欧美强势文化同质化全球的过程，

---

① 苏一扬：《位于全球化十字路口的澳门：历史过程、社会变迁以及学术研究》，《行政》2006 年第 2 期。

也包括了其他本地特殊文化向世界散播或抗争其价值、象征意涵的异质化过程。从历史文化层面来讲,澳门是典型的混合型文化地带,其受到中国传统法律文化、葡萄牙法律文化、港台法律文化以及其他外来人士的文化的影响,是全球化、跨文化交流的典型平台。从现实制度层面讲,《中华人民共和国澳门特别行政区基本法》第135条至第138条赋予了特区政府独立处理特区对外事务的权力。澳门以十分积极的姿态参与了国际交往和全球化的浪潮之中。因此,澳门在进行法律本地化的同时亦需要保持与国际通行做法的协调和统一。澳门民法本地化当然可以选取对其最具有借鉴意义的、与本地文化最契合的国家或地区的法律进行借鉴。尤其是澳门作为中华人民共和国的一部分,其与内地的法律交流更是频繁和必要。民法属于私法,其不同于公法的特点:生命力与本民族、本地区人民的生活相勾连,与社会的性质和政治组织形式没有多大关联,只要人民的社会生活不发生过大的变动,民法的调整方式也就不会有太大改变。虽则澳门与内地社会性质不同、管理模式不一,也不妨碍澳门在民法的本地化问题上与台湾、香港尤其是内地民法的交流和相互借鉴,尤其是市场经济下民事合同法领域有许多共通之处。再者,不仅澳门的法律与内地法律体系同属于成文法系,更重要的是二者共同分享着中华民族几千年来的传统文化和民族精神,法律制度背后的文化是相通的。更何况世界各地私法统一化的发展也为澳门与内地民法沟通提供了借鉴:一是国际社会谋求私法统一所取得的成就,二是欧盟谋求私法统一所取得的成就。① 这些都为澳门民法本地化提供了很好的参考对象。

当今法律全球化这一特点,对于民族国家来说是一种福音,

---

① 柳经纬:《"一国两制"原则下的私法统一问题》,第二届"全球化背景下之澳门法律改革"国际研讨会论文。

第四章
和而不同：民法未来之路

因为他们可以不再像殖民时代那样去被迫接受某种由别人强加给他们的法律，也可以在自主选择时不再局限于某一种或几种固定的法制资源，而是可以对很多种不同的法制资源进行权衡和筛选，并最终选择一种或几种最适合自身文化土壤的法制资源。① 澳门民事法律除了可以借鉴大中华区的法律制度，还可以参考借鉴世界其他具有相似法律发展史的国家的法律本地化经验。比如法制体系同样是靠移植而来但却相当成功地进行了本地化的日本。自16世纪中叶葡萄牙人第一次将西方文化引进以来，日本通过依次经历的"南蛮学时代""兰学时代""洋学时代"等三个向西方学习的阶段，从欧美国家及欧美移民处摄取外来文化并对之进行很好的本地化。同样，对于非洲一些曾受到过葡萄牙殖民的国家法律本地化的经验也可以学习和借鉴。

澳门当局对于澳门法律建设也在做出不懈的努力，针对本地实际，适时出台相关法律。1999年12月-2004年9月，澳门颁行的制定法共有260项，其中75项为法律、185项为行政法规。这些法律法规不仅在数量上十分可观，而且在质量上也不落下乘。例如，澳门的博彩业立法颇有特色。2001年8月，立法会通过了《娱乐场幸运博彩经营法律制度》，重新设定有关博彩业的开投、经营和监管等事项的规范，并增加了有关数码资料传送等新技术用于博彩业的规定。该法旨在引入竞争机制，增加市场吸引力和公共收入。同时，澳门政府也的确意识到了将澳门法律制度建立在特区文化上这一重要理念。面对澳门地区的新形势，特区政府检察院检察长坦言要"培育新的法律文化，推动法律改革……面对近年来的宪制基础变化、社会环境不同、葡国法律的水土不服、发展进程不同以及文化传统的不同等情况，需要用解放思想的思

---

① 黄金兰：《法律移植研究——法律文化的视角》，山东人民出版社，2010，第285页。

维对其推行法律改革。为此,我们一方面要做好法律普及、完善法律教育体制,另一方面,要修改法律,使有关的制度和规范,与时俱进、切合实际更具有现实意义。"① 全球化时代两大法系的交叉与融合,国际统一私法实体法的迅速发展都会对澳门产生影响。尤其在婚姻家庭领域,政府干涉越来越少,无过错离婚已然成为婚姻自由的正当要求,这些民事法律方面新的发展形势不会不对澳门民法制度产生深刻影响。当前澳门民法界热烈讨论澳门是否可以接受同性婚姻、人能否变性等方面的问题,不可谓不受全球化时代世界民法学发展的影响。

然而,需要警示的是,全球化所带来的对澳门的研究既是有益的思路,同时也是别无选择的走向,民族国家或者地区极容易在此背景下丧失自己本地的特色和话语权。如邓正来指出的,"全球化时代对于中国(包括澳门)社会科学的支配,在发生学上具有如上所论的强制性之特征,亦即不再依赖于研究者的主动共谋,而是由制度性的承认所决定的。"② 也许听起来有些耸人听闻但实质上不然的是,作为法制后进国家或地区还应时时谨慎应对全球化背景下的隐性法律殖民。因此,未来的澳门民法,在体现全球化的普世价值观下,更应当注重吸纳澳门自身的文化特色和民族精神。

总而言之,全球化时代为澳门民法的发展提供了重要的契机,澳门以积极活泼的姿态参与到全球化的进程中,不仅为澳门本身的法律本地化提供了广泛而宽阔的平台,更使之可以借鉴吸收各国优秀民事法律之精华,补充完善自身的民事法律体制。全球化同时也带来一定的民族文化或曰话语权的危机,处理不当容易对

---

① 何超明:《在澳门检察十年与法制建设研讨会上的讲话》,http://www.mp.gov.mo/gb/int/2009-12-29m.htm,最后访问日期:2011年7月29日。
② 邓正来:《全球化背景下社会科学研究的自主性问题——以澳门社会科学发展为视角》,《厦门大学学报(哲学社会科学版)》2007年第2期。

自身文化与制度造成不良影响，因此需要正视全球化对于澳门民事法律制度发展的两面性。

第三节　传承与借鉴

一个民族的法律制度通常是该民族文化的一种表现，在整体社会文化的基础上形成的法律文化，指导着法律制度的制定，影响着法律制度实施的效果，并进而深化为民族文化之一部。每个民族在历史的长河中都逐渐形成了一些深入人心与民心的传统和习惯，而正是在这些具有强大的内生力量的传统和习惯下，该民族的法律文化与法律制度得以形塑，因此，只有对民族或地区的传统文化和风俗习惯进行认真研究，我们才能发现法律的真正内容。

澳门民法本地化征程远未结束，也许需要几代人的不懈努力才能完成。澳门民法制度需要仰赖澳门本地人民生活和发展的文化式样，不断演进和改善，才有可能制定出形式完备、结构严谨、能够回应社会现实的具有实效的法律。伴随着澳门回归，澳门与大中华区尤其是内地的经济、政治、文化交流越来越频繁，大中华区在经济模式和总量上对澳门的影响都是不可低估的，对于澳门本土文化的变迁和深化也有着强大影响。加上同属于大陆法系国家，分享着共同的文化基因，澳门民法的未来发展实可以与内地、台湾多交流，这对于澳门民法的本地化无疑会起到重要的促进作用。同时，在全球化时代，澳门民事法律文化需保持与世界主流优秀文化的协调一致，一方面接续自身源远流长的中华法律文化传统，一方面汲取世界优秀法律文化中可供借鉴学习的内容，不断充实和完善本地民事法律，形成真正的、富有特色的澳门法律体制。和而不同，是澳门未来民法发展的主流方向。

下 卷
商法篇

下巻

商古齋

第五章

两种传统：澳门商人习惯法

第一节 大航海贸易背景下澳门商业地位

一 大航海贸易

地球上有各种各样的气候和自然资源，人类具有多种身心禀性，所以，各民族人民和他们的物质环境之间就发生了错综复杂的关系。由不同的物质欲望所产生的交换活动，就是传统意义上的商业。假如大自然赋予世界各地一样的气候，一样的地理结构，一样的植被，那么商业就不可能发展，因为两个地区之间交换产品将得不到任何好处，也不可能使社会有兴趣生产超过自身需要的剩余产品[1]。

所以，利益差别的存在是地区间贸易关系存在的必要条件。一地区剩余和另一地区不足需要互相调剂。而多寡的区别，往往在于大自然不同的赐予。葡萄牙位于欧洲利比里亚半岛的西南部，

---

[1] T. G. Williams, *The History of Commerce*, London: Isaac Pitman & Sons, 1926, p. 1.

东、北毗邻西班牙，西南濒临大西洋，地形北高南低，多为山地和丘陵，资源有限，为了寻找黄金、白银等贵金属和香料，从15世纪开始，葡萄牙人就把目光投向了海上。为了实现这一目标，他们创办了航海学校，培养本国航海人才，提高他们的航海技术，广泛地收集地理、气象、信风、海流、造船、航海等文献资料，加以分析、整理，为己所用，并花费巨资鼓励航海探险。① 非洲探险之旅为他们带来了巨大的收益，一船船的奴隶、象牙、黄金被带回了葡萄牙，而探险者的成功更激发了统治者无尽的欲望，他们因此而决定开辟东方航线，走上一条通往商业帝国的道路。

为了彻底垄断香料贸易，他们必须控制从印度香料岛（亦即印度尼西亚群岛东北部摩鹿加群岛）至欧洲航线的重要据点。经过20多年不断的战争，他们控制了红海出海口的索科特拉岛和波斯湾出海口的霍尔木兹岛，在印度洋的要塞果阿建立了自己的东方殖民总部，并成功地侵占了通往东南亚的交通咽喉——马六甲。

葡萄牙人的商业政策属于国家范围，贸易由国王独占，不像中世纪那样，按照行会和城市的愿望去管理，② 国王对未经许可的私人买卖百般压制。为实现这一目的，他们采取了两种措施，一是派遣巡逻队监视果阿南北海岸，严禁当地船只私自带货；二是在里斯本成立印度公司特许进行印度航线上的香料贸易。③

不过葡萄牙人并没有牢固地掌握东方。他们所声称的统治权实际上是模糊的，其原因在于葡萄牙人口过少（在大航海的黄金

---

① James Maxwell. Anderson, *The History of Portugal*, London: Greenwood Pub Group, 2000. p. 40.
② T. G. Williams, *The History of Commerce*, 1926. p. 69.
③ 唐晋：《大国崛起》，人民出版社，2006，第60页。

时期，葡萄牙只有不超过 25 万个家庭①），无法组织庞大的军队，其势力并没有超出沿岸的军防、贸易站和港口。这决定了他们对外政策之立足点仅在于控制大航海的沿线据点，而对据点以外的贸易腹地，更多时候选择遵守当地的法律。从这点上说，葡萄牙人扮演的角色是贸易者和航运者，而不是统治者。

二 借居澳门

攫取中国无穷的财富始终是葡萄牙人心中的一个梦想。既然葡萄牙已到达了离中国不远的香料群岛，那么自然，中国就成为了下一个重要目标，这也是葡萄牙实现帝国梦的一部分。

早在 1508 年葡萄牙国王唐·曼努埃尔派遣舰队至马六甲时，舰队司令塞格拉受到的指令就是：

"你必须探明有关秦人的情况，他们来自何方？路途有多远？他们何时到满剌加或他们进行贸易的其他地方？带来些什么货物？他们的船每年来多少艘？他们船只的形式和大小如何？……他们在满剌加或其他任何国家是否有代理商或商站？他们是富商吗？他们是懦弱的还是强悍的？他们有无武器或火炮？……他们是基督徒还是异教徒？他们的国家是否很大？"②

经过多年的打探后，葡萄牙人逐渐了解到一些中国的情况。1513 年 6 月，由葡萄牙国王及马六甲港务官各出资一半，一艘满载胡椒的中国式帆船抵达中国，并于第二年 4 月返回马六甲。他们从中国带来的丰富货物很快就畅销一空，这更加激发了葡萄牙人进一步入华的欲望。③ 从 1514 年起，马六甲总督阿丰索·德·阿

---

① 叶士朋：《澳门法制史概论》，周艳平、张永春译，澳门基金会，1996，第 1 页。
② 此文原件仍存葡萄牙国家档案馆，编年部，第 1 部分，第 6 册，第 82 号文件；译文参见张天泽《中葡早期通商史》，第 36 页。满剌加，即马六甲。
③ 张天泽：《中葡早期通商史》，第 38-39 页。

尔布尔克（Afonso de Albuquerque）接连派出船只到中国珠江口及广州活动。1517年，葡萄牙甚至派出正式使团出使北京。在此期间，由于葡萄牙人不愿遵守中国法律非法进行贸易，加之文化和宗教上的差异，使葡萄牙人与明政府不断发生矛盾和冲突，最终导致16世纪20年代明朝军队同葡萄牙舰队之间发生战争，其中最为出名的数屯门及新会西草湾会战，均以葡萄牙人的惨败而告终。

经过同明朝军队的较量后，葡萄牙人明白在印度洋沿岸及亚洲其他地方采用的侵略手段绝对不能适用于中国，在不放弃与中国互市的前提下，应采取其他手段予以解决。16世纪50年代，葡萄牙人通过贿赂地方官，以晾晒货物为借口，[1] 要求在澳门泊船停留，进而筑室建城。当然，关于葡萄牙人如何借居澳门，历史上还有多种说法，比如助剿海盗说[2]和明政府的默许说[3]，但不管怎么样，葡萄牙人在东亚找到了一个立足点。葡萄牙人立足澳门后，很快就建立起里斯本—果阿—马六甲—澳门航线，直接沟通了东西方之间的贸易。

美国学者马士曾经这样阐述葡萄牙人的借居关系："葡萄牙人经过了在中国沿岸的畅旺贸易时期之后，他们获准定居澳门。他们是在中国的管辖权之下生活的。葡萄牙人在管辖他们自己国籍的人员方面，通常是不会受到干预的；至于其他方面，如管辖权、领土权、司法权及财政权等，中国是保持其绝对权力的，这种情况持续达3个世纪之久，直至1849年时为止。"[4]

---

[1] 郭棐：《广东通志》卷69外志，万历二十年刊本。
[2] 这主要是葡萄牙人自己的看法。
[3] 这种说法是："明朝自身也需要对外贸易，澳门在当时只是一个偏僻的小岛，远离广州这个中心城市，允许葡萄牙人在这里进行贸易，无关大局，所以葡萄牙人才能在明政府的默许下在澳门存在。"
[4] 马士：《东印度公司对华贸易编年史（1635–1834年）》第1卷，区宗华等译，中山大学出版社，1991，第40页。

正如马士所言，在道光二十九年（1849）以前，中国政府在澳门这块土地上是拥有完整主权和管辖权的。而明清政府对于借居者的宽容，使得葡萄牙人能够在其借住的澳门城内，有效地实施自治，这就是为什么早期的澳门存在着与欧洲大陆相似的商人习惯法和商事法律的根本原因。

三 澳门的商业地位

葡萄牙在全世界的商业据点具有分散性且多种体制共存的特征，传统的集权式治理模式失去作用。为了保证他们在商业据点的利益，必须采取有别于欧洲大陆的管理模式，这些治理模式分别有军事领地、商站、契约、自治区、市政厅、总督等。

早期的葡萄牙人以借居者的名义，在澳门借居地实施商站式管理模式。作为向外扩张的一种治理形式，商站的主要职能是商业贸易，目的在于保障王室的利益，创造必要的条件及机会来推动交易。[1] 商站同时具有或强或弱的军事职能，并与其他商站构成贸易网络，共同运作、相互补充。一般说来，王室在商业和供给上由一位王室商人代理，而在政治军事上，则由一年一度赴日本途中在澳门停留的舰队司令或称之为"加比丹·穆尔"（即 Capitão·Mor，船长的意思[2]）代表。加比丹·穆尔代表王室与商人签订特许经营契约，如果非王室成员，未经取得特许权，是无权从事贸易活动的。在缴纳一定的商业税后，加比丹·穆尔会代表王室颁发给特许权人通行证。没有通行证私自进行贸易活动是绝对禁止的，

---

[1] 叶士朋：《澳门法制史概论》，第10页。
[2] 戚印平：《加比丹·穆尔及其澳门贸易与耶稣会的特殊关系》，《文化杂志》2005年第4期。

1524年葡萄牙国王发布声明："本国船长如在印度洋水域发现无葡萄牙通行证者，一律处以死刑并没收其船只和财产"。① 加比丹·穆尔在澳门的停留是短暂的，他不在时，军事则由驻地首领负责，由于驻地首领是由居民选举的，所以权力基本落在市民身上。②

葡萄牙王室在东方航线上主要还是着重于对香料的控制，因而对澳门商业的限制除特许经营外，其他方面的限制倒不如果阿、马六甲等地那么严格。这也是为什么直到1783年《王室制诰》授予总督主导澳门地区政治生活前，③ 葡萄牙人借居地一直由议事会自治的原因。

议事会④是居澳葡人为了保障其利益，而成立的一个自治机构。1583年，澳门议事会由澳门葡商人及传教士创立，他们仿照葡萄牙城邦自治模式，从他们自己当中选举产生了两个法官、三个市政官及一个理事官（又称检察长）。为使选举出来的法官、市政官和理事官具有一定特权以保障其权力的顺利运行，议事会积极争取得到葡萄牙国王的特许令状。"国王陛下在1595年3月3日颁布一道敕令决定，澳门居民（指被选举出来的法官、市政官及理事官）享有与埃武拉（Evora）同等的豁免权，也就是给予他与科钦（Cochim）同样的权利。"⑤

在1712年1月6日，葡萄牙国王若奥五世（D. João V）发出一份Carta de Declaracao（宣谕书），授权议事会代其全权行使管治权，其中规定议事会的性质为："议事会的政治职能包括与该城的福祉相关的一切事务，维护地方安定和平……其经济权限包括征

---

① Sanjay Subrahmanyam, *Portuguese Empire in Asia, 1500 – 1700: A Political and Economic History*, London: Pearson Education Limited, 1992, p. 49.
② 周景濂：《中葡外交史》，商务印书馆，1991，第76–77页。
③ 吴志良：《澳门政治发展史》，上海社会科学院出版社，1999，第89页。
④ 又称为议事公局，19世纪40年代起，议事会改名为市政厅。
⑤ 龙斯泰：《早期澳门史》，第61页。

收岁入、管理岁出，分配向船只征税的额度，向担任公职的官员支付薪金及支付其他所有必须的开销……"①这两份授权性文件，表明澳门葡萄牙商人在王室专营特权下，获得了宝贵的自治权，所以有人认为，澳门葡萄牙商人的自治与城邦自治是相似的。②

不过，虽然享有内部自治，但与中国政府的关系上，他们采取妥协政策，服从于中国法律，接受明朝官员在商船和建设方面的管辖并交纳地租。1582年，葡萄牙人获得两广总督保证，只要葡萄牙人服从大明朝的法令，就可以继续在澳门住下去。多了一重效忠在葡萄牙商人看来是必要的，贸易关系的展开，需要尊重当地的管制权威，并努力维持与当地的友好关系。

四 对澳门商业发展的影响

几百年来，指导海外殖民地与宗主国的关系，是以某种经济原则为基础的。

首先，保证宗主国经济上的自给自足。殖民地必须这样，他们应供应宗主国尽可能多的短缺产品，比如香料、黄金，使得宗主国不至于向外购买，并能在贸易中保持顺差的优势。

其次，不应对殖民地投入太多，特别是工业。因为殖民地的发展可能带来与宗主国相竞争的危险。

这些经济原则同样也适用于葡萄牙和澳门之间。过于注重对葡萄牙的贡献，而忽略对澳门产业的投入，使大航海时代的澳门一直以来都依赖于转口贸易，这也注定了他们扮演着依赖者的角色。

---

① 龙斯泰：《早期澳门史》，第61页。
② Joel Serrã, *Dicionário da História de Portugal*, Lisboa: Iniciativas Editoriais, 1971, p. 860.

首先，他们必须依赖于与中国商人的密切关系，以及来自于广州和中国内地的充足的、稳定的货源。他们习惯于依赖一年1-2次的广州交易会，对此，龙斯泰有所记载："葡萄牙人从1578年开始，常去广州""开始时市场每年开放一次，但从1580年起，根据两次不同的季候风，每年开放两次。贸易经理人，从1月份起采购运往印度及其他地方的货物，从6月份起采购运往日本的货物。每年两个月，三个月，有时是四个月。"①

这种依赖关系很容易被破坏。为打击倭寇、维护统治，明清政府曾多次实施海禁、内迁政策，禁止葡萄牙人直入广州及内地采购货物，这使得他们只能依靠走私来维持有限的贸易。

其次，他们必须依赖与贸易目的国的友好关系，但殖民者与生俱来的贪婪使他们很难维持这种友好关系。1608年日本商船途经澳门时，与澳门葡萄牙商人发生纠纷，澳门加比丹安德烈·佩索阿（Andre Pessoa）决定用武力镇压，杀了几个日本人。②这引起了日本幕府的反感，遂与加比丹发生了海战。③1639年，日本政府"锁国令"禁止葡人前来通商，长期以来构成澳门经济支柱的澳门—长崎贸易遂告结束。

航线的安全亦是一个重要的因素。垂涎于葡萄牙人所获得的丰厚利润，荷兰人、西班牙人长期以来与其在东印度海域与葡萄牙人展开激烈的竞争。1634年，荷兰人对马六甲海峡和果阿实施严密封锁，使澳门与果阿之间的交通几乎陷于断绝。1640年葡萄牙的光复使西葡关系恶化，西班牙几乎断绝了同澳门的一切贸易关系，这也使澳门的贸易航线被迫缩小。

过度的依赖使澳门的海外贸易几经沉浮，到了大航海时代的

---

① 龙斯泰：《早期澳门史》，第108页。
② 金国平、吴志良：《过十字门》，澳门成人教育学会，2004，第147页。
③ 高獭弘一郎：《耶稣会与日本》，《大航海时代丛书》第2期，岩波书店，1988，第506页。

后期，有时他们只能依靠清政府所特别恩惠的额船贸易度过艰难时期。为了解决困境，1776年，时任澳门主教的吉马良斯甚至向葡印总督提出允许外商租用澳门额船运送鸦片入澳，通过出租澳门额船带来租金收益，以至于英国人埃姆斯说："在1773年以前，英国人自身没有直接运鸦片进入中国，他们的贸易全部都是通过葡萄牙人在澳门的转手。"①

第二节 葡萄牙商事津令及其在澳门的间接适用

一 欧洲大陆的商法

西欧商业的进步是大航海贸易兴起的根本原因，这同时也增强了西欧通过航海向海外扩张的能力。而商业的发达有赖于政府的稳定和私有财产的制度确定。因为"契约神圣"的观念只能在稳定的社会中确立，② 它让人们享受着秩序化的文明所带来的幸福。所以，贸易意味着以法定或者习惯所确定的交换标准和交换价值的应用。

因为做买卖要记录，所以书写和计算技术都必须得到相应的提高，最起码能够适应交易复杂化的需要。对此，意大利人卢卡·帕乔利在1494年建议商人在进行一切交易时，都要在总账里记录两次，其中一次作为贷方，另一次则作为借方，即后来所称的复式记账法。③ 在当时的贸易环境下，复式记账法的作用是显而

---

① 埃姆斯：《英国人在中国》，转引自郭卫东《论18世纪中叶澳门城市功能的转型》，《中国史研究》2001年第2期。
② T. G. Williams, *The History of Commerce*, p. 4.
③ 卢卡·帕乔利被誉为会计学之父，"复式记账法"又称"威尼斯会计方法"，这是卢卡·帕乔利在其《算术、几何、比与比例概要》一书中提及的会计记录方法。

易见的,它使人们能在任何时候都可对每一项生意的财务状况了如指掌,也使经营者加强盈利意识。

为了解决资金结算上的问题,银行业和信贷业开始出现。意大利拥有许多商业比较发达的城市,早在 12 世纪就开始使用简单的汇票。到 1408 年已经出现银行。银行逐步扩大它的经营范围,包括储存、借贷、汇兑等有利资金流通的业务,这给商业活动带来了很大方便。

贸易有时意味着盈利,有时意味着亏损,对于承担风险能力低或者无法亲临其中但又想从这方兴未艾的大航海贸易中分得一杯羹的人来说,股份公司无疑是最好的办法了。荷兰、英国及法国的东印度公司,还有利凡特公司、莫斯科公司以及哈德逊湾公司等,都是股份公司。[①] 股份公司这个组织形式的产生,是商业上的重大变革,在这以前商人从事商业活动需要对亏损承担个人财产责任,他们从投资、转运到各种买进、卖出等活动,都是亲力亲为的,合伙经营也是如此。而股份公司则不同,它把投资与经营管理、商业活动分开,使投资者从经营管理的责任下解放出来,可以调动大量资金投入商业冒险事业中。任何想把少量资金投于贸易事业的人都用不着自己操心,只需要以认购股票的形式进行投资。股份公司在组织上逐渐趋于完备,一切管理事务都委托给通过选举产生的董事会,再由董事会选出可靠的人去管理经营业务。这种商业组织形式有利于把分散的资金集中起来,用于大规模的商业冒险事业,因此它成为动员经济力量从事海外贸易的最有效的工具。

为了解决对契约解释发生歧义时的纠纷,快速的法律全权裁判制度对于商业经营者而言,是不可缺少的。外国侨民,除了已

[①] 吴于廑、齐世荣主编《世界史·近代史编》上卷,高等教育出版社,2001,第 24 页。

明确与本国同等待遇者外，一般也不会遭受生命财产的危险。因此，商业不仅需要稳定的政府保证，而且也需要政府通过法律秩序施加影响。欧洲的国家经过民族整合之后，政府的力量变得越来越强，而越来越强的政府总是倾向于运用法律来保障商业秩序，这是因为商业越繁荣，政府越强大。

二　葡萄牙商事律令

源自于中世纪意大利的商人习惯法，随着航海贸易的发展逐渐扩展到葡萄牙。葡萄牙商法就是在这个基础上产生和发展起来的。

16－18世纪是葡萄牙法律受罗马—教会法启发时期。[1] 罗马法文献包含着适用于达成各种类型契约的一整套高度复杂的规则，这些契约包括金钱借贷、财物借贷、抵押、买卖、租赁、合伙和委任（代理的一种形式）。然而，关于这些契约的规则并没有被自觉地概念化，而且，所有的契约都被当做民事契约，未作商业和非商业的自觉区分，以至于古罗马法学家也承认，许多契约不是由市民法支配，而是由包括万民法在内的习惯法所支配。罗马帝国的商业习惯法通常被认为可以追溯到大约公元前300年的《罗得岛海洋法》，以及后来由东地中海商人发展起来的海上贸易习惯。[2] 这些规则，可以散见在葡萄牙早期立法中，比如13－14世纪的D. 阿丰素二世颁布的《海损法》、《D. 阿丰素三世法令》、D. 丹尼斯时期的《海商法》。

然而，无论是重新发现的罗马市民法，还是仅仅残存的罗马

---

[1] Mário Júlio de Almeida Costa, *História do Direito Português*, Lisboa: Almedina, 2008，p. 142.

[2] 伯尔曼：《法律与革命——西方法律传统的形成》，贺卫方等译，中国大百科全书出版社，1993，第413页。

习惯法，包括万民法，都不足以应付不断复杂的国内和国际商业问题；① 另外，受商业利益的引诱，葡萄牙国王认为应该把商业纳入国王的法律来调整。1467年开始生效的《阿丰素五世律令》体现了这种趋势，它标志着葡萄牙法律进入律令时期。② 《阿丰素五世律令》是葡萄牙历史上的第一次官方法典编纂活动的成果，是葡萄牙法律发展史上的重要里程碑，③ 它产生了中央立法，并且强调国王本身的法令相对于"共同法"（即 ius commune，也就是罗马—教会法④）的独立性，后者被降低到补充法的地位，而且也仅仅由于国王的批准才获得这样的地位。

《阿丰素五世律令》共有5卷，而有关的商业规范则散见于第2、3、4卷，第2卷吸收了海上贸易习惯法规范；第3卷规定了商人破产及债务纠纷解决方式；而第4卷规定了资金结算关系。

《曼努埃尔一世律令》颁布于1512年，以取代《阿丰素五世律令》。曼努埃尔一世在律令颁布时指出重新编纂的理由：为了适应不断发展的社会以使法律得到修正，另外一个原因是为了实现《阿丰素五世律令》的现代化。⑤ 可以说，《曼努埃尔一世律令》是《阿丰素五世律令》的更新版，其重要变化之处在于，废除了《阿丰素五世律令》的重复之处，力求使法律简约，并开始抽象出一些法律概念。但是与当时欧洲最新的商业法律相比，《曼努埃尔一世律令》在立法技术上还是稍逊一筹。

此时的葡萄牙奉行重商主义经济政策，国王推崇依靠发展贸

---

① 伯尔曼：《法律与革命——西方法律传统的形成》，第413页。
② Mário Júlio de Almeida Costa, *História do Direito Português*, p. 144.
③ Instituto de História e Teoria das Ideias da Faculdade de Letras de Coimbra（科英布拉艺术学院历史、思想研究所），http：//www.uc.pt/，最后访问日期：2009年5月6日。
④ Mário Júlio de Almeida Costa, *História do Direito Português*, p. 142.
⑤ Pereira António dos Santos, *Portugal O Império Urgente*, Ph. D thesis, University of Beira Interior, Lisboa：INCM, p. 246.

第五章
两种传统：澳门商人习惯法

易来振兴经济。在当时的欧洲，普遍的观点是，振兴经济的主角是贸易商而不是制造商。① 贸易商的典型代表就是王室代理商；王室把金银等贵金属的聚敛作为致富的源泉，鼓励发展海运，积极发展军事。为此，《曼努埃尔一世律令》加强了对贵金属出口的限制，同时对与造船业和军事物资有关的战略物资，也予以出口限制。② 这从立法上为王室商业垄断打下了基础，因为这些物资的贸易，在律令内强制性地由葡萄牙王室垄断经营。

后来，菲力普一世认为有必要采取新的法律，用以协调新的关系，取代原有的葡萄牙法律。这个思想促成了 1603 年实施的《菲力普一世律令》在 1595 年获得批准。虽具改革精神，但《菲力普一世律令》过量抄袭《曼努埃尔一世律令》，使其看起来没有原创性。在商事方面，《菲力普一世律令》针对当时重商主义所带来的物价飞涨的消极影响，给予了一些应对措施，比如严禁高利贷和禁止高于集市通行价格销售货物，以稳定物价；另外《菲力普一世律令》从保护商人的利益出发，对汇兑函进行了调整。③

16-18 世纪葡萄牙的商法规范，对后来葡萄牙商法法典化打下了基础。在此之上，彭巴尔主政阶段所出台的《良好理由的法律》（1769 年）、《大学规章》（1772 年），使葡萄牙的法律科学、法律实务及法律教育根本性地发生转变，④ 这直接促成了 1833 年《商法典》的出台。可以说，16-18 世纪葡萄牙的商法规范，直接体现了大航海贸易所具有的时代特征，而每一部律令所渗透的思想，直接影响着葡萄牙的具体商事行为，并由此延伸到葡萄牙的

---

① 任先行：《重商主义与商法的情怀》，《商事法论集》第 12 卷。
② Pereira António dos Santos, *Portugal O Império Urgente*, p. 246.
③ 李研：《葡萄牙商法的历史渊源——兼谈对澳门商法的影响》，《国际经贸探索》2005 年第 2 期。
④ Mário Júlio de Almeida Costa, p. 142.

海外商站、据点，其中包括澳门。

三 在澳门的间接适用

学界普遍认为回归前澳门法律的历史过程分为四个阶段，租地时期、殖民时期、管治时期及过渡时期，而 1553 – 1849 年就处于租地时期。①

这样的划分是科学的。在差不多 300 年的时间里，澳门的主权始终保留在中国方面，明清政府牢牢地掌握着澳门的司法管辖权和税权，他们对澳门的贸易活动实施有效管治。作为广州的唯一外港，澳门成为外国商人聚集重地，为有效管理，"稽查澳夷船往回贸易，盘诘奸究出没"，②明清两朝政府均在澳门设立关部行台，以稽查进澳洋船。鉴于葡萄牙商船的不断增长，经兵部复议，雍正皇帝同意将澳门大小洋船共 25 只"作为定额，除朽坏重修之外，不许添置"，③并确立了额船登记制度和船钞征收制度。④ 1809 年，经两广总督百龄提议，清政府对印光任早年制定的有关澳门华夷管理的规定作适当的调整，在此基础上形成了《民夷交易章程》，该文件成为清政府对澳门华夷贸易管理的重要文件之一。⑤

明清政府对澳门也实施了商业管治，但其管治目的在于维护天朝统治，而不在贸易本身。所以对澳政策时而怀柔宽宏，时而严厉苛刻，但在一个闭关自守、天朝至上的国度，容许"夷人"在疆土内居住尚属破例，况且对属葡人内部的事务甚少干预，对

---

① 米健：《澳门法律》，中国友谊出版公司，1996，第 1 – 3 页。
② 梁廷枏：《粤海关志》卷 7，道光年刊本。
③ 《世宗雍正实录》卷 29，雍正三年正月己巳。
④ 陈文源：《清中期澳门贸易额船问题》，《中国经济史研究》2003 年第 4 期。
⑤ 《军机大臣庆桂等奏会议百龄等酌筹民夷交易章程逐款胪陈呈览片》（嘉庆十四年五月十九日，1809 年 7 月 1 日），选自《清代外交史料·嘉庆朝》第 3 册。

第五章
两种传统：澳门商人习惯法

澳门葡萄牙商人在海外贸易方面的限制和税收措施也远比国内商民及其他国家的商人来得宽松。① 在这样的环境下，葡萄牙商人在澳门获得宝贵的"自治"。

葡萄牙人在澳门的自治，可以被称为"商人自治"，他们从葡萄牙商人和传教士中选举法官（2名，普通法官）、市政官（3名）和理事官（又称检察长）实施内部自治。与欧洲自治城邦一样，他们从葡萄牙国王那里取得管治权以确保市民（主要是商人）有权拥有自己相对独立的自治管理体系，从而自由地从事商品交易活动。但这种自治是有限的，从外部看他们需要服从明清政府的管制，而即使他们的内部自治权，也很快遭受到破坏，1580年葡萄牙从果阿派出的王室法官（又称判事官），将葡萄牙法律延伸至居澳葡人。② 所以又有学者称，"……在葡萄牙人群体内，适用的是他们自己的法律，只要他们的活动或行为不直接与中国人的活动或行为发生冲突，之所以说16世纪以来澳门就存在两种法制，其意义不外乎此"。③

葡萄牙商人自觉地将通行于葡萄牙本国的商人习惯及法律汇编延伸适用于澳门，但由于没有主权上的依据，因此，其适用被称为间接适用，且其调整的对象范围仅限于葡萄牙商人之间。法律的移植适用需要考虑是否与当地的文化相契合，因为某一地区法律很难直接适用到另一地，它可能会产生排斥效果。同样，商法的移植也是如此。但相对于其他法律而言，商法与生俱来的技术性和职业性特征，使这种排斥效果有一定的减缓。葡萄牙律令中的商事规范，本身亦凝结着商人阶层在商事活动实践中对商事活动规律的宝贵认识和经验总结，所以在冲破地域樊篱之时，它

---

① 陈尚胜：《开放与闭关——中国封建晚期对外关系研究》，山东人民出版社，1993，第121页。
② 吴志良：《澳门政治发展史》，第46页。
③ 米健：《澳门法律》，第2页。

在一定程度上满足居澳葡萄牙商人对其商事活动调整的制度需求，对其商事纠纷之解决，是有所裨益的。

在推动澳门适用葡萄牙商法方面，市民所选举的 2 名普通法官和国王派遣的王室法官起到了很大的作用。市民选举出来的普通法官，总是倾向于用既定的、他们所熟知的法律程序、惯例解决葡萄牙商人之间的纠纷，他们不拘泥于形式，因为只有这样才符合交易迅捷化的要求。相对于普通法官而言，王室法官具有较高的法律素质，他们一般具有法律专科文凭，熟悉葡萄牙律令。1580 年，里斯本向澳门派出第一位"王室大法官"。① 葡萄牙在向据点派出总督的同时，一般都委派一位王室法官协助司法。1588 年，王室大法官章程颁布，在其第 23 条规定司法独立权，加比丹·穆尔"对王室法官没有任何管辖权和优越地位，也不得对其职权进行任何干预"。虽然王室法官所处理的案件不多，但其所具有的葡萄牙法律知识，影响了葡萄牙商法在澳门的适用。

律令本身所规定的管辖原则也是葡萄牙商人适用葡萄牙法律的重要原因。葡萄牙法律的适用原则主要是属人原则，适用于葡萄牙本国的所有居民。比如《菲力普一世律令》就规定了这点；它还规定，"本国人"指在葡萄牙出生，其父为葡萄牙人；除此之外，接受基督教洗礼的人，亦视为本国人。② 这样的规定，为葡萄牙律令在澳门的延伸适用打下基础。

葡萄牙商法律令所具有的浓烈重商主义情结，透过加比丹·穆尔制度、王室代理人制度和王室法官制度带到了澳门。这也注定了居澳葡商之间的交易对象非属王室垄断之产品。更多的时候，它们转口贸易的产品是以丝绸、茶叶、陶瓷、金银为主，包括后

---

① 吴志良、杨允中：《澳门百科全书》，澳门基金会，2005，第 800 页。
② 《菲力普一世律令》第 2 卷，第 55 章第 1-3 节。

期发展起来的奴隶、鸦片贸易。这些产品，都不属于王室所认为的有关航海和军事的重要物资，所以整个澳门商业习惯法就是继受了葡萄牙商事律令中关于一般贸易的规则，以及围绕着一般贸易所展开的规定。

同时，葡萄牙对外政策所体现出来的原则，也就注定了澳门商事法律与工业产品的组织、生产无关，因为在早期的葡萄牙国王眼中，海外据点的功能仅在于满足葡萄牙本国缺失产品的供应，而不是鼓励海外据点通过工业发展从而与葡萄牙本国竞争。

王室虽然对澳门的一般商业控制不如马六甲、果阿等地严格，但为了保障其在澳门的商业利益，采取了贸易许可制度予以征收税款，比如规定在澳门的商船须向王室缴纳4%的转运税。已经缴纳税款得以保障贸易特许权的居澳葡商，为保障其既得利益，必须采取诸种手段实现垄断利益。因此，此时的澳门商法就颇具有反自由贸易之特征。比如居澳葡商曾排斥外国商人在广州贸易季节暂停期间在澳门从事贸易活动。[①]

第三节 澳门商人习惯法体系

一 明清政府对澳门的商贸管理

作为外商在华唯一聚居地，明清政府加强对澳门的管理便是必然。更多时候，它们对澳门的管理着眼于澳门商贸管理。作为明清政府统一管辖下的中国领土，适用于澳门的当然有全国性的律例，比如《大明律例》《大清律例》。但澳门又属于明

---

① 施白蒂：《澳门编年史》，澳门基金会，1995，第119-120页。

清帝国范围内一个特殊的行政区域,因而,明清政府对澳的管理也显示出特别之处,专门针对澳门颁布了一些仅适用于澳门的地方性法令①。明清政府对澳门的商贸管理包括以下几个方面。

1. 税收管理

澳门作为转口贸易的重要港口,自然是对外贸易税收的重要征收地。对外贸易税收分两种,一是船税,二是货税。为了表示对澳葡议事局的恩泽体恤,一般对葡萄牙商人征收船税,豁免征收货税,"虽有定额,原无定征,皆取诸丈抽彝船与夫彝商、唐商之互市,一一按例征抽"。②

2. 海商管理

明朝为严格管制对外贸易,对停泊于澳门的外国商船进行登记,发给许可证"部票"。明政府规定,外国商船须持有"部票"方可进入澳门停泊和贸易。③ 相对于明政府,清政府对澳门的商船管理制度更为严格。1725 年,清政府对澳门实施额船管理,规定在澳门进行商贸运输的葡萄牙商船只允许至多 25 艘,每艘须烙号刊名,发给照票,以便查验,额船修造申报,须履行严格的查验手续。④

至于在船舶的海难救助方面,葡人船只由官府负责救助费用,而其他夷商则不能享受这种优待,"如果葡萄牙人的船只触礁时,船员被中国人搭救的话,则可以享受用官费送回澳门的待遇,而

---

① 黎晓平、覃宇翔:《明代对澳门商贸之管理制度》,澳门基金会,2002,第 368 页。

② 张嗣衍:《广州府志》;转引自中国第一历史档案馆、澳门基金会、暨南大学古籍研究所合编《明清时期澳门问题档案文献汇编》(五),人民出版社,1999,第 192 页。

③ 黎晓平、覃宇翔:《明代对澳门商贸之管理制度》,第 368 页。

④ 印光任、张汝霖:《澳门记略·官守篇》,第 73 页。

其他外国人遇到这种情况则不得不大额地补偿由此引起的麻烦和花费"。①

3. 民夷交易管制

明朝政府设置关闸，以防止夷人擅自进入内地，同时也阻止内地亡命之徒与澳门夷人相勾结进行违法活动。关闸是内地华人与澳门葡萄牙人进行日常贸易的场所，明政府设官守之，"每逢一、六日开关，岁收米石，每月六为闭"。② 清政府延续明政府关闸"旱路贸易"规则。1744年5月，首位澳门同知印光任制定和颁布《管理澳葡章程》，利用保甲制度对华夷贸易进行规范。后来，经百龄建议，军机大臣庆桂等人修订后，获嘉庆钦准颁行了《民夷交易章程》，就外国商船、夷商进出澳门、华商居澳、引水印照、买办腰牌、洋行分拨等方面作出了相应的规定。

商法就其占主导地位的见解，在早期传统上被理解为"贸易私法"，③ 也就是调整贸易关系的法律规范的总和，是在民法之外一个私法分支。就这点意义上，明清政府对澳门实施的商贸管理，更多的是中央政府对地方的管制手段，理应被界定为"公法"领域。

在中国大一统封建治理下，几乎不存在"天高皇帝远"的商业贸易中心，明清史上的华人无法摆脱保甲制度所带来的土地依附，他们的贸易行为也只是在政府有效管制下，没有一种自由的环境，当然也就无法产生体现商人精神的商法。因此，租地时期的澳门商法，只能是澳门葡商所适用的商人习惯法及葡萄牙商事律令。

---

① 张天泽：《中葡通商研究》，王顺彬、王志邦译，华文出版社，1999，第88页。
② 《香山县志》卷8《濠镜澳》。
③ 伊夫·居荣：《法国商法》，罗结珍、赵海峰译，法律出版社，2004，第1页。

二 租地时期澳门商法的适用群体

在1849年之前，葡萄牙人并未正式将其法律实施于澳门，葡萄牙的法律只不过限于在澳门的葡萄牙人群体范围内，葡萄牙人与澳门当地华人发生的种种关系，都在很大程度上受着中国律制的调整或限制。葡萄牙人所自觉适用的律令与习惯法，只在葡萄牙人内部确认其规范效力。由于没有立法化的过程，所以我们把葡萄牙商人主动援引的葡萄牙商人习惯法和葡萄牙商事律令统称为"商人习惯法"。

职业商人阶层的出现，才有商人习惯法适用的必要。早期活动在澳门的葡萄牙人成分极其复杂。他们中既包括贵族、商人、传教士，也包括流氓无赖、放逐囚犯，但以商人和传教士为主体。

他们远涉重洋，从葡萄牙本国、马六甲、印度而来，这本身已经具有非凡的勇气，所以他们野心勃勃、勇于冒险、富有幻想，意欲通过贸易获得优越的物质生活；他们离开了葡萄牙领主环境，挣脱了习俗的枷锁，他们不再附属于土地，因为本身澳门的农地与他们并无干涉，所以他们尽情利用随意来去的自由建立市场，在明清政府那里争取到广州交易权，在葡萄牙国王那边获得贸易特许权。

经过了一段时间，他们将欧洲商人所熟知的各种商业专业活动，带到了澳门，比如海损分摊、代理、广告、公司、会计，以及为商品交换服务的附属事业。这些活动的不断深入，使他们越来越职业化，如果不能熟悉某一个领域的话，可能在澳门存活不下去，因为他们没有土地。

为此，他们很快理解，这个群体必须整合起来，形成一个团体意识，所以民主表决是最重要的，他们很快形成了澳门市民的概念。他们将这个市民概念分为三等：第一等级的市民由教会神职人员、王室贵族人员和公认是元老的人士及其家属组成；第二等级的市民由富人、船主和担任公职的人士及其家属组成；第三等级的市民由辅助或为第一、二等级市民服务的人及其家属组成。① 很显然，没有入教的华人不被列入澳门市民。这个市民中的第一、二等级市民主要由充满冒险精神及不甘被约束的船主、商人组成，他们构成了市民大会的基础。

市民大会为市民共同商议和决定某些事项提供了重要的场合。更重要的是，使他们对某些商务逻辑达成了共识，这样才能有助于其商业的协调发展和纠纷解决。有时候，他们选举出来的法官还会根据通行于市民间的规则处理案件。

为此，租地时期的澳门商人习惯法就其适用群体而言，仅适用于葡萄牙商人之间或葡萄牙商人或葡萄牙商人与部分外国商人之间的行为，并不适用于与华人产生的商事关系，因此它不具有普适性。

三 商事组织关系

16-18 世纪专事航海贸易的商事组织主要有两种形式，一是规约公司，二是股份公司，前者较早出现。

规约公司是贸易者的一种联合体，它们向政府缴纳一定费用取得特许权，在特许权里规定具体经营范围、经营路线和靠船口岸。特许状还规定有关税项和其他许多事项。② 参与人以自己的资本经营，谋自己的利益，其条件是一律遵守政府特许状的规定。但各人每年要交一定的款项给公司，作护卫、大使或代表薪金等

---

① 罗晓京：《试析 1846 年以前葡萄牙管理澳门的历史特点》，《广东社会科学》1998 年第 2 期。

② T. G. Williams, *The History of Commerce*, p. 246.

项集体费用开支。

　　股份公司是比较进步的一种商业组织，更能适应现代商业需要。规约公司的资金只够地方性贸易之用，但若要开展规模较大的海外商业活动就略显不足。而且，关系松散是规约公司的一个弱点，个体利益往往和集体利益冲突，因而它缺乏稳定性，因为公司成员并不总是愿意"冒险"的，往往任意退出。股份公司的最大优点是各成员与公司整体之间利害相关，休戚与共。个体只能从公司的利润中按比例分享一部分。入股者直接享有其资本的控制权，信任一个永久性的董事会，董事会对公司经营兢兢业业。这样，这个组织便具有持续、永久经营的特征，这种特征使更多的人愿意投资于此，能起到积聚资本的作用。资本雄厚，自然具有风险耐受力，这使股份公司能够投资于长期才能获得回报的项目。总体而言，规约公司相对显得结构松散、寿命短促、资金短缺、目标不一致。相反，股份公司则具有永久性、资金雄厚、目标单一的特点。

　　股份公司也有其缺点，因为如果没有公权力干涉，往往得不到投资人的信赖。而葡萄牙王室对澳门商业政策的短视性，决定了16-18世纪澳门的商事组织不可能是股份公司，而是规约公司。早期的规约公司是以行会形式出现的，比如 Armação（阿尔玛萨）的同业行会。

　　Armação 同业行会是规约公司变形体，居澳葡萄牙商人按照契约关系组成联合实体，与加比丹·穆尔签订特许经营合约，从国王那里取得贸易权限。这点，李玛诺神父在1610年的报告中作出了解释："葡萄牙人携带中国商品前往日本的最初时期，没有国王给予的许可书，任何人都不得进行这种交易，葡萄牙国王一直确保他规定的这一权限……当时，率船从印度来到当地的加比丹·穆尔，就支付一定佣金的船费与商人缔造了协议，各商人将其希望运送的库存商品装上船只"；Armação 同业行会与加比丹·穆尔

第五章
两种传统：澳门商人习惯法

的契约还包括另一个方面，就是规定加比丹·穆尔的义务："如果在国王的定期船之外，有其他船只装运中国生丝及其他商品前往日本，定期船运送商品的价值将大幅度下降，所以城市的被选举者和代理人与利益一致的定期船加比丹·穆尔们加以协作，严密监视，不准在定期船之外将中国商品送往日本……"①

同业行会的出现，本身亦有平等解决商事贸易份额之目的。为了有效促进同业行会业务的执行，各参与人会从他们中间选举出商务代理人，他们负责3件事情。

1. 贸易货物统一采购。Armação 同业行会派遣商务代理人与葡商一同前往广州，在一年两度的集市交易上统一采购大宗贸易商品。商务代理人负责商品交易价格的谈判、验看货物及最终定价（最终定价被称为最后一击，dare la pan cada），②在商务代理人没有定价之前，任何人不准购物，商务代理人还可以以其他葡商的名义进行采购，以便货物价格不会因人而发生变化。③这样的统一采购，保证了葡商在广州贸易集市上的统购统销，为定期航线贸易提供了稳定的商品供应，从而使葡商从容地在台风季节到来之前，其定期商船能够将货物运送出去。

2. 决定各参与人的贸易份额及利益分配。Armação 同业行会按照契约或参与人各自的财产份额，对采购的生丝份额进行适当分配，以决定每个参与人的贸易份额及利润分配份额。

3. 负责异地销售。"三名被选举者，即居民代表，分别为

---

① José Alvarez - Taladriz:《1610年澳门、长崎贸易船 Armação 契约资料》，野间一正译,《基督教研究》第12辑，东京：吉川弘文馆，1967，第358-359、361-363页。
② 戚印平：《明末澳门葡商对日贸易的若干问题》，《浙江大学学报（人文社会科学版）》2006年第5期。
③ 弗朗西斯科·卡勒其:《周游世界评说》，第147页，葡语本见文德泉《澳门沧桑》，澳门官印书局，第6-7页；邓开颂、余思伟、陆晓敏：《澳门沧桑》，珠海出版社，1999，第6-7页。

(1)贩卖生丝而前往日本的代理人，(2)协助代理人处理文档的书记，以及(3)在日本秸活动的情报官员（同时负责生丝买卖监视），此外他们还选举数名事务员，向3位居民代表支付薪金，作为议定契约的报酬。"

为了保障 Armação 同业行会所有参与人利益，他们还以契约形式规定了商务代理人的忠实义务，"各人发誓对其记录的文字负责，他们还要签署一份保证书，如果判定代表们在日本不遵守决议，他们将丧失某种权利"。

后来居澳葡商曾亦以其他形式组建规约公司，同 Armação 同业行会一样，它们具备了现代商事组织形态的基本框架，为澳门大航海贸易的展开奠定了组织基础。但是，规约公司与生俱来的松散性特征，决定了个体商人与群体利益发生冲突情形下，无法执行其基本业务，具有寿命短促，资金短缺的缺点，不能灵活地应对随时变化的商事发展。长期以来，没有一种积极的政府干预，有效地解决澳门商事组织持续性经营的问题，这决定了澳门的商业实体具有短时性、规模小的特征。

四 商事援助机构

葡萄牙商人在澳门从事海上贸易，与教会及议事会的支援是分不开的。

（一）教会

葡萄牙人的大航海贸易与宗教分不开。1514年，教宗尼古拉五世（Nicolau V）授予葡萄牙无期限征服异域的权力及保教权，①

---

① António Manuel Matins do Vale, *Entre a Cruz e o Dragão：O Padroado Português na China no séc. XVIII*, ph. D. diss., da Universidade Nova de Lisboa, 2000, pp. 81 - 82.

围绕澳门居留地所建立起来的定期航线,既是贸易航线,也是葡萄牙实现其东方保教权的运输线,充当运送传教士、欧洲传教经费,联系中国传教区与欧洲的通道。所以,商人和传教士同行是这些定期航线的显著特征。据文献记载,1578-1740年间,计有463名耶稣会士离开里斯本前来澳门。① 这些耶稣会士在传教的同时,亦对澳门的贸易发展有所贡献。

1. 商业信息的提供者

最初东来的耶稣会士除传教外,另一项重要的任务就是向葡萄牙商人提供贸易信息。比如耶稣会士鲁伊兹·弗洛伊斯（Luis Frois）在1555年12月1日寄往马六甲的信中写道:"去年,我们从来自中国的商船那得知,中日之间发生非常激烈的战争,……对于想去日本经商的葡萄牙人来说,中日之间的不和,是一个极好的机会。因为中国人不会再到那去出售他们的商品,我们便可趁机通过谈判来处理对日贸易。"②

2. 贸易关系及资金结算关系的中介人

耶稣会士是贸易关系得以开展和维持的重要中介人和辅助人,这主要得益于他们的双语优势和良好的品行及信用。中国商人、日本商人和葡萄牙商人都希望以耶稣会士为媒介进行交易,因为"只有神父们才能自如地运用双语来完成一次复杂的买卖,而且他们对耶稣会士的信赖甚于他们彼此间的信赖",③ 耶稣会士在双方交易过程中处于中间人的地位,具有现代代理商的特征。由于良好信用的缘故,各地商人都倾向于将他们的钱汇往澳门以便订货,

---

① Pe Manuel Teixeira, *The Church in Macao*, in R. D. Cremer (ed.), Macao: City of Commerce and Culture, 1990, p. 43.
② R. Tsunota & L. C. Goodrich, *Japan in the Chinese Dynastic Histories*, Later Han through Ming Dynasties, South Pasadina, 1951, pp. 129-130.
③ 赵宇德:《试析十六、十七世纪天主教风行日本的原因》,《日本研究》1996年第3期。

这使银行业开始萌生。

3. 贸易关系的积极参与者

葡萄牙耶稣会士一边传教，一边经商，因为他们相信商业活动可以与基督徒的生活相一致，他们不仅不再谴责金钱和财富本身，而且还鼓励追求金钱和财富。① 他们在远东的传教与澳门大商船上的货物利害攸关，有迹象表明，早在澳门—长崎航线贸易的最初时期，远东的耶稣会士就已经以股东的身份置身其中，并获取巨大利润。② 比如范礼安神父早在1578年就和澳门葡商行会达成正式协议，规定澳门全体商人共同为向日本输送生丝而成立公司，并要求该公司每年对耶稣会提供一定的经济帮助，即澳门商船每年运入日本1600担生丝中，拨100担给耶稣会，售后利润作为他们的传教经费。③

耶稣会士参与贸易活动，带动和促进了澳门葡商航线贸易的发展，因为耶稣会士往往具有良好的品行和信用，这无形中提升了葡商的信誉，使得远东地区的商人倾向于与葡萄牙人开展贸易往来。

（二）议事会

议事会是澳门葡萄牙人自治机构，其对内管辖权限包括：行政管理、司法审判、土地人口、海关税务、债务纠纷、财政赋税；其对外管辖权限包括沟通与葡萄牙的关系、与明清政府的关系、与兵头（后来的总督）的关系，并在一定程度上协调商人和教会之间的关系。

同时，议事会还在海上贸易方面发挥了积极作用。

---

① 伯尔曼：《法律与革命——西方法律传统的形成》，第418页。
② 戚印平：《关于日本耶稣会士商业活动的若干问题》，《浙江大学学报（人文社会科学版）》2003年第3期。
③ 汤开建：《明清之际中国天主教会传教经费之来源》，《世界宗教研究》2001年第4期。

第五章
两种传统：澳门商人习惯法

1. 为葡萄牙商人提供财政支持

作为澳门葡商赖以生存的额船贸易，具有耗资量大、风险大的特征。额船的船东，在有经济实力购置船只的同时，还必须有社会上的财政支持。而一般的情况是，议事会理事官兼司库掌握库存现金长达3年之久，在这段时间里，他可将现金暂借作私人所用。他有权运用库房金钱进行投资，包括向坚固的船只进行海上风险投资，向能干的殷商提供船货抵押贷款，但必须向议事会作详细说明；一旦船只遭受海难时，议事会往往会豁免债务人的债务，必要时还会动用公共资金清还私人债务。根据1799年的一项文件显示，仅在该年澳葡商中就有85个人获得豁免债务的批准，其中许多人是遭受损失无力还债的船东。①

议事会知道，额船贸易是澳门的生命线，任何意外或者闪失都会为整个澳门社会带来极大的影响和震荡，不仅使船东和小业主遭受重大损失，而且会使议事会的收益受到影响，所以他们必须为海难提供救济。

2. 解决商事纠纷

议事会对发生在葡商之间的债务纠纷都具有调整权。议事会普通法官依据葡萄牙商法及习惯法，对商事纠纷作出裁决，而检察官则对不讲信用的商人予以处罚。在1749年11月9日清政府对澳门颁布治安法例之前，其处罚对象甚至曾包括华人，这点蒙达都·德·徐萨斯曾描述过："遇有葡国臣民与中国臣民之间的债务纠纷案件，无论中国人是债务人还是债权人，检察官都会对不负责任的债务人和狡猾欺诈的债权人按葡萄牙法律予以判罚、处于监禁及其他处罚。"②

---

① A. M. Martins do Vale, *Os Portugueses em Macau* (1750 – 1800), Instituto Português do Oriente, 1997, pp. 171 – 173.
② 蒙达都·德·徐萨斯：《历史上的澳门》，黄鸿钊、李保平译，澳门基金会，2000，第116 – 117页。

五 转口贸易规范

大航海时期的澳门商业行为直接围绕着转口贸易展开，因为没有工业基础，所以直接贸易站贸易总量的份额很小。而商业习惯法，亦是围绕着转口贸易展开。转口贸易的规制主要有两个方面，一是货物交付的规定，二是资金的支付。

同业行会随船派遣的商务代理人在商品采购方面以及货物的交付方面发挥着积极的作用。因此，其交易在商务代理人制度下，类似于面对面的交易模式，所以在此情形下，无须明确规制商品交易价格的谈判、验看货物的规则及商品质量方面的内容。同时，为了有效制约商务代理人的交易行为，随船亦设置了书记官和情报官等辅助人员，书记官需要对商务代理人所从事的商务活动进行文字记载，对经营货物进行簿记。这实际上是商事簿记的最初形态。

为减少债务纠纷，明清政府对外国商人的支付规定一般比较刚性，比如乾隆皇帝曾规定外国商人不得长期居留在广州，只允许在澳门滞留，在通商季节结束时必须把交易完成，偿清债务，信贷不得拖到下一个季度。① 此规定反映着商事支付中，葡萄牙人与华人之间的信用关系落后，支付手段一般表现为实时支付或预付款支付，其中白银是最为重要的支付手段。

白银作为最重要的支付手段有其历史原因。中国金银比价远远高于欧洲，加之葡萄牙人无法以足够的欧洲产品保持贸易平衡，他们每年运送大量银子到澳门，以便在广州市场上交换中国产品。如果说早期是香料占据首位的话，那么到 16、17 世纪之交，白银已成为入澳商品中的首项，白银作为支付手段购买了为数不多的货物，平衡了澳门与广州的贸易。更为重要的是，由里斯本经果

---

① 吴志良、杨允中：《澳门百科全书》，附录"澳门大事记"。

阿运入澳门的大量白银，构成澳门葡人在华商业投资中的重要组成部分。

　　航线及船期是转口贸易重要的生命线。早期的葡萄牙实施王室贸易垄断，航线的开通及航期均由王室根据其实际需要而设置。后来，这一体制发生了某些积极变化，王室允许私人加入成立航运公司专门从事运输。1710年，路易斯·马希尔等人在里斯本创办"中国航运公司"，获准从事里斯本至中国的贸易。同年，由商人们出资装备的"巡访圣母"号大黑船从里斯本起航前往澳门，并于次年2月返回里斯本。"中国航运公司"的出现，客观上为海商方面的规制埋下了伏笔。

　　葡萄牙人过于注重商业资本从事转口贸易，忽视了工业资本的运作，这也是大航海贸易的基本特征。没有工业资本的运作，意味着营业资产在商事交易中的比重不高，而往往营业资产是商事交易的信用基础，这也就决定了在转口贸易中商事信用低下，特别是在与陌生人的商事交往。

　　同时，明清政府对葡萄牙人的商事行为也保持着戒心，为了保障税收顺利征管，明清政府规定葡萄牙人在与华人进行商事交往时还必须寻找一位担保人，而合资格保商一般是由具有官商背景的广东十三商行充任。保商要确保葡萄牙人携带的物品进入广州时已合法完税，否则一经查获则被视为走私，保商要承担相应的担保责任。

　　十三商行成为葡萄牙人的保商，往往是以商事交易为基础的，所以，他们在交易的过程中，往往会对担保作出约定，即交易相对人同时也是担保人。

六　对华人与外国人商事活动的限制

　　早期的葡萄牙商人眼中，没有人教的华人不是澳门市民，所以在同业行会的交易份额分配中，是不允许华人参与的。

为了保障葡萄牙商人在澳门的垄断地位，葡萄牙人对外国人在澳门从事商事活动作出了种种限制。

为了保障额船贸易，1731年1月23日，澳门总督下令议事会把外国船只赶出澳门及其贸易市场。①

1773年，澳门议事会规定外国商人居住澳门得有条件：a. 不准建立住宅，得携同家眷乘坐澳门船只抵达澳门；b. 绝对不允许在澳门从事贸易活动，只可投资经营普通的零售店铺；c. 外国贸易公司头目本人得接受议事会规定的贸易活动范围。②

但是，随着葡商财经持续性匮乏和各国商号纷纷入驻澳门，葡商"采取各种手段逃避禁止外国人进行贸易的限制，想方设法利用自己的资本、信贷和贸易关系来获取利润，葡萄牙代理商为了一点蝇头小利，允许外国人借用他们的名字投资，这些外国投资者从此赚取了大量利润"，③ 这同时也形成了澳门早期的隐名合伙关系。

第四节　重商议习惯法

人类的全球化史肇始于16世纪之初。④ 因为全球航线的成功开辟奠定了人类交往的新纪元，形成了一个包容全球的世界范围的贸易体系和劳动分工。其中，中国作为这个贸易体系中的组成

---

① 龙斯泰：《早期澳门史》，第106页。
② 罗晓京：《试析1846年以前葡萄牙管理澳门的历史特点》，《广东社会科学》1998年第2期。
③ 蒙达都·德·徐萨斯：《历史上的澳门》，第91页。
④ 贡德·弗兰克：《白银资本——重视经济全球化中的东方》，刘北成译，中央编译出版社，2000，第451页。

第五章
两种传统：澳门商人习惯法

部分，源源不断地向世界经济中其他地方提供其所需商品。①

澳门在这个历史进程中成功地找寻到自己的定位。作为商业城市的澳门，恰恰是全球化历史进程中的产物。如果没有早期大航海航道的开辟，澳门到今天也只能算是一个平凡的小岛。历史赋予了澳门参与全球贸易运作的使命。

这个全球化进程的最大推手，毫无疑问就是商人。葡萄牙商人在澳门成功地扮演了历史赋予的角色。他们在推动贸易航道的定型化进程中，不断地感悟着商道。在其感悟和摸索的过程中，他们逐渐形成了适用于澳门的商人习惯法，虽然这个商人习惯法体系更多地来自欧洲，特别是葡萄牙，但这并不重要，重要的是它如何能在澳门这个商城中发挥着其应有的作用。

对此，我们有必要对这个商人习惯法体系作一番评价。

一 居澳葡商习惯法的性质

对租地时期澳门居澳葡商所主动援引的葡萄牙商人习惯法和商事法律很难作出一个准确定义。如果将之视为商人习惯法，将会引致一些争论。

中世纪的商人习惯法是通行于商人之间的"惯例"，为各国商人所普遍认同。但是，租借时期的澳门是以葡萄牙人为主（包括土生葡人②）、大量华人聚集食利的华夷杂处的商业社会，在当地法律中，未入教的华人并不是澳门市民，不适用它们的"商法"。其原因有两个，一是葡萄牙律令明确其法律适用于"本国人"；二是华人的自由贸易权受到极大限制，华人在澳门开埠之始，就纷

---

① 贡德·弗兰克：《白银资本——重视经济全球化中的东方》，第464页。
② 葡萄牙学者安娜·马丽亚·阿马罗曾将土生葡人称为"澳门人"，她认为土生葡人澳门出生的、葡萄牙人与中国人、东南亚人混合血统的群体。安娜·马丽亚·阿马罗：《大地之子：澳门土生葡人研究》，《文化杂志》1994年第20期。

纷到葡萄牙人居住地进行贸易，明清政府为了加强管制，便设置关闸对华人实施管理，使之不得擅入葡萄牙人居住地。因此，后来华人所谓的贸易也就基本上限制在食品等零星物品的供应，很难称上现代意义的"商人"。所以，通行于葡萄牙人之间的商法，首先就具有适用范围狭窄的特征，这与中世纪商人习惯法国际性特征是相反的。

一般说来，商人习惯法是商人在长期的商事交往中所形成的一套规则体系，是商人在长期的商事交往中的习惯性做法发展而成惯例，最后为商人所普遍认同。通行于葡萄牙人之间的商法的形成过程并非如此。它没有经历渐进式的形成过程，而是为了灵活规范不断扩大的商事交易活动，主动援引的结果。从这个角度上说，与中世纪惯例而成的商人习惯法，有着明显区别。

如果将之视为实施于澳门葡萄牙人的"法律"，亦有不妥。通行于葡萄牙人之间的商法是葡萄牙商人的主动援引行为，所移植的对象并没有上升到法律高度。当然这其中的原因在于葡萄牙人系以借居者的身份逗留澳门，他们应遵从中国法律，本身并无立法权。

而且从引用的内容来看，葡萄牙商业法律并非全盘适用于澳门。葡萄牙人只是适用了其中与澳门商业社会相适应的部分，其适用并未经过本地改造历程，所以体现出简单特征、不成体系、缺乏计划性。这一点与成文化的法律是相区别的，倒是与中世纪的商人习惯法有着异曲同工之处。

除了居澳葡商的主动适用外，他们选举出来的普通法官在商事纠纷解决方面，亦是主动援引了葡萄牙商人习惯法和商事法律。由市民选举出来的普通法官掌管商事纠纷，他会依据案件选择其中最具灵活性的程序，所以明显的优势是处理过程比较简单，而且不拘泥形式，这点符合商人习惯法中迅捷性的要求。

由此，我们认为，租地时期葡萄牙人所援引的葡萄牙商人习惯法和商事法律，应定性为一种商人习惯法，不能上升到有权机关立法的高度；同时，它又不能简单等同于中世纪的商人习惯法，它没有自发形成的过程，而是不断借鉴、移植的结果。

二 贸易习惯法

居澳葡商援引葡萄牙商人习惯法和商事法律的同时，也把葡萄牙关于商业的指导思想——重商业主义——带到了澳门。它并不注重农业的基础作用，同时也忽略工业在城市发展中的作用，通过转口贸易来获取商业资本收益，便是其唯一的中心点。

为了实现贸易的特权，居澳葡商双重隐忍，和代表葡萄牙王室的加比丹·穆尔签订商务契约，以取得定期航线通行权限，遵从明清政府的商业管制，以获得居留权和中国内地贸易权。这与葡萄牙本国侵略加贸易的掠夺式扩张有着截然的区别。

为了转口贸易的顺利展开，所有的商人习惯法全部围绕此而援引，不论是具有现代公司雏形的同业行会，还是商务代理人制度。

大航海时期各国成文化的商事法律均具有一个普遍性特点，即国家意欲将商业纳入自己的垄断范畴，商业秩序的维护应该由政府来完成。所以商人从国家那里取得贸易的特许权，为了对既得商人利益进行保护，取得特许权的商人的贸易权是垄断性的。这也就是早期商事公司的成立基本原则是特许主义的缘由。葡萄牙商事法律亦不例外。

所以，居澳葡商注重对转口贸易垄断权的掌控，整个商事习惯法，充斥着对新来竞争者的防范和对既得利益的公平分配，忽视了内在竞争力的发展。商业资本控制了澳门整个城市的功能，同业行会维持着被西班牙人、荷兰人、英国人压制而日益萎缩的贸易份额。

从精神内核看，这个习惯法体系透露出居澳葡商商业专制的特征，他们压制个人主义，讲究人际关系，他们自私自利，在对待澳门商业及城市发展问题上，其出发点是掠夺式的贸易，至于对澳门的工业、农业、教育和城市的发展则不感兴趣。[1] 英国人斯当东《英使谒见乾隆纪实》曾指出："葡萄牙人自大而又懒惰，不肯降到下等职业作农民和工人，在这整个居地没有一个农民、一个工人和一个店员是葡萄牙人，不管是来自葡萄牙的，或者是他们的后代。澳门人口共有一万二千人，其中一半以上是中国人，在城镇北面这个小岛最宽的一部分土地，整个是中国人耕种的，整个是一个相当平坦的土地，是泥土和沙土的混合土壤，通过中国人的劳动和技术生产了各种欧洲和亚洲蔬菜，供应当地人的消费，所有便利人们生活和提供生活享受的行当都是由中国人生产的，或者是从中国大陆引入的。葡萄牙人除了从事商业和航海业外，不屑从事任何其他行业。"[2]

可以说，早期的澳门葡商成功之道在于其善于妥协和冒险精神，而利比里亚天主教文化所带给他们虚幻的荣耀，使他们踯躅不前。他们甘于冒海商贸易翻船危险而获得盈利，但却无法合理地、理性地经营资本主义形式的工业组织，不愿意用一种预先算定和判断好的规则来安排自己的行为，不愿意创造性地采用一种资本主义的法律秩序来维护可供自身确定计算的经济。

当航线被西班牙人、荷兰人、英国人所控制时，当英国人、法国人能够通过工业的发展来制造符合全世界所需要的商品时，这种依赖性极高的转口贸易的衰落，就只是时间问题了。

---

[1] 王海港：《澳门经济落后的根本原因：制度问题》，《中山大学学报》1999年第2期。

[2] 《中葡关系史资料集》，四川人民出版社，1999，第769页。

三 工业化转型下的反思

18世纪兴起的工业化浪潮，使资本主义主要国家经济结构发生了转型，工业资本超越了商业资本占主导地位。不同于商业资本的重商主义政策，工业资本强调自由资本主义，国际范围内的共同市场的建立为商品和服务的自由流通打开了边界，新兴的工业资本阶层反对重商主义带来的保护主义传统，要求自由放任，实行自由经营、自由竞争和自由贸易，侧重于商品输出。

反映在商法上，表现出三个方面的要求。

1. 商事组织的自由设立

有限责任公司、股份有限公司是"现代资本主义的卓越工具"，特别是股份有限公司，具有无可比拟的企业经济集中能力和法律组织能力，在这方面它超过了其他任何形式的企业结构。在商品经济真正的法律实验室里，有限责任公司和股份公司是企业的主体。① 这就要求对有限责任公司、股份有限公司的设立原则从特许主义转化到准则主义。同时，放宽了公司设立的原则及有限责任公司与股份公司的责任有限性优势，意味着能够吸引更多的资本参与工业生产。

2. 工业产权立法

为了支持商人，立法者必须创设工业产权，这缘于两种理由：（1）有限责任公司与股份公司股东责任的有限性会伤及债权人利益，无疑，工业产权多寡是债权人所关注的；（2）工业产权之确定，有助于商事生产活动的顺利展开；（3）确定了工业产权，可以增加商事信用，因为以工业产权作为新的担保标

---

① 尚波：《商法》，罗结珍、赵海峰译，商务印书馆，1998，第11页。

的，可以为商人们带来灵活的资金支持，同时也更能广泛地保证商人的声誉。

3. 自由竞争

与重商主义不同，工业资本侧重于商品输出，所以强调自由竞争。当然，为了保护在自由竞争下的失败者，必须删除传统商人习惯法中对一些破产者有失体面和压制性的规则。

在传统的商人自治领域下的商人习惯法，无法实现上述3个方面的转型，它需要政府权力的支持。政府，如同经济宪兵，必须成为财富流通的代理人和工商业的托管人。它管理各种合同，进行企业登记，为保护债权人利益，对股份有限公司实施严格措施。商人的短视性，无法做到这点。在面临收益高但风险也高的经济领域中，他们往往选择了撤资。这在早期的居澳葡商身上已经得到了印证。

早期葡萄牙人在澳门从事转口贸易获得的丰厚利润，以及特许贸易制度下的弊端，使他们趋向于保守与僵化，排斥外来竞争，从而使自己在长期发展中不断丧失竞争能力。更重要的是，在资本中新的增殖管道还没有发现之前，葡萄牙人开始从减少其在贸易领域的兴趣，要么将利润汇回葡萄牙本国享受奢靡的生活，要么把财富投进土地、房产中以获取租赁收益。从这点上说，他们缺乏资本的创新精神，逐渐丧失了大航海时期那种开拓进取精神，他们为了一己私利，创立或借助各种制度以求保障、维护既得利益，排斥竞争与创新，社会经济由此陷入僵化。

纯粹的商人自治，在新的环境下，会使社会经济窒息。为此，政府的引导与干预则变得那么的重要。将商业贸易累积的资本优势转化为工业资本，用一部契合最新商事发展方向的商法去应对不断发展的社会经济，变得那么的重要。

可惜的是，不论是澳葡政权，还是葡萄牙本国的政权，都无法认识到这个新的变化。即使葡萄牙本国曾经在1832年和1888年重新制定《商法典》，然而所能认识的也只是商业贸易对国家的意义，依然忽视了工业资本之重要性。立法上短视和对澳门的掠夺本质，注定了澳门从 17 世纪开始，商业贸易规模不断缩小，以致到了 18 世纪，能维持澳门生命线的，也就只是鸦片贸易、奴隶贸易、赌博服务等畸形的商事活动了。

第六章

西法东渐：葡萄牙商法在澳门延伸适用

第一节 1849－1976年澳门商业社会的特点

一 澳门在世界经济体系中的角色

葡萄牙人、西班牙人的大航海贸易为世界的开放提供了条件，但该阶段各国及各族群之间的贸易往来，通常是因为各国之间自然条件的差异，表现为一种偶然性的贸易关系。

而源自于英国的工业革命则将这种偶然性的贸易关系转化为长期稳定的交换关系，原先相互独立、相互隔离的经济实体，在产业化分工协作及运输工具发达的背景下，其关联越来越紧密，一个统一的世界市场即将出现。澳门亦不自觉地卷入了这场世界经济一体化的进程中，并在不同时期扮演着不同角色。

1. 苦力贸易

为了满足工业化需求，19世纪中后期，主要资本主义国家积极拓展其原料供应地及产品倾销地，同时，为了满足工业化对劳

第六章
西法东渐：葡萄牙商法在澳门延伸适用

动力的需求，他们积极进行苦力贸易。①

葡萄牙人早在大航海时期，就在澳门从事人口贩卖活动，但总量相对较小。鸦片战争之后，西方殖民国家从中国掠卖人口的活动急剧发展，并于 1850—1875 年间达到高潮，作为广州的外港，澳门成为苦力贸易的中心。

苦力贸易使澳门商业迅速畸形发展，大批专门在贩卖苦力生意中投机取利的各国商人涌至澳门，公开设立了"招工机构"来从事这桩罪恶买卖。随着苦力贸易的发展，"招工馆"与日俱增，拐卖人口的数目也不断增加，1865 年，澳门有 8—10 家招工馆（也叫猪仔馆），1866 年增至 35—40 家。到了 1873 年，已发展到 300 多家，经营苦力贸易的商人达三四万人之多。② 成千上万名的中国苦力从澳门登船漂洋过海，他们主要被贩卖到拉丁美洲的古巴和秘鲁等地，成为殖民地原料生产的劳动人口。根据葡萄牙官方统计，从 1856—1873 年的 17 年间，从澳门港运往古巴、秘鲁等地的苦力就有 18 万之多。③

19 世纪 70 年代初的资本主义经济危机和殖民地排华事件，使这声名狼藉的苦力贸易难以维系，1874 年，根据葡萄牙国王的敕令，澳门总督发出通告，④ 禁止澳门苦力贩卖，这使澳门的苦力贸易得以终止。

2. 鸦片贸易

向中国输入鸦片的始作俑者是葡萄牙人，因而澳门也就自然

---

① 西方文献上并不使用"苦力"一词，更多地采用"契约华工"，来掩饰其贩卖性质。
② 彭家礼：《十九世纪开放殖民地的华工》，《世界历史》1980 年第 1 期。
③ 陈翰笙：《华工出国史料汇编》第 4 辑，香港中华书局，1985，第 555 页。
④ 《英国议会档·第 25 号文件：贺伯特致腾德顿函》附件 2《澳门总督第 11 号通告》，转引自邓开颂编《澳门历史（1840—1949）》，澳门历史学会，1995，第 168 页。

成为走私鸦片的重要基地，虽然到后期英国人垄断了鸦片贸易，但在辛亥革命之前，澳门作为鸦片储藏及分销基地的角色一直未变。

鸦片贸易是殖民者解决白银贸易逆差的手段，从而保障其工业化和世界殖民地建设对资金需要，"在19世纪的最初10年，中国国际收支结算大约盈余2600万元。1828－1836年，从中国流出了3800万元。使国际收支逆转的正是鸦片烟，结果就资助了英国加速使印度殖民地化的大部分活动"。①

面对这超额利润的畸形贸易活动，葡萄牙人自是不甘人后，他们利用澳门的特殊地位，自行制定通商法规，坚持任何他国商人在澳门经营鸦片贸易，只能由葡萄牙商人代理；规定他国商人贩运鸦片前来中国，必须由葡萄牙商船转运，在澳门卸货，以此来抵制其他国家商人插手鸦片贸易和鸦片走私。

鸦片的大量输入，不仅使几百万中国人民在身体和精神上受到严重的荼毒，而且也使中国的社会经济和国家财政遭受重大的破坏和损失。

3. 旅游博彩

邻埠香港于1842年沦为英国殖民地后，澳门的贸易港地位被香港所取代，为增加澳门税务源头及主流经济的多元化，澳葡政府于1847年开征赌业税，首次将澳门博彩业合法化。到了19世纪后期，博彩业渐趋发达，赌税成了政府的主要收入来源，当时洋务运动的先驱之一郑观应曾感言："商务鱼栏与鸦片，饷源以赌为大宗"。②

1937年，澳门博彩业由开税时的特许经营逐步过渡到由香

---

① 小弗雷德里克·韦克曼：《广州贸易与鸦片战争》，费正清、刘广京编《剑桥中国晚清史》上卷（1800－1911年），中国社会科学院历史研究所编译室译，中国社会科学出版社，1984，第237页。
② 郑观应：《澳门感事》。

港商人傅德荫、高可宁组建的泰兴娱乐总公司专利经营。泰兴按约定交给葡澳政府一定的承办费用,葡澳政府开始把赌博当做一种商业活动正式征税。20世纪60年代起,受国际产业转移的影响,在香港经济繁荣的带动下,加上配额、关税和低成本生产优势,澳门加工业得以快速发展,这同时牵动着博彩业的发展。1961年2月,经第119任总督马济时建议,葡萄牙政府批准开辟澳门为"恒久性的博彩区",打造澳门成为以博彩及旅游为主要经济发展项目的低税制地区,[①]同时,澳门博彩业亦开始向博彩旅游业转型,成为世界旅游休闲地,被誉为"东方的蒙特卡罗"。

4. 产业转移下的加工业及对外贸易

鸦片战争之后,澳门的对外贸易中心地位被香港所取代,出现外贸不景气的形势,并逐渐成为香港市场的附庸,因此对加工业日渐重视。由于澳门的工业原料和燃料均十分缺乏,所以加工业方面只能发展手工业。在20世纪60年代之前,澳门的手工业属造船、爆竹、火柴、神香等行业最为发达,除了造船业外,其他行业均为出口外向型产业,产品远销世界各地。

20世纪60年代起,澳门的低税率、自由港、廉价工资等客观优势,吸引着部分港资和外资企业将部分加工工序或整个加工工序转移到澳门,加工后的工业产品出口到香港、葡国、欧共体和北美等地,出口加工业迅速发展,形成了制衣、纺织、玩具生产为龙头的劳动密集型的工业架构,并一度成为澳门经济支柱的首位。

在此期间,澳门却加强了与内地的贸易,1887–1925年的38年间,澳门与内地贸易货值是不断上升的,而且幅度相当大,

[①] 澳门博彩监察协调局网站,http://www.dicj.gov.mo/CH/index.htm,最后访问日期:2009年6月1日。

1925年贸易货值为1235.3万港元，是1887年290.3万港元的4.25倍，① 特别是到了抗日战争期间，由于广州、香港沦陷，中国的进出口贸易又集中到所谓的"中立"的澳门港，这使澳门的对外贸易又恢复和发展起来。第二次世界大战之后，澳门抓住葡萄牙容许澳门产品免税进入葡属地区，大力发展对葡属国家的贸易，并取得积极的成果。

二 自由贸易与专营制度

殖民政府一般对本土经济采用不干预态度，让其自生自灭，这样的政策有其政治、经济上的考虑，也就是殖民政府意欲用自由的假象去掩盖其经济掠夺的本质。② 1845年11月20日，葡萄牙女王玛利亚二世（Maria Ⅱ）单边颁布法令宣布澳门为自由港：

第一条：澳门城市的港口，包括内港及凼仔和沙沥向所有国家宣布为自由港，允许它们可在这些港口利用、存放及再出口各种货物和经营各种贸易。

第二条：本法令在澳门公布三十天后，进口到上述口岸的所有物品及货物，不论是哪一个国家的，完全免征进口税……③

这一法令为后世澳门自由贸易市场政策确定了基本基调：没有关税，没有外汇管制，资金自由进出。然而，如果把后来的整个澳门商业政策定调为自由市场体系，那么这样的说法是错误的。

在自由贸易体制下，澳葡政府失去了关税这一重要的财政收

---

① 广东省档案馆编《广东澳门档案史料选编》，中国档案出版社，1999，第341页。
② 黄湛利：《论港澳政商关系》，澳门学者同盟，2006，第222页。
③ J. R. Morrison：《中国贸易指南》，广东中国陈列室，1894。

入来源，这势必使其用尽一切其他方法去扩大财源，加强经济掠夺，其中专营制度就是其最好的手段。

专营制度，又称承充制，是指将某一类的贸易或服务的经营权进行拍卖，由竞得者进行垄断性经营。竞得者应按专营合同规定向澳葡政府（通常是公物会）缴交承充金（规银），竞得者的合法经营受到政府法律的保护。专营制度所调整的范围，既有属于公共资源类，比如电力、自来水、公共汽车服务，也有属于非公共资源类，比如博彩、鸦片、娼寮，甚至一些日常生活中的一般商品，比如猪肉、牛肉、煤油、盐也要实施专营。

专营制度是一个弱势政府所能采取的经济掠夺手段。在工业革命之后，葡萄牙国力不断削弱，根本无力进行强权殖民统治，管制能力的缺失，使澳葡政府只能专注于某一方面，而无法实现对整体商业社会的控制。因此，从这点上说，澳葡政府实施的对外贸易自由主义及特定行业的专营制度，虽在管治理念上相互矛盾，但并非不可共存。

澳葡政府的专营制度，通过政府与承充人签订苛繁的合约来约束专营权人，以达到管治商业和丰盈财库的目的。对承充人而言，参与商业专营权的竞投取得专营权，则可以实现其对某一商业领域的控制，并迅速地以垄断方式获取巨额经济收益。因此从一开始，一些有经济实力的商人就对专营制度投入了极大热情，并最终获取了博彩、鸦片、鱼盐、牛肉、猪肉、火水、火药等商品及服务专营权。

专营制度是建立在损害长远利益基础上的短期逐利制度，必然带来效率低下的弊端，其实质是一种由政府法律保障的、高度的商业垄断制度。这种高度的商业垄断制度，在一定程度上窒息了行业的竞争和活力，对后世澳门经济发展起着负面作用。

三　华人的商业主导地位

在葡萄牙人抵达澳门之前,澳门的望厦地区早有华人居住,他们大多是福建移民。① 随着澳门正式开埠,各国商人纷纷进泊澳门,短短十年间,澳门随即"高栋飞甍,栉比相望"② "……高居大厦,不减城市,聚落万头",③ 城市的迅速发展和商业的发达,吸引着越来越多的中外商人来此贸易和居住,澳门人口与日俱增,迅速地从一个简陋的泊口发展成为一个繁荣的港口城市。

在经济利益的驱使下,"闽粤商人,趋之若鹜",④ 16－18世纪,大批华人来到澳门,与当时执海上贸易牛耳之葡萄牙商人通商贸易,澳门逐渐发展成为一个以葡萄牙商人占据主导地位,大量华人聚集食利的华夷杂处的社会。为了吸引更多的华人入澳贸易,同时作为一个国际贸易大市场的需要,葡萄牙人也着力发展和扩大澳门的影响。葡萄牙史学家是这样描述的:"……中国人在大围墙城墙(葡萄牙人定居点)附近的一个地方形成一个商业中心,主要向葡萄牙人提供食品。但市场难以控制,产生许多不便。议事亭出钱修建一些摊点,邀请中国人前往贸易。"⑤

随着入澳的华人增多,澳门北部的望厦村一带聚集了大量福建人,或贸易,或耕种,作为村落的望厦俨然已成。人口的急剧增加,不可避免地出现民夷杂居,并且出现了明政府比较担心的华夷互相勾结接济的情形。为了控制这种局面,万历二十一年前

---

① 邓迁:《嘉靖香山县志》卷1《风土第一》,明嘉靖刊本。
② 《明史·佛郎机传》,中华书局,1974年点校本。
③ 王士性:《广志绎》卷4《香山屿》。
④ 《明史》卷325《佛郎机传》。
⑤ 萨安东:《中葡关系史资料汇编》卷1,澳门基金会,1996,第378页。

第六章
西法东渐：葡萄牙商法在澳门延伸适用

后，两广总督陈蕚提议设立保甲制度，规范对华人的管理，后来，清政府延续了明政府的制度对居澳华人实施管理，"责令县丞编立保甲，细加查察。其从前潜入夷教民人，并窝匿在澳者，勒限一年，准其首报回籍"。①

鸦片战争之后，根据所签订的《南京条约》，清政府开放五口通商口岸，并割地香港与英国，从此，外国商船直航广州、福州、厦门、宁波、上海和香港。澳门从此失去了地缘优势，原先停泊于澳门的商船，纷纷转泊香港，澳门对外贸易从此没落，居澳葡商大规模迁徙香港和上海。葡萄牙人的离开，客观上为内地华人的大量涌入提供了条件，也使华人的商业迅速从附属型转向主导型，他们逐步控制了澳门的主要产业，华人社会渐次成为晚清澳门最大的社群，在这个社群中，最为活跃的当属华商阶层。随着华商的商业不断崛起，他们的影响力日盛，以至于澳葡当局意欲加以控制。从19世纪中期开始，澳葡就不断冲击着清政府的保甲制度，他们基于强占土地、强征税款、设置门牌，实施人口编制等措施，逐步实现了对澳门华人的管制。1887年的《中葡和好通商条约》标志着清政府保甲制度在澳门的瓦解，而原先被澳葡政府强占而失去土地的华人，成为澳门城市的新居民，并纷纷加入商人行列，澳门的华商阶层亦因此再次扩大。他们的营商方式多种多样，有为走私商，有为承充商，有为贸易商，有为买办商，有为制造商；而其经营类别亦呈多样性，有进行鸦片贸易，有进行苦力贸易，有提供运输服务，还有提供营建服务。

经过几个世纪的轮回，华人逐渐控制了澳门的每一个行业和每一个角落，其商业渗透力已经挤满了澳门的商业空间，而此时的葡萄牙人（包含土生葡人）却热衷于大规模地迁徙香港和上海，

---

① 印光任、张汝霖：《澳门记略·官守篇》。

1874年的一场大台风摧毁了他们往日的荣光,① 掀起了移民的热潮。这样,华商打破了早期澳门以葡萄牙人为主要力量的经济模式,牢牢地控制着澳门的经济命脉,成为澳门最大的业主,"澳门的幸祸不但与葡萄牙有关,而且也与中国相关,殖民地仅有的兴旺商业基本是由华人来主持"。②

四 政商结合

华人商业社会的形成与华人在政治上的无权形成了巨大反差,他们无法运用有效的政治权利去维护自己的商业利益。为此加入葡籍以获取政治权利,或者组织社团以形成团体力量,便是华商保障自己利益的最好手段。

自1887年清政府确认葡萄牙对澳门有"永居管理权"之后,澳门华商申请加入葡籍者渐多,刊登在《澳门宪报》上的华人入葡籍告示频出。澳门一部分有名望的华商为保障自己的商业利益都加入葡籍,如卢九父子、何连旺、李镜荃等。但加入葡籍需要缴纳为数不少的金钱,且本着"天朝赤子"的情感归依,加入葡籍在华商中并不具有普遍性。因此,组织社团便是保护自身利益的最好方法。

华人社团的最初形态是带有血缘关系和宗法关系的宗庙,但这显然不利于沟通商情、解决纠纷,为此,他们在营地大街、关前街、草堆街经常性集议的基础上,组织了具有业缘性质的"三街会馆"。三街会馆的出现,起到沟通夷情、传达民意的效果,但作为单一行业的力量,它显然还无法聚集全体华商的力量,从而

---

① José Maria BRAGA, *Hong Kong and Macao: A Record of Good Feloesship*, Hong Kong: Graphic Press Limited, 1960, p. 80. 1874年9月22日夜,强台风猛烈袭击澳门,摧毁大部分建筑物并造成严重伤亡。
② 蒙达都·德·徐萨斯:《历史上的澳门》,第271页。

第六章
西法东渐：葡萄牙商法在澳门延伸适用

具备政治上的话语权。

为此，为"联络商情，共图公益"，萧诚洲、李镜荃、赵立夫等三人于1909年3月22日具书澳门总督，申请设立"澳门商会"，① 1912年12月14日"澳门商会"获葡萄牙政府批准立案，同时，"澳门商会"又以"旅澳华商总会"名义，获当时中国政府工商部批准立案。1916年，正式定名为"澳门中华总商会"。②

澳门中华总商会的成立，标志着华商社会的成熟，它不再以血缘和业缘为纽带，而是以全体澳门商人为目标，它跨越了血缘关系和业缘关系，这表明经历充分的发展之后，澳门华商达到了广泛的团结。在以后的发展历程中，澳门中华总商会逐渐取得了处理商业纠纷、开展与中葡双方进行沟通协调等方面的权威和空间，其政商性日趋融合。澳门中华总商会成立之初即获得葡萄牙政府授予其"商事纠纷的调查裁判权"，对于商业纠纷，"凡秉公会断结，视为与官厅判断无异，无论如何不得上控"。③ 到了20世纪中后期时，澳门中华总商会已经把自己的影响力渗透到澳门社会生活的各个领域，从而形成了一个游离于澳葡政府之外的"在野市政权力机构"，通过这个机构，华商中的精英人士控制了相当一部分澳门市政建设、公益事业、纠纷裁判等方面的权限，在很大程度上左右着澳门的城市经济和社会生活。

从20世纪60年代开始，澳门的商会组织如雨后春笋般出现，比较出名的有1942年成立的建筑置业商会、1959年成立的澳门厂商联合会、1965年成立的出入口商会等，而各界商人亦积极利用其地缘优势，组建了各种地域性商会，比如澳门中国企业协会、澳门台商总商会、澳门福建总商会、澳门闽台总商会。在华人商

---

① 娄胜华：《转型时期澳门社团研究——多元社会法团主义体制解析》，广东人民出版社，2004，第240页。
② 吴志良、杨允中：《澳门百科全书》，第467页。
③ 大众报社：《澳门工商年鉴（1951—1952）》第3编，1953，第1页。

会的影响下，葡萄牙人（包括土生葡人）亦组建了自己的地缘性社团组织，比如葡国企业家协会、澳门葡籍企业家公会。

这些社团组织在主持祭祀活动、主办慈善与赈灾活动、加强会员的联谊交流方面起到了积极作用。同时，有些社团还在一定程度上参与社会政治活动，成为一种拟政府化的组织，最为明显的当属澳门厂商联合会和澳门中华总商会。厂商联合会曾经代表澳门商界与各国政府代表进行出口及进口配额的谈判、与澳葡政府谈判降低原产地手续费。而澳门中华总商会的拟政府化角色更加突显，从其组建之始，就有商会领袖担任澳门公钞会成员、澳门理商局局员之传统，后来，总督还专门委任澳门中华总商会为"政务委员"并使之成为惯例。甚至，在有些时候，澳门中华总商会有澳葡政府所不能比拟的政治权威，比如在"一二•三"惨案中①，参与谈判，并使当时的澳门总督嘉乐庇亲自前往澳门中华总商会，签署了对澳门同胞的认罪书。

五 小结

400 年前的大航海拉近了澳门与世界的距离，而 100 多年前的工业化则使澳门与世界的交往触手可及，在这个初步萌生的全球经济一体化进程中，澳门时而积极、时而被动地扮演着自己的角色。在这个角色定位中，它实现了从渔农社会到商业社会的全面转型，华人实现了对澳门商业社会的全面控制；在这个角色定位中，澳门在与世界经济同步发展的同时，也保持着自己的独特的商业特点，因为全世界不可能有同一的商业范本。

---

① "一二•三"惨案：1966 年 11 月 15 日，澳门警察以凼仔居民建立工人街坊学校未经报批为由，强行拆毁围墙，殴打工人，事发后，民众反应强烈，12 月 3 日，当游行的学生来到总督府门前时，葡萄牙警察开枪打死 8 人，打伤 212 人。

第六章
西法东渐：葡萄牙商法在澳门延伸适用

第二节 19－20世纪葡萄牙商事立法评述

19世纪初的资本主义工业文明开拓了世界经济新纪元，一切不甘在世界经济竞争中落伍的国家，都高度重视商事立法，力图以此来建立本国经济秩序，保障和加速经济发展，对付外来经济干扰，葡萄牙也不例外。

一 1833年《葡萄牙商法典》

大航海贸易所带来的短暂繁荣，使葡萄牙无须立即着手解决一些根本性矛盾，比如封建领主制对生产的抑制问题及劳动人口短缺问题。另外，通过贸易活动获得财富的人，并没有将之投入生产领域，而是转化到消费领域中，满足其奢靡生活的需要。逐渐，葡萄牙在大航海贸易竞争中失去了其原有优势，到18世纪初，它在东方的殖民据点，只剩下果阿、帝汶和澳门等有限的几处，它再也不是一个强国。

从19世纪初，葡萄牙政局发生了激烈变动，1820年的民主运动建立了君主立宪政体，但紧接着代表国王势力的一场政变马上又废除了自由政体。政局的动荡使当权者意识到，如果意欲稳定政局，必须重整本国经济，提高国际竞争力，为此葡萄牙竭力刺激并指导本国商业的发展，使商人的利益得到有效的保护，商法的地位也随之得到大大提高。

恰逢其时，葡萄牙国内混乱的商事立法及司法见解的不统一，使商人在处理商事纠纷时难以有确定的实用标准，这影响到法律的安定性，如何使单行法规有机地集合在一起，这项工作成了急切需要。

本着这种需要，葡萄牙于1833年制定了第一部商法典，并于1834年1月14日生效。

在结构方面，1833年《葡萄牙商法典》分为两部分，第一部分为陆上的商业活动（包含3卷，第1卷，商人；第2卷，商业业务；第3卷，商行为、商业法庭的构成和破产），而第二部分为海上商业活动。这也表明了立法者单纯地认识到贸易活动对经济发展的帮助，而忽视了贸易活动的支持产业——工业的作用。整部法典更多的是围绕着贸易活动而展开的。

在内容方面，1833年《葡萄牙商法典》不仅包括实体商法，而且还有程序、司法组织，甚至民法的规范，具有实体法和程序法不分的特点。实体法方面，更多地借鉴了法国和英国的商事处理规则，这从法典的起草者费雷拉·博日兹①本人的经历就可以看出。博日兹在法典起草之前，曾被流放到伦敦和巴黎，②在此期间，他为法典的起草已经做了大量比较法上的研究。在程序法方面，1833年《葡萄牙商法典》更多地延续葡萄牙之前的司法制度和律师的实践经验。

法典的结构与内容方面所透露出来的立法指导信息，注定1833年《葡萄牙商法典》远远算不上是一部令人满意的作品。③它更多地关注商业贸易，而无法正视葡萄牙本国商事发展的根本性矛盾，无法对其解决给予适当的立法指引；它更多地关注过去

---

① 费雷拉·博日兹（Ferreira Borges），出生于1786年，卒于1838年，是一名葡萄牙法学家、政治家和经济学家，1833年《葡萄牙商法典》的主要作者。

② José Maria de Vilhena Barbosa de Magalhães, José Ferreira Borges, 1960, in Jurisconsultos Portugueses do Século XIX, 2. o volume, Lisboa: edição do Conselho Geral da Ordem dos Advogados, p. 202.

③ Mário Júlio de Almeida Costa, História do Direito Português, Lisboa: Almedina, 2008, p. 309.

第六章
西法东渐：葡萄牙商法在澳门延伸适用

的规定，对未来一些新的商事解决方案没有予以足够的注意，并将旧的商事习惯法视为宗教教义，因而导致依该法典建立起来的商事制度很快就不适应当时社会的需要；另外，繁琐也是其一大诟病，它夸张地使用过多的定义，使整部法典难以适用。① 因此，该法典很快就被1888年《葡萄牙商法典》所取代。

二 1888年《葡萄牙商法典》

1833年《葡萄牙商法典》的根本缺陷随着商事活动的发展变得日益明显。短时间内，即出现了数量可观的单行法，例如隐名公司、股份公司以及工商业商标。因而，当时便开始思考其革新。

在1859年，葡萄牙政府为了这个目的而任命了一个委员会。可是不论是这个委员会还是其他在其之后的委员会都没有做好这份工作。②

后来，在维格·贝冷③的努力下，新的《商法典》才得以在1888年6月28日颁布，所以这部法典又被称为《Veiga Beirão 商法典》。④ 1888年《葡萄牙商法典》在结构上改变了葡萄牙以往的编纂模式，分为卷（LIVRO）、编（TÍTULO）、章（CAPÍTULO）、节（SECÇÃO）、分节（SUBSECÇÃO）及条（ARTIGO）。整部法典分4卷，共749条，第一卷，商事之一般，规定了商人、商行为、商业名称、商业账簿、商业登记、经纪人等内容；第二卷规定商事特别合同，是商法典的重点内容，对十数种商事合同进行

---

① Mário Júlio de Almeida Costa, *História do Direito Português*, p. 309.
② Mário Júlio de Almeida Costa, *História do Direito Português*, p. 309.
③ 维格·贝冷（Veiga Beirão），生于1841年，卒于1916年，葡萄牙法学家、政治家，曾担任葡萄牙总理，主持1888年《葡萄牙法典》的编纂。
④ 1888年《葡萄牙商法典》现在仍有效，但葡萄牙曾多次组织专门委员会对它进行修改。

141

了特别规范,主要包括公司、票据、保险、信用证、银行业务、担保、租赁、互易、货物交付、仓管等内容;第三卷属于海商规范,主要规定了船舶、海上保险、海难、共同海损、船舶碰撞、海上救助等事项;第四卷属破产方面的内容。

整部法典的制定是建立在自由主义理念的基础上。受法国自由主义思想的影响,法典认为商法不再是一个专业阶层的专属规定,而是一部包揽商行为本身的商法,这在法典第7条"商事行为能力"中得以体现:任何人,不论是本国人抑或外国人,只要具有民事行为能力,皆可自由从事营业,除非本法典作出特别限制。该规定对于取消王室商业垄断,促进商品经济的发展起到了积极的作用。但这并不代表该法典忽略了为商人做出的特别商事规则,该法认为,甚至推定,商人所做出与其职业活动有关的所有行为均具有商行为的性质。这显示出立法者在继承法国商事立法之余,采纳了一个混合的体系,即介乎客观主义与主观主义的体系。这是因为法典中做了一些专业商人活动只能由葡萄牙人充任的规定,必须为特定商人制定特别商事规范,若单纯采用商行为立法,也就是客观主义立法,便无法实现这点。从法律移植角度而言,立法者并非单纯就法律移植而移植,他们同时也关注着法律的本地化与适应化。

法典亦以革命者的面貌出现,除了刚才述及的法典结构大幅度改变外,还几乎废除了之前所有的商业立法,给人耳目一新的感觉,只是对商业诉讼方面的立法以及港口之间的商业调整作了保留。这样革命性的立法,植根于法律的理性主义基础之上。也就是说,法典的制定,必须依照理性自然法所依赖的新秩序运作,法典的一系列规范,应代表理性所能达到的不变价值。其结果表现为两个方面,一方面,法律秩序应该作为一个形成社会关系的改革思想体系的整体出现,之前的法律因传统而永远被抛弃,再没有任何问题可透过除统一于新法典内的精神以外的方法解决。

第六章
西法东渐：葡萄牙商法在澳门延伸适用

而另一方面，法典被认为构成了封闭的体系，包含了全部社会关系的规则。也就是在这里，商法走向实证主义的路线日益明显，法律等于制定法，而任何问题的解决均是透过将体系作逻辑演绎于实例上的形式主义。结果是否决了裁判者最低限度的创新，使他变成单纯的法律逻辑的机器人。

一旦立法者的指导思想出现问题，理性主义立法的指引作用将大打折扣。葡萄牙作为当时欧洲文盲率最高的国家之一，缺乏工业化和现代化的运输系统，因此，它更多着眼于农业。[1] 事实上，随着人口的不断增加，葡萄牙的农业确实取得了一定进步。在农业之外，葡萄牙更多关注商业。在20世纪中前期，其在商业企业的投资远远超过工业。[2] 因为资本、劳动力和技术的缺失，葡萄牙对工业的兴趣不高，更为致命的是，长期以来的政府赤字和通货膨胀，加速了资本外逃，削弱国内投资。这也注定了1888年《葡萄牙商法典》的立法者未能充分认识工业对整个国家的意义，他们更多关注商业对国家的贡献。为此，整部法典完全是围绕着商业的组织运作，在工业组织、企业组织以及营业资产方面，法典对此不予理会。

葡萄牙有限的工业是掌握在与官僚具有密切联系的私人手中。在这个工业框架内，国家权力的运行实际上决定了私人投资水平，比如工业许可证制度，在该制度下，一个工业企业的设立、变更、增加机械设备的投资以增加生产能力，均需要得到国家的特许。[3] 这显然与自由主义框架下的商法不相融合。因此也决

---

[1] Pedro Lains e Álvaro Ferreira da Silva, *História Económica de Portugal 1700 - 2000 - Volume III - O século XX*, Lisboa, 2005, p. 235.

[2] Pedro Lains e Álvaro Ferreira da Silva, *História Económica de Portugal 1700 - 2000 - Volume III - O século XX*, p. 235.

[3] Pedro Lains e Álvaro Ferreira da Silva, *História Económica de Portugal 1700 - 2000 - Volume III - O século XX*, p. 235.

定了 1888 年《葡萄牙商法典》不能也不可能满足大工业者对商法的需求，它至多只能对小手工业作出相应调整。

三 1901 年《有限责任公司法》

1892 年 4 月 20 日颁布的《德国有限责任公司法》对后世各国立法产生了较大影响，该法共分 6 节 87 条，明确、具体地对有限责任公司的成立，公司及其股东的权利关系，董事会和监事会的职能，公司章程的修改，公司的解散、清盘、破产和注销的各项事宜进行了规范。葡萄牙是世界上最早引进有限责任公司这种公司模式的国家之一。[1]

有限责任公司是最晚出现的一种公司模式，其出现是为了满足一种组织简单、责任限定的需要。因为自工业革命以来，工业与商业都面临着极大的风险，只有出现这样的组织模式，才能有助于投资者放心地投入资本，以其在公司中的出资额为限对公司承担责任，同时，又能限制住投资者的活动，使社会资源能有效联合运作。

同德国一样，1888 年《葡萄牙商法典》规定的股份公司（不具名公司）对其设立及信息披露作了太多严格的要求，契约自由在其中受到了极大限制，使原先采用股份有限公司作为组织形式的中小企业感到不便。对这些企业来说，修改后的严格规定是一种不必要的负担。为了满足中小企业的需要，立法者引进德国有限责任公司模式，通过它来填补股份有限公司与无限公司之间的空白，从而满足中小企业对组织灵活、宽松的需要。

1888 年《葡萄牙商法典》第 105 条规定的公司类型有：具名公

---

[1] 葡萄牙 1901 年《有限责任公司法》透过 1901 年 4 月 11 日的法律颁布，现在已经被 1986 年《公司法典》所取代。

第六章
西法东渐：葡萄牙商法在澳门延伸适用

司（亦即无限公司）、不具名公司（亦即股份公司）及两合公司，而1901年《有限责任公司法》在其第2条就开宗明义地说明该制度是补充《葡萄牙商法典》规定之不足：除照商律第105条所指各商务公司外，准照本例设立有限责任公司……须设有限，惟仍归商律所管，除倒盘及原属于何官该管权限外概须遵守商律办理。①

为有别于不具名公司，该法规定，公司股份可以转让给他人，但凡转让与他人，须立公合同为据，且须遵从公司章程之规定，若股份划分转让予别人或公司，须先问公司认允或立公契或立私契。② 也就是有限责任公司与不具名公司之区别在于公司的封闭性，它不得向公众发行股票筹集资金，股东转让出资受到来自法律或章程的程序性或实体性限制。

为体现公司组织的灵活性，降低经营成本，该法规定：公司司事可以用一人或用数人，亦可借用股外之人充当。③ 公司司事人可以于立合同内定实用谁充当，亦可以于立合同后公举。④ 这赋予了公司章程在股东管理公司时的灵活性，有助于节省有限责任公司在运作中的成本。

但是，有限责任公司的产生，带有明显的人为设计痕迹，乃是立法者的创造物，相比无限公司、股份公司及两合公司等历史形成物，有限责任公司本身并没有其他公司般的深层历史经验或文化传统底蕴。⑤ 所以，一开始，有限责任公司的设计就明显带有股份公司及无限公司的色彩，这在1901年《有限责任公司法》中更是表现得淋漓尽致。比如对公立合同的重视，比如对商号真实

---

① 1901年《有限责任公司法》第2条。
② 1901年《有限责任公司法》第6、8条。
③ 1901年《有限责任公司法》第26条。
④ 1901年《有限责任公司法》第27条。
⑤ 叶林、段威：《论有限责任公司的性质及立法趋向》，《现代法学》2005年第1期。

性的规定，再比如实行严格的注册资本制以及严格的监事人制度，这些规定均影响到有限责任公司创设的灵活性以及运行成本的降低。也同时反映出立法者在移植该种制度时，对该制度的审慎性态度。但从另外一个侧面也反映了当时葡萄牙中小企业活力不足的问题。一种法律制度的移植是否成功，是以是否契合本地的商业实际为标准的。从这点说，1901年葡萄牙引进有限责任公司制度，超越了其商业实际，并没有立即为引导社会分散资源集中从事营业活动作出贡献，20世纪初政局的频繁变动和高涨的赤字印证了这个说法。

四 其他商事补充法和单行法

法典化的法律，其内容的修正需要谨慎，因为法典需要保持逻辑统一性。故此，法典化容易使法律自身陷入封闭。但是，商事活动之迅捷，又须商事法律快速作出应对，这使法典化的逻辑性与商事法律的迅捷性二者发生了冲突。解决该冲突最好的办法在于法典外修正商事法律，因此，必然有大量的商事单行法出现，这也是各国商事立法的特点。

1888年颁布《葡萄牙商法典》之后，葡萄牙同样亦以单行法和补充法的形式对其不断进行修正。一个世纪以来，1888年《葡萄牙商法典》内的某些事项已被单行法或补充法的形式明确地予以删除，除了上述所指的1901年《有限责任公司法》外，我们在此列举一些影响较大的立法活动。

1. 破产法

葡萄牙商法史上，最早规范破产行为的是《阿丰素五世律令》，与后来取代它的《曼努埃尔一世律令》一样，它以罗马法财产委付制度为其破产规范的指引，并参考了意大利商人破产主义立法成例，对债务人实施惩罚主义。

第六章
西法东渐：葡萄牙商法在澳门延伸适用

1888年《葡萄牙商法典》继续继受着罗马和意大利的制度，[①]实施商人破产主义，并以停止支付作为商人的破产原因。[②] 1888年《葡萄牙商法典》所规定的破产制度，很快被1899年7月26日颁布的《破产法典》所取代。后来，1899年《破产法典》又并入1905年12月14日颁布的《商业程序法典》中，作为程序法规范予以看待。至1939年，根据当年5月28日第29637号法令，《商业程序法典》又被《民事程序法典》所代替，所以至今，破产法不再归属于商事法范畴，而被认为是民事诉讼法的一个特别法。

2. 商业登记法

最初商事登记是由1888年《葡萄牙商法典》第45–61条加以规范的，该法所规范的商事登记包括四类：商个人登记、公司登记、船舶登记及特殊商行为登记。[③] 除了商个人登记采任意主义外，其余三种登记均采强制主义原则，登记的内容及程序的规定较为繁琐，这在一定程度上成为阻碍商业发展的瓶颈，不利于吸收投资、促进私营企业的发展。

受加拿大《土地法典》中简单主义原则的影响，1959年11月14日，葡萄牙颁布了第42644号法律，废止了1888年《葡萄牙商法典》中的商事登记规范，同年通过的第42645号法律是第42644号《商事登记法典》的配套法律，它带来登记手续及费用的简化，第二年也就是1960年，在"简化注册程序，鼓励发展企业，提供一站式"服务的理念下，通过了第42968号法律，修改了1959年的第42644号法令的五个条文。

3. 票据法

1888年《葡萄牙商法典》第278–343条是关于汇票、本票及

[①] 1888年《葡萄牙商法典》所规定的破产制度主要受1883年《意大利商法典》中的破产制度影响。
[②] 1888年《葡萄牙商法典》第692条。
[③] 1888年《葡萄牙商法典》第46条。

支票的规范，其中的汇票、本票规范主要参照德国 1871 年《票据法》制定，所以一开始便奉行信用主义与流通主义，而摈弃法国票据法的送金主义，这样有利于票据适应现代资金结算的要求。由于强调票据的信用关系，则票据关系与票据基础关系必须分离，在此情形下，为保障票据安全，一般对票据的形式作出严格的规定，所以 1888 年《葡萄牙商法典》第 278 条规定票据应当包含：（1）确定的数额；（2）付款人名称；（3）付款的保证；（4）出票人签名。

票据作为商业活动之工具，随着国际贸易的不断发展，其使用范围也不断扩大，完全超出一国的地域，成为各国之间的商业信用与交易结算的工具。而各国在票据上的规定不同，阻碍了票据在国际贸易中的流通和使用，并直接影响了国际贸易的发展。因此，谋求国际票据法的统一，则成为必然的趋势。

为此，1930 年国际联盟理事会在日内瓦召集国际票据法统一会议，并制定了《汇票本票统一公约》；1931 年，国际联盟理事会在日内瓦召集第二次国际票据法统一会议，会议结果，议定《支票统一公约》。两次公约实际上兼采各国票据立法之长，属较为完善的立法例。参加统一会议并在公约上签字的国家，大都对其本国的有关法规加以修改，葡萄牙均在两次公约上签字，据此，1888 年《葡萄牙商法典》关于汇票、本票、支票的规范由两次公约的内容所替代。

事实上，1888 年《葡萄牙商法典》伴随着一个多世纪的历程，已经被诸多单行法及补充法所替代，"在量的方面，似乎可以肯定今天约有五百八十条仍然生效。"[①] 加之立法者的被动或冷漠，没

---

① 澳门立法会"跟进及参与制订民法、民事诉讼法及商法典草稿的临时委员会"：《第 1/99 号意见书》，澳门特别行政区立法会网站，http://www.al.gov.mo/，最后访问日期：2009 年 5 月 15 日。

有对不断变化的经济情势作出应对，该法典已经出现明显的老化，逻辑结构相对杂乱，因此有学者称："目前'现行商业法例真正处于混乱，因此需要努力……予以编纂'，而继续存在的规则显示出'不足及不合时宜'"，① 这样显然不利于落实立法者所希望的法律确实性及安定性原则。

五 小结

两个世纪以来的葡萄牙商事立法，从一开始就烙上了法律移植的印记。葡萄牙之所以移植这些商事法律规范的母本，并非因为它们内在的优点，而是因为它们的渊源以及它们发源的国家。② 葡萄牙人希望借鉴意大利、法国、德国等当时世界强国的商事立法经验，力图建立本国经济秩序，保障和加速经济发展。

然而，法律本来不过是构建文明的手段，它服务于不断产生变化的文明需求。当然，文明的需求是具有地域性特征的，作为工具的法律，包括其产生及适用，难以避免且必须带上地域化的约束。因此，移植而来的葡萄牙商事法律，从来就不是自成体系的符号组成物，而是因满足某一特定商业环境需求而存在的产物，这样的供需关系伴随着两个世纪的葡萄牙商法演进。

受限于人口规模以及百余年的政局动荡，葡萄牙从未有过真正的工业革命和产业化运动，一直不得不以农业立国，清醒的葡萄牙学者以"迟到的资本主义"或"落后的资本主义"来评价自己国家的社会经济现状。③ 因此，在葡萄牙商法的移植历程中，更

---

① Brito Correia, *Diteito Comercial Volume I*, Lisboa: AAFDL, 1987, p. 89.
② Watson, *The Making of the Civil Law*, Boston: Harvard University Press, p. 183.
③ Vital Moreira, *A ordem jurídica do capitalismo*, Lisboa, 1973, p. 267.

多地表达着对商业贸易规范移植的垂青，和工业化组织规范的冷漠，究其根源，依然是其深层次的本地化原因和逝去的大航海贸易辉煌成就的追思。然而，葡萄牙商事及其商事法律，已经在世界化工业体系中渐行渐远了。

第三节　商法延伸适用与本地补充立法

在讨论澳门法律的历史沿革时，有学者采用三分法，[①] 将澳门450余年的历史分为三个阶段，分别是：租地时期、殖民管治时期、葡管中国领土时期。也有人采用四分法，[②] 亦即分为四阶段，分别是：租地时期、殖民时期、管治时期和过渡时期。两种方法对租地时期的时间跨度的看法是一致的，但在第二阶段出现了区别，三分法将四分法的第二及第三阶段合并为一个阶段。不论是三分法还是四分法，都是对澳门整体性法律历史沿革的划分，都有其存在意义。

澳门商法的历史沿革，有其特殊性，从1894年到1999年间，葡萄牙的商事法律，特别是1888年《葡萄牙商法典》，并没有根据澳门的政治经济文化条件作出适当调整，直接强制性地延伸适用于澳门（当然，自1976年起，除了之前透过澳门政府公报明确适用的商事法律外，再没有葡萄牙商事法律直接延伸适用于澳门，即使是1888年《葡萄牙商法典》的法律修正案）。另外，1849年到1976年间，殖民管治下的总督立法对澳门商法起到了补充法的作用，它构成了当时澳门商法的渊源之一。

---

① 吴志良：《澳门政制》，澳门基金会，1995，第89页。
② 米也天：《澳门法制与大陆法系》，中国政法大学出版社，1996，第19页。

第六章
西法东渐：葡萄牙商法在澳门延伸适用

一 葡萄牙商法延伸适用的基础

（一）宪法基础

在葡萄牙攫取澳门管治权之始，葡萄牙已经为海外属地的殖民化作宪法辩护。1822 年颁布的《葡萄牙宪法》在其第 2 篇第 20 条第 4 款明确规定澳门属于其领土的组成部分，并规定不论是本土还是属地，均一视同仁，地方政府无任何立法权。

在早期的葡萄牙法律适用原则中，属人主义占据着主导地位，这点，在《菲力普一世律令》中得以体现，它规定《菲力普一世律令》适用于所有葡萄牙居民。而在 1822 年《葡萄牙宪法》里，当然也有属人原则的确认，比起《菲力普一世律令》，这部宪法适用的国民不再以血缘作为界定的标准，而是由所属的地域来代替，照此理论，在葡萄牙管辖的领土上出生的人皆为葡萄牙公民。

这样的规定并不足以保证将华人、印度人、巴西人纳入葡萄牙法律调控的范畴，故此，为保持法律的同化，1822 年《葡萄牙宪法》界定其领土的范畴，并将葡萄牙的各块领土统一于中央立法之下。

这样的规定，奉行着一种理想化的普遍主义和平等主义意识形态。[1] 自由革命者[2]的激进思想塑造着这部宪法的基调，具体到殖民地和宗主国的关系上，二者的人民不能有差别对待。为此，殖民地应该不折不扣地统一适用于宗主国的主权机构制定的所有法律。

---

[1] 叶士朋：《澳门法制史概论》，第 47 页。
[2] 以波尔图中级法院法官 Manuel Fernandes Tomás 为首的一班人组成名为 Sinédrio 的团体，自 1818 年起谋划 1820 年革命，他们首先在波尔图建立自由政体，1822 年《葡萄牙宪法》是这场革命的结晶。

1822 年《葡萄牙宪法》是一部短命宪法，1823 年，葡萄牙 D. João VI 女王及 D. Miguel 王子所支持的一场被称为维拉弗郎卡达（Vilafrancada）的政变，导致自由政体被废除。① 但是，1822 年《葡萄牙宪法》所确立的领土概念与法律适用原则，被后来的宪法所接受。

（二）管治权的取得

宪法的规定，对葡萄牙法律在澳门的延伸适用，至多只能作为一种宣誓性口号存在，真正起决定意义的是葡萄牙人实际取得澳门的管治权，因为在此之前，"若无中国的默许或者明示，葡萄牙国王在澳门的主权便无法行使"。②

1783 年《王室制诰》颁布后，葡萄牙王室已经开始改变往日对澳门漠不关心的立场，力求寻找各种资料以证明其在澳门拥有主权。③ 在英国人割据香港对葡萄牙人的商业地位产生威胁后，葡萄牙加速了搜集对其有用证据的进度，但是，此时的葡萄牙王室已经迫不及待地要将澳门与香港看齐，在澳门行使主权。所以，未等搜集完材料，就于 1845 年 11 月 20 日颁布赦令，宣布澳门为自由港，任何国家的船只向澳门输入货物均获豁免关税。

1846 年 4 月 21 日，殖民主义者亚马勒（Amaral）就任澳门总督，他受命于葡萄牙殖民管治指示，于 1846 年 5 月 30 日宣布对所有澳门居民征收地税、人头税和不动产税，④ 于 1948 年开始拒绝

---

① D. João VI 女王在 1823 年 6 月 18 日的法令中排除了 1822 年宪法的适用。Manuel Paul Merêa, *Projecto de Constituição de 1823*, em Boletim da Faculdade de Direito de Coimbra, 58（1967）: 133.
② C. R. Boxer, *Estudos para a História de Macau*（2 Vols）, Lisboa: Fundação Oriente, 1991, p. 183.
③ 吴志良:《澳门政治发展史》，第 114 – 115 页。
④ 何超明:《澳门经济法的形成与发展》，广东人民出版社，2004，第 94 页。

第六章
西法东渐：葡萄牙商法在澳门延伸适用

向中国缴纳地租银，并于 1849 年完全占领凼仔和路环，还于 1849 年公开发出布告，限令中国海关搬出澳门，并悍然派兵驱逐中国官员和封锁中国海关驻澳门关部行台的大门。至此，葡萄牙人从事实上取得了澳门的管治权，开始推行其殖民统治。

（三）"永居管理澳门"

葡萄牙人取得澳门的管治权，只是一种事实状态，并未得到中国政府的承认，所以澳门的政治法律地位仍处于不明朗状态，葡萄牙人在澳门仍然无法有效行使主权权力，广东地方官员依旧掌握着大部分澳门居民的刑事民事权，[①] 更糟糕的是，在宣布澳门为自由港后，澳门经济每况愈下，商民纷纷外迁。因此，恢复对华关系，确定澳门的政治、法律和商业地位，已变得刻不容缓。

1862 年 8 月 13 日，经过多次谈判后，中葡双方终于签订首份《中葡和好通商草约》。草约对澳门的主权问题予以了回避，但是，对其中条款的争议，使双方无法通过换本的方式使《中葡和好通商草约》生效。

双方就澳门的地位无法达成共识，致使在 19 世纪 70、80 年代之间，矛盾冲突不断。这些冲突，包括地界、水界及管辖权冲突，同时亦包括商贸及税收。澳门地位不明朗同时也触及英国殖民者利益，因为英国殖民者贩卖到中国的鸦片只有在中国缴纳完关税后才能在中国内地自由销售，而澳门被清政府界定为中国领土，自然其鸦片按照国内贸易方式计征税款，这样，英国殖民者所适用的税率就高于葡萄牙人。在英国人的压力下，双方在 1887 年重开谈判。在 1887 年 12 月 1 日，双方签订了《中葡友好通商条约》。该条约于 1888 年 4 月 28 日换文生效。《中葡友好通商条约》规定"大西洋国永居、管理澳门"，"未经大清国首肯，则大西洋

[①] 吴志良：《澳门政治发展史》，第 148 页。

国永不得将澳门让与他国",① 使葡萄牙获得中国确认其永居管理澳门的权力以及与其他西方列强在华的同等通商特权,获得澳门主权治权,使澳门的政治法律地位得以确定,② 至此,葡萄牙人为其法律的延伸适用扫清了障碍。

二 商法的延伸适用

从上述的分析不难看出,管治权和澳门政治法律地位不明朗,是1833年9月18日通过的并于次年1月14日生效的《葡萄牙商法典》一直没有延伸适用于澳门的原因。

同时,政治法律地位的不明朗,也是1889年1月1日生效的1888年《葡萄牙商法典》至1894年才在澳门具备法律效力的原因。

1888年6月28日的法律诏令通过了1888年《葡萄牙商法典》,诏令规定:"法律授权政府在听取海外省管治机构的意见后,根据各海外省的实质需要,作适当修改后延伸适用于各海外省"。③

1894年2月20日,葡萄牙本国通过的《海外司法管辖条例》规定:"1888年商法典被延伸适用至海外。"④ 1894年4月27日"澳门省及帝汶省政府公报"第16期副刊公布了《海外司法管辖条例》这一命令,这标志着葡萄牙商法在澳门的正式适用。

除了1888年《葡萄牙商法典》之外,葡萄牙本国制定的一些商法单行法(作为《葡萄牙商法典》的补充法出现)及法律修正案亦透过"澳门省政府公报"予以延伸适用。这一做法一直维持

---

① 《友好通商条约》第3、4条。
② 吴志良:《澳门政治发展史》,第164页。
③ 通过1888年《葡萄牙商法典》诏令第7条。
④ 《海外司法管辖条例》第2条。

到 1976 年 2 月 17 日。① 其中包括 1901 年《有限公司法》、1930 年《银行集团法律规范》、1959 年《商事登记法典》，以及一些商法典修正案；以及 1940 年关于公司召集大会时股东选举权利时加以解释的 12251 号法令、1971 年关于海商法修正案的第 679/73 号法令、1972 年关于股东大会股东之表决及订定有同等表决权之股东歧见处理的 154/72 号法令、1973 年规范公司合并、分裂事项第 598/73 号法令。

1894 年到 1976 年间葡萄牙商法在澳门的延伸适用，属于法律移植中的强制导入（coercive imposition）。这种强制导入，根本没有考虑到澳门本地的政治经济文化社会条件而作出调整，因此这是一种完全没有经过改变的"直接强制导入"。

三 总督补充立法

（一）理论基础

对殖民地法律的同化，葡萄牙本国理论上有不同看法，其中的代表是曾任殖民大臣的殖民法教授马索菲。② 他深受康德的社会学理论影响，认为法制的作用有限，法律应以符合适用对象的文化背景为本。故他在 20 世纪初曾写道："对殖民地的土著人而言，其习俗就是最好的立法，因为最能适应他们的实际情况。土著人不喜欢我们的法规，而我们也无任何必要将之强加于人，除非是为追求一种不切实际的法律统一或捍卫我们制度的绝对价值。"③

---

① 1976 年 2 月 17 日《澳门组织章程》颁布生效，奠定了澳门内部自治法律地位初步建立。
② 马索菲，律师、大学教授，曾任殖民大臣，生于 1869 年，卒于 1916 年。
③ 叶士朋：《澳门法制史概论》，第 49 页。

虽然这一思想并未形成尊重当地民族文化及法律特性的政策，但至少为海外省根据其实际情况补充立法引入思想基础。1914年8月15日第227号法令通过的《海外省民事行政组织法》将其思想正式确定，并由1932年《葡萄牙宪法》加以追认。①

（二）宪法基础

1822年《葡萄牙宪法》所确立的"普遍主义"原则不久便遭到普遍质疑。1838年《葡萄牙宪法》第一次针对"普遍化"的政策作出反应，其第137条规定"海外省可根据各自的情况由特殊的法律治理"。②这一规定遭到激进派自由主义者的反对，他们认为准许殖民地政府甚至总督进行立法工作，违背了立法平等原则，而且亦混淆了立法权与行政权的关系，这是与分权原则背道而驰的。

1842年，葡萄牙恢复了1826年《大宪章》，这使1838年所确立的分权及个体化的制度告以终止。但随后的1843年5月2日的一项法律恢复了1838年《葡萄牙宪法》的反同化原则，之后的1852年《补充法案》（第15条）将上述原则重新纳入宪法体系之中，至此，葡萄牙宪法及宪法性文件明确允许殖民地依据其自身情况进行特殊立法。

（三）澳门总督的立法权

议事会与总督之间的权力争斗，一直是19世纪之初澳门政治的重头戏。1820年葡萄牙自由革命让议事会欢呼雀跃，1822年2月16日他们举行效忠葡萄牙君主立宪政体的仪式，恢复了独立地

---

① 1932年《葡萄牙宪法》第138条。
② 叶士朋：《澳门法制史概论》，第48页。

第六章
西法东渐：葡萄牙商法在澳门延伸适用

位,① 并致函葡萄牙，希望取消葡印总督的管制。

议事会独立地位是短期的。1835 年，澳门总督借助武力解散了议事会，自那时候起，它仅能负责市政方面的事务。1844 年 9 月 20 日，唐·玛丽亚二世以政令难行为由，宣布澳门脱离对印度总督的从属关系，成立一个独立于葡萄牙驻印度总督的自治的澳门帝汶海外省，省会设在澳门，由一位总督常驻澳门管理，另在帝汶设一副督进行管理。

1914 年，葡萄牙参照英国的管理经验，制定了《海外省民政组织法》，规定总督是殖民地的最高民事和军事权威，他代表中央，拥有行政权、军事权、财政权和立法权，总督的立法以训令（portaria）的形式为之。②

1920 年葡萄牙修改宪法，赋予各殖民地高度自治（8 月 7 日第 1005 号法令），规定葡萄牙议会只保留殖民地司法组织、国际交往和协议以及其他涉及国家主权事项的立法权，其余立法权借由中央政府依据殖民地一般法律，或者各殖民地政府依相关特别法律的规定行使，总督的立法权大大增加。

（四）微不足道的补充立法

相对于葡萄牙商法的延伸适用，总督立法对于澳门商法的贡献是微不足道的。主要原因在于，基于违宪的担心，总督认为应尽量减少立法。虽有《海外省民政组织法》作为总督立法的依据，但其依法首先应在葡萄牙宪法的框架之下，逾越此，将引致违宪的危险，一般每届总督的任期只有 2 年，非紧迫情况下，总督没有必要立法为自己引来麻烦。

事实上，关于商业方面的补充立法，多集中于专营制度方

---

① 吴志良、杨允中：《澳门百科全书》，澳门基金会，2005，附录一。
② 《海外省民政组织法》第 48 条。

面，例如 1961 年 7 月 4 日《管制幸运博彩之设立》的第 1496 号立法性法规，① 1964 年《规定本省商业银行监察处之职权》的第 1628 号立法性法规，1964 年《核准中西式博彩章程》的第 7461 号训令。

总结而言，本地化的立法大多属于经济调控法规，对于平等主体之间的交易关系没有太多涉及，所以在 1976 年之前，对澳门商事关系的调整，主要适用葡萄牙商事法律规范。

第四节 法律的冲突及其结局

法律的直接延伸适用，一定会在受植体产生排斥效果。葡萄牙商法在澳门的适用，亦不可避免地产生了如下冲突。

一 法律语言的冲突

海德格尔在《形而上学导论》中说道："只有在词语和语言中事物产生并存在"。② 是的，语言的构成和认知力量对法律特别重要，因为只有在语言中实在法的概念才能根本地获得其存在。所以，我们有必要认真研究澳门的语言问题。

有人说，澳门是语言的拼盘。③ 的确如此，400 多年来澳门所扮演的历史角色决定了它在语言问题上具有独特个性。澳门语言拼盘是随着人口的迁移而形成的，在这个拼盘里，由普通话、粤

---

① 与总督训令不同，立法性法规系由政府委员会（即后来的立法会）表决，并由总督发布的地方法规。
② Heidegger, *Einführung in die Metaphysik*, Tübingen: a. Aufl, 1958, p. 11.
③ 刘羡冰：《双语精英与文化交流》，《澳门语言学刊》2001 年第 12 期，第 37 页。

第六章
西法东渐：葡萄牙商法在澳门延伸适用

语、闽南语、① 葡萄牙语、澳门土语、② 英语③等组合而成。这几种语言及其文字，在澳门历史上的地位及作用随着澳门政治角色的变化而变化。

1553 年至 1849 年之间，澳门城墙内的商业用语是葡萄牙语，但涉及城墙外与华人的贸易往来，多以华人买办为翻译进行。在与中国政府的正式公函中，澳门议事会理事官必须采用中文，"一切夷务必率由旧章，专用唐文书写，毋许唐番并书"，④ 因此可以说，中文是那个时期唯一的官方语言。

1849 年之后，澳葡政府对澳门实施殖民管制，实施了一系列的语言殖民化措施，比如 1932 年澳门总督美兰德颁布法规："殖民地政府必须维护葡语的声望"，"所有招牌、海报、通告、节目表、广告以及酒店、餐厅、小食店及其他受政府及警察监管并设于会所或娱乐场所的同类场所的餐牌必须写上葡文"，再比如 1960 年澳门总督马济时批示："所有将进入公职编制职位的人士必须懂得阅读及讲葡语"。⑤ 所以这段时间至 1992 年之前，澳门的唯一官方语言为葡语。

100 多年来，澳葡政府虽在澳门实施语言殖民化政策，但却没有采取推广政策，伴随着葡萄牙人及土生葡人的相继离开和华人移民的大量涌入，使用葡语的人数越来越少，相对应地，中文在日常生活中的使用越来越广泛，而作为官方语言的葡文，则成为

---

① 普通话、粤语、闽南语使用的文字均为中文，故在此将之统称为"中文"。
② 澳门土语（Macanese）是由葡文、马来语、粤语、英文、古葡文以及少许荷兰文、西班牙文和意大利文混合而成的澳门方言，葡萄牙文叫"巴度亚"（Patuá），曾是澳门土生葡人常用的语言，目前已几乎绝迹。
③ 英语是受香港商业的影响而使用的语言，所以澳门商业社会较多地使用英语。
④ 转引自黄翊《澳门语言状况与语言规则研究》，博士学位论文，北京语言大学，2005，第 142 页。
⑤ 转引自黄翊《澳门语言状况与语言规则研究》，第 143 页。

次于英语之后的"第三语言，其使用优势只限于官方行政领域中"。[1]

作为官方语言，葡文在官方行政、司法裁判等方面占据着优势，这正是占澳门绝大多数人口的华人的劣势，这也就产生法律语言的冲突问题，突出地表现在商法领域。

1888年《葡萄牙商法典》及其单行法和补充法延伸澳门适用后，除了个别法律在《澳门宪报》同时以中文版式体现外，[2] 均未做中文化翻译，所以，华人商业社会对商事法律条文是陌生的，"华人社会与其不认识之法律距离很大，市民与法律的接触只局限于遵守某些法律规定之程度，市民与政府沟通时，很多时候都依赖土生葡人做中间人。所以，澳门律师楼的业务，大部分都是做一些帮助华人与政府沟通方面的工作，在葡国，像这样的事情，一般都是由当事人直接到政府部门办理，而不需透过律师代办。"[3]

不但法律条文用葡文表达，司法裁判的语言也是葡文，这使华人之间产生商业利益纠纷时，基本就是回避或拒绝求助于葡萄牙商法和澳葡政府司法当局。简秉达（Eduardo Nascimento Cabrita）[4] 曾说过："由于华人社会不认识现行法律，在传统上亦不大愿意'打官司'及利用澳门官方司法机构，所以他们经常使用非正式的排解纠纷的方式以寻求共识，而导致到街坊会的组织的比重增加，或非法组织即黑社会的势力膨胀。"[5] 另外，即使华人愿意将利益纠纷的解决求助于澳葡政府，葡萄牙化的司法运作体制

---

[1] 黎祖智：《澳门的葡萄牙语言和文化及其推广机构的现状与未来》，《行政》1995年第4期。
[2] 目前仅见1901年《有限责任公司法》。
[3] 简秉达：《法律翻译——保障澳门法律－政治自治之核心工具及遵守联合声明之必要条件》，《行政》1992年第2期。
[4] 曾担任澳门法律翻译办公室主任。
[5] 简秉达：《法律翻译——保障澳门法律－政治自治之核心工具及遵守联合声明之必要条件》，《行政》1992年第2期。

第六章
西法东渐：葡萄牙商法在澳门延伸适用

也不足以保护华人的利益，因为直到1993年，澳门才有法院可以审理上诉案件，而"长期以来，澳门只有初审法院，对法院判决的上诉，需向有管辖权的里斯本大法区二审法院提起。由于路途遥远，加上语言隔阂，上诉所费金钱甚巨，所耗时间甚多，非普通当事人所能承受。因此，实际提起上诉的极少，且多限于当事人为葡萄牙人的案件，不少当事人实际上被剥夺了上诉权利"。①

因为葡萄牙商法及其法律文化与华人商业文化差异较大，所以澳门历史上长时间还存在法律和司法的"双轨制"，葡萄牙法实际上不适用于华人，华人之间的纠纷和被告为华人的纠纷也为专门的部门如华务检察官署、华人专有法庭处理。我们现在也就能理解为什么在20世纪初取消华务检察官署后，华商还曾经为保留该官署做过请援活动。再后来，在澳门中华总商会获得葡萄牙政府授予其"商事纠纷的调查裁判权"后，华商之间的纠纷亦大多由该机构所裁决，其裁决的依据主要是华人商业习惯，根本不是葡萄牙商法。

由此可见，在历史上首先因为语言的陌生，葡萄牙商法和葡萄牙商法文化对于占澳门主导经济地位的华商而言完全是外来的、陌生的、异质的，他们无法认识，也根本不可能对葡文商事法律有什么切身的体验和认识。

二　法律文化的冲突

1. 宗法文化的排斥适用

在华人主导澳门经济以后，澳门的商业氛围不自觉地烙上中

---

① 邓伟平：《过渡时期澳门法院的现状及其走向》，澳门中央图书馆、澳门历史档案室编《中葡关系四百五十年》，http://www.library.gov.mo/macreturn/DATA/A28-437/index.htm，最后访问日期：2009年5月4日。

国传统商业价值观念和行事风格的印迹,这个印迹,有别于葡萄牙的商业文化。自然地,代表着葡萄牙商业文化的商法,在移植澳门后,与华人商业文化发生了激烈的冲突。

曾子云:"慎终,追远,民德归厚矣。"[1] 对此,朱熹在《论语集注》是这样解释的:"慎终者,丧尽其礼;追远者,祭尽其诚。"[2] 丧礼、祭礼都要谨慎,培养了华人尊敬祖先的传统文化。华人(特别是福建、广东两省)离乡背井到澳门谋生,在融入澳门商业社会的同时,仍不忘记对祖先的恭敬。宗祠作为对祖先膜拜的重要场所,在澳门开埠之初,便普遍存在,"望厦村民以何、沈、黄、许、赵诸族人氏为最多,故前时各姓皆建立宗祠于村内……"[3] 作为一种血缘性组织,宗祠对华商之重要性是不言而喻的,它能够有效地帮助华商从极其匮乏的社会资源中摄取生存资源。

宗祠之外,庙宇作为一种神缘性组织,是华人社会克服外界认知不足所产生恐惧的最好场所。商业活动难免几经起落,给予其商人心灵慰藉的,自然是神灵的庇护。这也是近代以来,澳门华商自始至终表现出非常高涨的宗教热情的原因。[4]

澳门近代以来的社团组织有效地利用了血缘、神缘、地缘等关系,将宗法文化与商业文化有机融合在一起,自然在华商心目中产生了厚重的组织归属感。所以,每每有资金缺乏、信息匮乏,或者商事纠纷,华商首先想到的便是社团组织了。这种文化明显与 1888 年《葡萄牙商法典》所奉行的理性主义相违背。

理性主义,旨在用理性的方法来认识和探求世界,并以此来

---

[1] 《论语》。
[2] 《论语集注》。
[3] 黄德鸿:《澳门掌故》,中国文联出版社,1999,第 132 - 133 页。
[4] 林广志:《晚清澳门华商与华人社会研究》,博士学位论文,暨南大学,2006,第 196 页。

第六章
西法东渐：葡萄牙商法在澳门延伸适用

获得对世界的深层次理解。反映在意识形态上，人类理性必然向宗教信仰宣战，人类必然要从神灵那里夺回属于自己的理性。① 于是，理性主义者将其对神灵的反争，升华成一种超时代、超民族、超文化的抽象理性。

商法本身在与神灵的矛盾妥协中获得存在空间，比如公司的兴起本身就是对教会法禁止有息放贷的一种协调。但是，一旦商法畅兴后，来自于神灵的限制，对商人而言，则是难以忍受和接受的。② 反观澳门，华人商业社会带有的浓重宗教因素，与葡萄牙商法树立对宗教的反动，是那般的格格不入。

理性主义同时带来对人的全方位思考，他将人置于中心位置，"以个人的自由和社会的平等作为崇高的价值目标"。③ 带着对人的厚爱及人的能动性的确认，商法体系里面将商事行为能力抽象成条文予以规范，"任何人，不论是本国人抑或外国人，只要具有民事行为能力，皆可自由从事营业，除非本法典作出特别限制"，④ 而商人首先被赋予了营业的主动性。本着对人的关怀，商法爱屋及乌地确认了商人组织体——公司的商事能力，"商人是：（1）具有商事行为能力，且以商为职业之人；（2）商业公司"。⑤

理性主义必须要求用理性的眼光认识法、解释法、追求法和创造法，"不仅在宏观上指导着西方国家的立法和法的实施，而且在微观上还直接成为国家具体法律规范和司法判决的依据，它为法律作用的发挥开拓了广阔的天地，支撑着人类的精神世界和决

---

① 姚立：《理性主义反思》，www.booker.com.cn，最后访问日期：2009 年 6 月 10 日。
② 覃有土主编《商法学》，中国政法大学出版社，1999，第 34 页。
③ 汪太贤：《人文精神与西方法治传统》，《政法论坛》2001 年第 3 期。
④ 1888 年《葡萄牙商法典》第 7 条。
⑤ 1888 年《葡萄牙商法典》第 13 条。

定安排着人类的社会生活方式"。① 1888 年《葡萄牙商法典》亦是如此,首先,它希望将所有的商事行为确认在法典的范畴之内,所以它规定"商法目的在于规范商行为,不论是商人之间的还是非商人之间";② 其次,它将自己置于封闭的体系中,涵盖了其所能认识的所有商事行为,比如公司、票据、保险、信用证、银行业务、担保、租赁、互易、货物交付、仓管、船舶、海上保险、共同海损、船舶碰撞、海上救助、破产等,在这个封闭体系下,裁判者最低限度的创新是其规范力的保证;为了广泛地实现其规范力,1888 年《葡萄牙商法典》还扩展了其适用范围,颁布 1888 年《葡萄牙商法典》的法令第 7 条规定:"在听取管治机构的意见及根据各海外省的特殊情形作出修改之后,政府有权将商法典延伸至海外省。"

这种妄自称大的理性主义理想,虽可以让人感知到法律的外在表形,但却与澳门宗法文化下的神灵崇拜和集体主义下对组织的渴望发生了冲突。我们可以想象,1888 年《葡萄牙商法典》意欲对澳门所有商业行为的全面调整,在宗法关系这种"民间法"的冲击下,只能是一个不切实际的梦想罢了。

2. 儒家传统文化带来的冲突

澳门华商不仅秉承了一切商人的互利属性,更是融合了中国儒家传统文化的精髓,在商业交往上奉行和气生财的理念。和气生财的行为准则是和气,获取利润,获取市场的途径、手段、方法都必须和和气气、规规矩矩。这样的理念与 1888 年《葡萄牙商法典》及其后续补充法所确立的破产制度理念截然相反。

首先,和气生财所确立的和平让步、息事宁人的传统,有别

---

① 田成有:《理性主义与经验主义之争的法律视角》,《甘肃政法学院学报》2002 年第 4 期。

② 1888 年《葡萄牙商法典》第 1 条。

第六章
西法东渐：葡萄牙商法在澳门延伸适用

于早期葡萄牙破产法的惩罚主义思维。虽然说"只要有市场交易，只要有商业贸易，就必然会产生债权债务关系、必然会产生债权人和债务人，也必然会产生破产事由"，① 然而，对于华商而言，破产毋宁是万不得已的最后一步，只要有和解的机会，则会倾向于由债务人与债权人之间的自由磋商来确定双方的权利义务，法律的强制规定是多余的。而1888年《葡萄牙商法典》中的破产制度虽有规定和解的程序，但这并非破产的必要程序，且其和解是有期限限制的，这与华人对债务的宽容态度有所区别。

其次，《葡萄牙商法典》对破产原因的界定亦与和气生财所延伸的宽怜原则相区别。1888年《葡萄牙商法典》规定的破产原因是"停止支付"，换言之，"商人一旦停止支付，则其将被推定为破产，但是这个推定须由法院宣告"。② "停止支付"作为破产原因，在立法上奉行的原则便是以债权保护为中心确定破产法制度，其一切制度的建立，无不围绕着债权人利益这一中心而构建和设置，债权人利益被置于绝对地位而受到立法者和司法者的重视和强调。相反，债务人利益则被置于次要地位考虑，充其量仅具有服务性和从属性的规范意义，有时甚至根本不被考虑。而和气生财所生之宽怜之心，一旦对方停止支付时，债权人不仅不会去申请法院宣告破产，反而会积极地协助其脱离困境，至少，在对方陷入困境时会找寻适合的社团为中介进行协调，如果贸然使之破产，则会在整个商人团体中留下"落井下石""不仁不义"之恶名。

再次，破产管理、破产惩罚制度与人情仁义的冲突。1888年《葡萄牙商法典》及其后续补充法确立了破产管理制度，"商事法

---
① 李曙光、贺丹：《破产法立法若干重大问题的国际比较》，《政法论坛》2004年第5期。
② 1888年《葡萄牙商法典》第692条。

院指定管理人负责破产资产的清算和管理。破产管理人可以执行债务人的行政业务，不过，这依赖于法院表决给予的权力"，[①] 并对破产者的公私权利与资格有所限制，如有资产时，破产者仍须继续负还债责任。这在华商人情仁义的观念中是不可思议的，他们难以接受未受偿部分仍可请求清偿的"残酷"制度，一般除非恶意逃债，其债权请求权不会坚持到底，而反之，从债务人的角度而言，长期延续下来的"父债子还"观念亦会使其自动地偿还所负之债。

事实上，华商自有其支付不能的处理办法，这种办法根植于华人传统文化基础上，它有别于葡萄牙延伸而来的破产制度。1904年底的泰隆银号挤兑事件，便证明了我们这一说法的正确性。据《广东日报》报道：澳门泰隆银号，开设三十余年，近忽闻谣言四起，附家纷纷起银，数日之间，已派出银两共二十余万两，各附家仍络绎不绝，该店司事人有应接不暇之势，丞思设法维持，急请澳中富绅齐集镜湖医院，商议办法。各绅查核该号存款，现已派出银四十余万两，澳中之存业，尚十余万两，所入各家附项，不过六十万两之谱，比对出款，尚绰有裕余。今遭此风波，亦殊可惜。因公同议定，凡该号所欠各家之银两，先还一半，其所余者候三年分还，其息银即于是日止截。各家因有富绅调停，并悉该号存数尚厚，皆允从此议，该号遂转危为安。[②]

3. 公司治理文化的冲突

英国人最早将公司这种现代化的商事组织引入中国的上海和广州等地，当时的译名为"洋行"，比如怡和洋行（Jardine, Matheson & Co.）、丰泰洋行（Frazer & Co.）、公平洋行（Iveson &

[①] 1888年《葡萄牙商法典》第701条。
[②] 《广东日报》甲辰年（1904）十二月初五。

第六章
西法东渐：葡萄牙商法在澳门延伸适用

Co.）等，① 为了解决资金问题，他们便吸引华商投资入股。华商的大量附股，为华人最终自办股份公司吸收了经验。② 因为与广州的地缘优势，澳门很快就吸收了公司这种现代化组织形态，比如1864年澳门华人王禄、王棣父子就组建"置业公司"，成为当时澳门最大的华商。只不过，当时的公司因为公司财产权没有相应的法律确认，不具有独立的法人资格，与今天所说的公司有所区别。

到1880年以后，澳门华商又陆续设立了番摊公司、盐业公司、猪栏公司、闹姓公司，并按照各投股人的意思自治设立公司章程，公司的治理严格按照公司章程的规定进行，比如华人巨贾卢九等人于1881年6月创立的宜安公司，其公司章程就设定了公司管理制度："本公司之大权系在众出本股发齐集公议，如经议定，各出本股友均要听从"，"本公司应设值理三位：正总理一位，副总理一位，管银一位。此三位系出本股友公举。另请书记一位，须用酬金"③。这些规范化的制度，早于1888年《葡萄牙商法典》及后续的1901年《有限责任公司法》出现。

但商法典适用初期，适用公司形态的企业多为专营企业，比如20世纪30年代组建的澳门申达置业有限公司、澳门自来水公司、泛美航空公司、泰兴娱乐公司。这些公司多采用股份公司形式（不具名公司）；而非专营领域内，公司的组建倒没有《葡萄牙商法典》适用前那么活跃，这同时也表明了《葡萄牙商法典》的适用对现代企业制度的设立不仅没有帮助，反倒起反作用。根本原因在于1888年《葡萄牙商法典》和1901年《有限责任公司法》所确定的繁杂登记制度和死板的管理模式使华商难以接受，所以《葡萄牙商法典》适用早期，澳门企业大

---

① 李由：《公司制度论》，北京师范大学出版社，2003，第16页。
② 李志英：《外商在华股份公司的最初发展——关于近代中国股份公司制度起源的研究》，《北京师范大学学报（社会科学版）》2006年第1期。
③ 《澳门宪报》1881年6月10日第23号附报。

多体现为独资商行。

到了20世纪60年代，科学技术的突飞猛进和工业生产力的飞跃使世界市场联系更加紧密，为适应这种市场的变化，作为商业和工业组织体的公司，其职能必然更加专门化：有商业功能，能够向远处采购原材料，并向远处市场供应成品；有资本功能，能够聚集分散的资本并维系到生产完成和利润获得；有经理的职能，保证所有生产环节最有效地合作。[1] 而其中，高明的管理技术和治理制度是这些职能得到充分保障的基础。

显然，葡萄牙商法，跟不上这种商业文化的发展，它自1901年引进了有限公司制度后，直至1986年之间，就没有对公司制度作过改革。而就是这个时候，产业转移使澳门经济有所复苏，澳门采用有限责任公司形式的中小企业越来越多。

没有一种成熟的公司治理模式为指引，澳门华商自然将家族式管理带进其中。而事实证明，家族式管理有其存在的意义。首先，家族式管理有利于解决经理人与股东的信任问题。其次，有利于解决中小企业的融资问题。澳葡政府实施掠夺式的经济政策，澳门的中小企业融资难以从政府那边得到帮助，而家族式管理有利于提升家族成员向心力，可以凝聚家族内部的资源解决融资问题。再次，有利于降低运作成本。家族化经营模式下，企业的工资随着利润水平而灵活变动，因而运作成本较低，而且，经营者与所有者同一的情况下，可以有效地降低监督成本。

相对应的，葡萄牙公司制度，为了确保股东的知情权与监督权，设置了繁琐的监事制度、董事会制度，为了保障债权人利益，规定了严格的资本注册制度和商事登记制度。如此种种，实质上

---

[1] T. G. Williams, *The History of Commerce*, London: Isaac Pitman & Sons, 1926, p. 140.

增加了公司设立的难度，一定程度上阻碍了社会通过公司形式来筹集资本、发展生产这一迫切需要的实现。

三 冲突的结局

从葡萄牙商法自身发展的历程看来，葡萄牙既不是大陆法系中主要的商法原创国家，也不是大陆法系中的主要商法输出地（除了其向自己控制的"殖民地"强制置入葡萄牙商法），葡萄牙商法虽然隶属于罗马法—日耳曼法系或者大陆法系，但并非是大陆法系的主要代表国家，其地位完全不可与法国法、德国法、意大利法同日而语，它主要通过继受西班牙、法国、意大利和德国的商事法律规范而发展起来。[1] 葡萄牙为了能够顺利适用这些规范，经过了法律的翻译与解说过程，而立法者亦注重这些翻译过的、注释过的法律的本地化与适应化过程，只有这样，才能使葡萄牙国民认识和使用葡萄牙法律，来预防和解决发生在他们之间的商事纠纷。

反观澳门，在 1976 年之前，葡萄牙商法被直接强制延伸适用至澳门时，并不考虑澳门本身特有的社会政治经济和文化条件，甚至，连最基本的中文翻译也没有。这造成最严重的后果是，只有葡萄牙人才能读懂在澳门适用的商事法律，只有葡萄牙法学家的著作才是澳门商事法律最权威的解释。笔者认为，这已经严重损害到占澳门人口大多数的、不懂葡文的华商的法治利益。即使有华商懂得葡文，但其对葡萄牙商法体系的认知，也仅是对强制性规范的一种感知，因为他们无法从专业的角度去阐释法律文本背后的真实意境，特别是，葡萄牙商法建立在抽象、法典化的体系之上。

---

[1] Mário Júlio de Almeida Costa, *História do Direito Português*, pp. 338–348.

法律应深藏于它所规范的那个社会生活之中。法律应该是"一个民族的历史所凝聚而成的这个民族的全体成员的内在信念与外在行为方式","立法的任务不过是找出一个民族的共同信念与共同意识,经由立法形式予以保存与确认而已"。[①]

　　同样道理,一旦商法与它所赖以生存的商业环境相背离,与它所应蕴藏的商业文化发生激烈的冲突,与本地语言格格不入的时候,那么,脱离它的规范便是唯一的选择。

　　葡萄牙学者叶士朋在《澳门法制史概论》一书的序言中坦言,"在未来澳门特别行政区的基本法中,维持本地区的法律制度不是用于纪念某一葡式历史财富,而是用于承认规范澳门社会特殊'生活方式'的法律。这就要求这一法律持续于社会生活习惯之上,融入日常生活并使社会相应地承认它";"反之,如果作为纯理论的论述或仅仅作为司法——官僚体制的特有工具,这个法律便不会持续下去,而且似乎也不应持续下去"。[②] 笔者认为,这也正是我们对这个强制植入的过去式葡萄牙商法结局的最好表述。

[①] 萨维尼:《论立法与法学的当代使命》,第32页。
[②] 叶士朋:《澳门法制史概论》,第1页。

第七章

过渡时期：商法本地化

第一节　澳门法律本地化与商法本地化

一　非殖民地化与本地立法权取得

葡萄牙于 1974 年 4 月 25 日发生政变，推翻了独裁政府。基于对前政府非洲殖民政策的厌烦，革命者很快就在非洲实行非殖民化政策，他们对澳门的政策也随之发生改变，"准确地说，不应将澳门看成葡萄牙的殖民地，那只不过是葡萄牙当局驻守并行使主权的一个城市"。①

1974 年 11 月，作为革命者之一的李安道（Jose Eduardo Martinho Garcia Leandro）少校接替嘉乐庇出任第 122 任澳门总督。②在任初期，他发现澳门的管制权完全集中于里斯本，这大大影响到澳门社会经济的发展。为促进澳门经济发展，他批示起草新澳

---

① Mário Soares, Democratização, *Dez Meses no Governo Provisório*（《民主化与非殖民化：在临时政府的 10 个月》），Lisboa：Publicações Dom Quixote, 1975, pp. 90 - 91.

② 吴志良、杨允中：《澳门百科全书》，附录一。

门政治章程。

在李安道主持下,《澳门组织章程》很快就获得当时掌握葡萄牙政权的革命委员会审议通过,并于 1976 年 2 月 17 日以第 1/76 号法律颁布实施。[1]《澳门组织章程》的标志性意义在于,在不抵触葡萄牙宪法与《澳门组织章程》原则下,澳门总督和澳门立法会获得了澳门行政、经济、财政、立法及司法自治权,[2] 这标志着澳门管制政策的开始实施。根据《澳门组织章程》,澳门的商事法律立法权为立法会与总督竞合之权限。[3] 从某种意义上讲,《澳门组织章程》的出台对澳门商法有着重要意义,针对本地实际情况的商事立法从这个时候才正式出现。

本着《澳门组织章程》所赋予的权力,从 1976 年起,澳门立法会和总督颁布了许多关于商业方面的法律法令,作为延伸至澳门适用的葡萄牙商事规范的补充,其中主要有:1982 年 8 月 3 日的第 35/82/M 号法令即《银行法》;1989 年 2 月 20 日第 6/89/M 号法令即《保险活动管制法》;1980 年 12 月 30 日第 50/80/M 号法令即《对外贸易法》;1983 年第 15/83/M 号法令即《财务公司活动管制法》;1988 年第 64/88/M 号法令即《在澳门设立国际船舶注册中心的法令》;1987 年第 40/87/M 号法令即《关于修改工业产权法典的法令》;1982 年第 6/82 号法律即《幸运博彩法》等。这些法律法令在回归前对澳门商业活动起了一定规范作用。

总结而言,管制政策、本地立法权之取得,是澳门回归前商法本地化的前提条件。

---

[1] 《澳门组织章程》获得 1976 年 4 月 25 日颁布生效的《葡萄牙共和国宪法》的确认和维持。
[2] 《澳门组织章程》第 2 条。
[3] 《澳门组织章程》第 30 条。

二 过渡时期商法本地化的政治需求

1987年4月13日，中葡两国在北京正式签署了《中华人民共和国政府和葡萄牙共和国政府关于澳门问题的联合声明》，它宣告了葡萄牙人在澳门长达一百多年的殖民统治和管治的结束时间，澳门正式进入过渡时期。

《中华人民共和国政府和葡萄牙共和国政府关于澳门问题的联合声明》中规定澳门的"法律基本不变"，[①] "澳门特别行政区成立后，澳门原有的法律、法令、行政法规和其他规范性档，除与《中华人民共和国澳门特别行政区基本法》相抵触或澳门特别行政区立法机关作出修改者外，予以保留。"[②] 自《联合声明》签署后，澳门进入过渡时期。过渡时期最主要的问题是"三化"问题，即公务员本地化、法律本地化、中文官方化。[③]

应运过渡时期的要求，澳葡政府于1988年初设立法律翻译办公室，负责对延伸至澳门的葡萄牙法律的中文翻译工作。1990年5月，为澳门法律本地化创造必要条件，经修改的《澳门组织章程》[④]扩大澳门本地立法机关的立法权限。

1993年3月31日，中华人民共和国第八届全国人民代表大会第一次会议审议通过《中华人民共和国澳门特别行政区基本法》。《中华人民共和国澳门特别行政区基本法》规定：澳门原有的法律、法令、行政法规和其他规范性档，除同本法相抵触或经澳门特别行政区的立法机关或其他有关机关依照法定程序作出修改者

[①] 中葡《关于澳门问题的联合声明》第2条第4款。
[②] 中葡《关于澳门问题的联合声明——附件一》第2条。
[③] 郭天武、朱雪梅：《澳门法律本地化问题研究》，《中山大学学报（社会科学版）》1999年第2期。
[④] 由葡萄牙共和国议会第13/90号法律通过。

外，予以保留。[1]

可以说，法律本地化是中华人民共和国与葡萄牙政府的政治共识，只不过，这个政治共识的出发点各不相同，在中华人民共和国一方，是建立健全澳门本地法律制度的政治需求，从而减少因法律空白造成的纠纷，以实现澳门的繁荣稳定；对于葡萄牙政府及澳葡政府而言，本地化就是将葡萄牙法律透过立法程序的转化使之继续保持在未来澳门特别行政区的影响力。法律本地化的政治共识其实际是基于不同的政治诉求之上的表层现象。

所以，对于澳葡政府而言，商法的本地化，中心意义并不是为澳门制定适合澳门的商事法律体系，而是通过立法程序，将葡萄牙的商法规范转换成为澳门的商事规范，以继续保持葡萄牙商事法律在澳门特别行政区的影响力。本着这个目的，在20世纪末，澳葡政府加速了立法转换的步伐。

三 本地商业发展要求商法本地化

（一）20世纪70年代至回归前澳门商业发展

20世纪70年代开始的信息革命，进一步加强了全球经济的沟通与联系。为了整合全球市场，区域性协作关系不断加强。[2] 澳门把握住与香港、内地及东南亚的地缘优势，保持着与欧盟等国家良好的交往，依靠其自由的市场制度，在工业、旅游博彩业和金融业方面取得积极的成果。

---

[1] 《中华人民共和国澳门特别行政区基本法》第8条。

[2] B. Buzan, "The Asia – Pacific: What Sort of Region, in What Sort of World?" in A. G. McGrew and C. Brook, eds., *Asia – Pacific in the New World Order*, London: Routledge, 1998, p. 240.

第七章
过渡时期：商法本地化

1. 工业

1971年，世界上一些先进工业国家，比如欧洲共同市场，制定了对发展中国家产品进口的一般优惠制度，澳门被列入享受这个优惠制度的范围，[①] 这对澳门工业发展十分有利。1976年，欧洲共同市场已经成为澳门工业品出口的最大市场，占澳门工业出口总值的64.1%。相比之下，受国际贸易保护主义的影响，香港产品出口的限制越来越多，所以不少香港厂家将产业转到澳门，利用澳门可以享受的优惠条件，避开贸易保护主义的壁垒。加上20世纪70年代末期中国大陆实施改革开放政策，大量大陆居民涌至澳门，为澳门工业发展带来大量廉价的劳动力，于是澳门出现了全面性的工业化发展，出口工业迅速发展，形成了制衣、纺织、玩具生产为龙头的劳动密集型的工业架构。

2. 旅游博彩业

香港与澳门密切的经济往来带动了两地之间经常性的人员往来，无形中增加了澳门旅游博彩业的客源。香港简化当地永久性居民出入境手续和港澳两地的喷射船夜航的增设，这两项措施令港澳两地的往来更加方便快捷，直接刺激了访澳港客人数的大幅上升，推动了澳门旅游博彩业的蓬勃发展。[②] 受游客人数增加的刺激，澳门旅游娱乐有限公司不断增加新赌场，在1985年就设有4间赌场、1间赌馆，即葡京酒店赌场、皇宫娱乐场、回力球馆赌场、东方酒店赌场和金碧赌馆，其中以葡京酒店赌场最为著名。经过多年的发展，旅游博彩业已经成为澳门经济的支柱产业，博彩税收益一直占政府财政收入的1/2以上。

3. 金融业

20世纪70年代开始，澳门金融业开始繁兴，现代化银行纷纷

[①] 黄汉强：《澳门经济年鉴（1984－1986）》，华侨报出版社，1986，第329页。
[②] 澳门发展策略研究中心：《新时期新港澳经济关系专题研究》，1999，第49页。

设立，至 1985 年，澳门共有 23 家银行共 95 家分行，与此同时，银行的存款额亦不断上升，在 1980 年已经达 45.65 亿元，1985 年更是高达 160.59 亿元，① 增幅达 350%。澳葡政府于 1977 年 4 月 9 日公布并实施第 39/77/M 号训令，宣布放弃澳门元和葡萄牙士姑度之间的联系汇率，转而建立澳门元与港元之间的联系汇率，从而间接地确立了澳门元与美元之间的联系。② 这一举措繁荣了澳门的进出口贸易，间接活跃了澳门的金融市场，并为以后展开的离岸银行业务起到积极的促进作用。

(二) 商事规范化之需

澳门经济的发展，是全球化背景下寻求区域合作的结果，其历程有别于葡萄牙的经济发展史。商法本身应是一个地区商事经验、商事规则的反映，因而葡萄牙商事法律的制定及其延伸适用，并非为澳门的商业发展而量身定做，所以，在各国、各地区协同化但又相互竞争的时代，1888 年《葡萄牙商法典》及其后续补充法，已经不能满足澳门的实际需要。再加上未有适当的法律中文翻译，所以占澳门商业主导地位的华人对这部法典是陌生、排斥的。

另外，澳门的华人与葡萄牙人长期的隔阂状态也是华商排斥适用 1888 年《葡萄牙商法典》及其后续补充法的原因。在 20 世纪的中前期，华人就有适用《华人风俗习惯法典》及利用华人专有法庭进行诉讼的习惯（按照叶士朋的说法，这属于司法"双轨制"），虽然在 1927 年华人专有法庭被取缔，但观念、语言、文化的不同，使华人不愿意将其纠纷诉诸法庭，他们往往依靠社团的调解以实现双方的和解，在调解过程中，社团主要靠民间形成的

---

① 黄汉强：《澳门经济年鉴 (1984－1986)》，第 329 页。
② 何超明：《澳门经济法的形成与发展》，第 169 页。

第七章
过渡时期：商法本地化

规则作为判断的依据，这也就形成了有别于葡萄牙法律体系的澳门"民间法"。

到了 70 年代以后，伴随着经济的蓬勃发展，简单的"民间法"及社团调解模式，已经不能适应愈发复杂的商事关系，因此这段时间商事纠纷大量涌现。澳葡政府时期司法组织运作滞后性的弊端，在纷繁复杂的商事纠纷面前暴露无遗，本地法院积压的案件数量大增，竟然从 1979 年的 3000 多宗，累积到 1987 年的 2 万多宗。① 这种低效的司法运作与商人与生俱来的迅捷化诉求产生了矛盾，为寻求纠纷的有效解决，一部分纠纷当事人开始习惯于黑社会力量的帮助，特别是涉及博彩业的高利贷纠纷和赌业收益纠纷，一段时间内，澳门的社会治安混乱，这严重影响澳门商业的繁荣稳定。

因而，澳门商人对商法本地化是支持的，唯有此，才能克服"民间法"调整单一性的弊端，才能在有效的规范下，明确交易双方的权利义务，从而避免纠纷的产生。

四　既得利益集团对商法本地化的需求

回归之前，澳门的律师、核数师、私人公证员甚至翻译等专门职业，基本上由葡萄牙人和土生葡人所操纵，直到 1995 年还没有一位华人律师，② 他们基本垄断了澳门的专业服务。

在殖民时期，葡萄牙法律文本很少被翻译成中文，原因之一是利益集团的反动。因为经由中文化的法律文本，在一定程度上会触动其利益，所以澳葡政府"所翻译的法典是寥寥可数的，因

---

① 吴国昌：《澳门过渡后期的法律本地化》，《行政》1995 年第 2 期。
② 吴国昌：《澳门过渡后期的法律本地化》，《行政》1995 年第 2 期。

为掌握那种语言就能保证在社会生活上的支配"。① 利益集团的垄断，显然严重损害了绝大多数澳门居民的法治利益，正如葡人学者马里奥·朱利欧·德·阿尔梅达·科斯塔（Mário Júlio de Almeida Costa）在评述葡萄牙的法律发展时指出："随着我们国家的进步亦开始意识到，与国家有密切关系的保护机制是从保障基本权利开始。所谓保障基本权利就是从实质上排除专断的根源。这里所说的专断的根源是在公民——亦即法律规范的适用对象——无法知悉规范的情况下对这些规范赋予效力。"② 当澳门人民无法知悉澳门法时，其法治利益就完全受制于少数依附于葡萄牙法律文化的利益团体了。

《中华人民共和国澳门特别行政区基本法》规定"澳门特别行政区的行政机关、立法机关和司法机关，除使用中文外，还可使用葡文，葡文也是正式语文"③，从而确定了中文的官方语言地位，这对于语言优势的利益集团而言，不啻是个打击。所以通过所谓的法律本地化程序，将华人难以理解的葡萄牙法律文化渗透于未来的澳门法律体系中，成为继续保持其垄断优势的重要方法。

从商法的角度来说，占澳门商业主导地位的华商长期游离于成文法典之外，也不利于其利益的保障。在现代化的商事法律规范里，专业人士的服务所起的作用越来越强，比如公司设立的鉴证服务、会计核算的审计服务，均是依赖于专业人士完成。因此，通过商法本地化，将商事活动拉回法律的轨道上来，有助于进一步保障其利益的获取。因而，既得利益集团对澳门商法本地化表现出浓厚的兴趣，他们在商法起草、咨询、制定等程序中都曾积极地参与。

---

① António Aresta：《澳门的政权及葡语状况》，《行政》1995 年第 1 期。
② Mário Júlio de Almeida Costa, *História do Direito Português*, Lisboa: Almedina, 2008, p. 304.
③ 《中华人民共和国澳门特别行政区基本法》第 9 条。

第七章
过渡时期：商法本地化

五　小结

商法本地化，在不同主体中均得到支持。然而，经由仔细分析，在不同的角度，对商法本地化的理解或者诉求是各不相同的。

从中央政府的角度而言，澳门商事法律制度的健全，可以避免因为法律空白所造成的纠纷，从而保障澳门的顺利回归及未来澳门特别行政区的长期繁荣稳定。

对于商人而言，商法本地化的意义在于为商事行为提供有效指引，从而依据该指引安排自己的商事组织活动和商事交易活动，实现营利目的。因此，商人对于商法本地化的要求更多地体现在制度的灵活、有效及健全上。

对于既得利益集团而言，商法本地化是保障其垄断利益的良好时机。

而对于葡萄牙政府和澳葡政府而言，商法本地化的中心意义在于保持葡萄牙商法在以后的澳门特别行政区的影响力，我们可以从商法典起草时到底需要民商合一还是民商分立的理论中得到印证，"对澳门而言，这个构思作为工作的可能性是合理的，因为同样肩负改革民法典的工作。然而，这种取向偏离葡国的法制色彩，而该法制将遗留给特区，并可能成为中华人民共和国法律改革的参考"，"所以，基于此项工作范围非常广泛，促使放弃这个选择"。[①]

所以，商法的本地化，从一开始就充满着不同的期待。但是，

[①] 澳门立法会"跟进及参与制订民法、民事诉讼法及商法典草稿的临时委员会"：《第 1/99 号意见书》，澳门特别行政区立法会网站，http://www.al.gov.mo，最后访问日期：2009 年 5 月 15 日。所谓"合理"系指民商合一立法模式的构思。

有些期待，被随即而来的本地化立法缺陷所粉碎，因为回归前的本地化立法，是由澳葡政府所主导的。这也决定了这场本地化一定更多倾向政治诉求和利益保障，而没有回归到商法应有的价值功能上。

第二节　公司法改革

一　改革历程

澳门在 20 世纪 80 年代的重大经济改变，使 1888 年《葡萄牙商法典》及 1901 年《有限责任公司法》的公司法律规范显然不能符合本地商事组织有序化的要求，因此，有必要订定一部契合澳门实际的公司法。

1989 年 6 月 29 日，澳葡政府透过第 112/89/M 号训令，核准澳门政府与葡萄牙里斯本大学法律系教授宾托·雷贝诺[①]签订的合约，委托雷贝诺博士起草《澳门公司法》草案，为期一年，报酬总金额为 915000 元澳门币。[②]

雷贝诺博士早在 1988 年 12 月就接受了澳葡政府的委托，他于 1989 年 7 月初来澳门开展调查工作，并成立了一个由他及三名法学助教和一名前葡萄牙法官组成的公司法起草小组。[③]

他曾表示，起草的《澳门公司法》将在立法技术上反映葡萄牙大陆法系的特点，在内容上将吸取中国内地、香港和新加坡等

---

① 宾托·雷贝诺博士（José António Pinto Ribeiro, 1946 – ），律师、教授、曾担任葡萄牙文化部部长。值得注意的是，雷贝诺博士亦曾参与葡萄牙 1986 年《公司法典》的制定。
② 华荔：《澳门法律本地化历程》，澳门基金会，2000，第 184 页。
③ 华荔：《澳门法律本地化历程》，第 204 页。

第七章
过渡时期：商法本地化

地公司法规的优点，并符合澳门本地的实际需要。[①] 起草小组第一阶段的目标是准备法律草案的初稿。为此，雷贝诺博士及其小组其他成员在澳门曾与大律师、立契官、登记局局长、核数师等交换意见，与本澳五个工商团体的负责人会晤，并曾往香港与有关团体交换意见。

1990年底，《澳门公司法》草案完成后，经法律翻译办公室翻译成中文，于1991年1月起开始在澳门公开征询意见。《澳门公司法》草案共5编，计有302个条文。第1编是总论，就公司的设立，股东与公司的关系，公司的组织机构，公司的账册，公司的合并、分立、解散和清算等内容作了规定；第2－5编分别规定了无限公司、两合公司、有限公司和股份有限公司等内容，其中有限公司和股份有限公司的规定比较详细。此外，在该法律草案正文后还专设附件，规定澳门今后如设立股票市场时，如何设立公开认购方式的股份有限公司，以及其股票如何认购、取得或者出售。

1991年4月，经过若干咨询后，雷贝诺博士在澳门举行公开研讨会，听取本澳立法会议员对草案的意见，并听取了本澳会计师、核数师的一些意见。研讨会的焦点主要集中在一人有限公司的设立、公司账目的监管等问题上。

1996年，立法会曾透过司法及安全委员会第6/96号意见书对公司法的草稿发表意见，并于同年的公司法典咨询程序中，决定将雷贝诺的公司法草案列入未来的《澳门商法典》中。

1999年8月3日，澳葡立法会透过第40/99/M号法令通过《澳门商法典》，其中的第174－488条，基本完整收录了雷贝诺的公司法草案，即法典第二卷"合营企业之经营之合作"的第一篇"公司"。

[①] 华荔：《澳门法律本地化历程》，第204页。

二 葡萄牙公司法改革

《澳门商法典》的公司规范大部分条款是从 1986 年《葡萄牙商业公司法典》直接移植而来，所以我们有必要回顾葡萄牙公司法改革历程，从而揭示其与澳门公司法改革之间内在的关联性。不过在谈这两者之间的关系时，必须先谈谈欧共体的公司法协调行动，因为它影响了葡萄牙公司法的改革。

（一）欧洲共同体[①]法律协调行动的指引作用

欧洲共同市场的建设和运行，是欧洲一体化目标的核心组成部分，而欧共体条约中基本自由的实现，则与欧洲法律协调与统一的特性，一起构成对共同市场建设至关重要的保障。多年来，欧共体一直致力于共同市场的建设，最主要表现在通过立法途径，对各成员国的法律进行协调。

公司作为共同市场中最重要的主体形式，始终是欧洲共同体最关注的领域之一。因此，为实现各成员国公司法的和谐与统一，欧洲共同体付出了很大努力。这一努力同样体现在立法上，主要是通过指令和条例两个方式，以实现对股东、债权人和劳工在共同市场中的统一保护。[②]

为了防止各成员国公司法律制度之间的"探底竞争"（race to

[①] 欧洲共同体于 1992 年 12 月 11 日通过《马斯特里赫特条约》（又称《欧盟条约》），建立了欧洲经济货币联盟和欧洲政治联盟，从 1993 年 11 月 1 日《马斯特里赫特条约》正式生效开始，欧洲共同体更名为欧盟，但是，对于 1986 年《葡萄牙公司法典》产生影响力的还是当时的欧洲共同体指令和条例。

[②] 张学哲：《欧洲法院在欧洲一体化中的作用——对欧洲法院有关公司法裁决的分析》，《比较法研究》2008 年第 1 期。

the bottom)①，欧共体加强了各国公司法的协调工作，该项工作以"各国公司法的实体上统一"为目标。② 为实现这个目标，从1968年的1号公司法指令③开始到1986年之间，欧共体在公司法领域制定了8个指令④和1个规则⑤，这些指令主要集中在公司设立、资本制度、公司治理、信息披露等方面的规定。

对于成员国而言，指令意味着相关成员国承担了按照指令的要求将其内容转化为国内法的义务。如果成员国未能在规定的时间内完成转化义务，将构成违反《欧洲共同体条约》第5条第1款的行为。欧洲法院亦通过裁决的方式，保障各成员国的法律转换义务，这对共同市场的建设至关重要。

---

① 为吸引投资人在本国投资，而放松本国的公司设立规定、放宽对滥用公司形式的制裁，以牺牲对债权人和第三人的保护为代价的恶性竞争，典型的例子是美国特拉华州公司法。

② Clive M. Schmitthoff（ed.），The Harmonisation of European Company Law，The United Kingdom National Committee of Comparative Law，1973，p.9.

③ 指令（directives）是由欧洲议会、欧盟部长理事会和欧盟委员会作出的对特定成员国有拘束力的，并责成该特定成员国通过国内程序将其内容转换为国内立法，以履行其所承担的条约义务的立法性文件。

④ 1号指令，主要协调公司章程、股份类型、已经认购股份数额等事项的披露，及公司缔结债务的效力和公司设立无效等事项。
2号指令，主要规范各成员国国内公司法中有关公司之设立、资本维持、增减资本等协调规定。
3号指令，主要规范成员国范围内的合并。
4号指令，主要协调公司年度报告、财务报表的内容，及其提交、制作规范与披露方式等事项。
5号指令，主要规范公司的雇员参与问题。
6号指令，主要规范成员国股份有限公司分立制度的协调问题。
7号指令，主要解决公司集团合并财务报表制作、审计和公开披露事项。
8号指令，主要解决负责公司会计文件审计的法定审计员的资格与职责等事项。

⑤ 欧共体理事会关于欧洲经济利益集团（EEIG）的规则（1985年7月25日欧共体理事会第2137/85号规则）。

（二）葡萄牙在1986年之前的改革举措

1888年《葡萄牙商法典》及1901年《有限责任公司法》中的公司规范，主要是建立在个人主义和自由主义之上，但它已经不能适应一个多世纪以来的技术革命和信息革命所带来的新变化，特别是在现代市场经济竞争的过程中，如果以个人主义和自由主义作为规范的出发点，它有违社会正义，因为现代的公司法理念不再以股东财富最大化作为终极目标，而是应当以利益相关者利益均衡作为公司存在的基础，所以明确股东、管理者和监事会的权利义务，加强少数股东和债权人利益的保护，以及员工权益的维护，这是现代公司制度所不可或缺的。

为实现公司制度的现代化，葡萄牙于1966年曾任命一个专门委员会，负责对公司规范进行改革。1974年4月25日，该委员会发布了《公司法》草案。这个草案的部分内容被后世的《商业公司法典》所吸收。但总体来说，此时的改革获益不大。

1974年革命之后实施的国有化政策，将葡萄牙之前的公司法改革变得没有意义，因为国家实现了对公司事务的直接干预。这也使得这段时间公司法改革的焦点多集中在公共企业方面。一直到1986年，葡萄牙的公司法改革是沉寂的。

（三）1986年改革

国有化政策限制了葡萄牙企业的灵活性，降低整个国家的经济效力。为享受关税优惠，解决经济困境，葡萄牙1977年开始申请加入欧洲共同体。为了适应欧洲共同体公司法指令的约束，及保持与欧共体成员国公司法律制度的协调一致，葡萄牙于1986年以262/86号法令紧急颁发《公司法典》，该法典将原来存在于1888年《葡萄牙商法典》的公司法编和1901年《有限责任公司法》以及部分商法补充法的内容集于一身，并渗透着欧共体公司

第七章
过渡时期：商法本地化

法指令的指导思想，其立法目的在于"在尊重葡萄牙的法律传统之余，还应逐步与欧洲市场保持接轨"[①]。

在总则方面，对公司设立身份的判别，1986年《公司法典》显然采取了住所理论，即在判断公司身份时，不是以公司设立地所在国，而是以公司的总部或者实际管理地点所在国为依据。[②] 这个理论被欧洲大陆的主要国家，比如德国、法国等国采纳。[③] 这主要是从有利于国家保障和控制公司的角度考虑的，它重视实质而不看形式，要求公司身份所属国与公司实际管理地点所在国具有一致性，从而可以有效防止以规避接纳国法律为目的的空壳公司的产生，阻止其在该国从事经营活动，却不履行该国的法定义务，并可以防止各国在公司设立法律规定上的恶性竞争。[④] 住所理论是符合葡萄牙的商业实际的，其国内公司的设立有赖于国内资本市场给予的支持，外来投资者占其中的份额只是一小部分，换言之，葡萄牙资本运作并不仰赖于国际资本市场。在此情形下，采用住所理论，可以有效地保障国家对经济的干预及保护债权人和第三人利益，因为按照住所理论在实质上将不会鼓励公司实施跨境住所迁移。

在公司资本制度方面，1986年《葡萄牙公司法典》广泛地接受了欧共体第2号公司法指令的约束。基于保护债权人的考虑，欧共体第2号公司法指令设计了严格的法定资本制度。[⑤] 法定资本制度是，在公司设立时，就必须在公司章程中对公司的资本总额作

---

① 葡萄牙第262/86号法令序言第3条。
② 1986年《葡萄牙商业公司法典》第3条。
③ 与住所理论相对应的是"设立理论"，即对公司身份的判断，应以公司设立地所在国为依据，采用该理论的欧共体国家以英国为代表。
④ Blaurock:《德国与欧盟公司法》，《欧洲私法杂志》1998年第3期。
⑤ 严格的法定资本制度并没有达到预期的充分保护债权人的目的，公司的设立和运营成本的企高使得欧盟在2006年9月6日对第2号公司法指令作出修改。

出明确规定，并由股东全部认足（当然，股东可以分期缴纳），否则公司不能成立。① 按照指令的约束，1986 年《葡萄牙公司法典》对股东规定了详细的出资义务，比如在出资方面，规定股东在公司份额的价值，不应超过其出资的核定价，换言之，不允许折价认购股份。② 在利润分配方面，规定未足额弥补亏损，不得向股东分配股利，并必须按照规定抽取和使用公积金。③ 甚至为保障公司资本维持还规定，公司亏损额达注册资本额的一半时，要么公司解散，要么减少注册资本额，再或者由公司股东补充差额。④

由于历史、政治、经济、法律与文化等诸因素的差异，各国在长达数百年的发展过程中，形成两种特征鲜明、差异显著的公司治理模式，即以德国为代表的双层制模式⑤和以英国为代表的单层制模式。⑥ 1986 年《葡萄牙公司法典》在尊重本国传统习惯的同时，创造性地赋予公司单层制和双层制的自由选择权，⑦ 并规定如果采用双层制，其监事会成员中须有独立于公司的核数师，⑧ 禁止公司董事、高管从事对本公司股票的投机交易行为，以实现对董事会成员的监督和管理，⑨ 当然这样的规定是基于欧共体第 5 号公司法指令所赋予成员国在双层制和单层制之间的自由选择权。

在信息披露方面，欧共体第 1 号指令详细规定了各成员国应该保证披露的文件和事项。⑩ 根据指令要求，1986 年《葡萄牙公司

---

① 范健主编《商法》，高等教育出版社，2002，第 127 页。
② 1986 年《葡萄牙公司法典》第 25、28 条。
③ 1986 年《葡萄牙公司法典》第 32、33 条。
④ 1986 年《葡萄牙公司法典》第 35 条。
⑤ 单层制模式，即公司以董事会为主体，并没有设置监事会。
⑥ 双层制模式，公司的经营管理被分为管理机构（董事会）负责日常的经营管理和控制机构（监事会）监督董事会行为的合法性和可行性。
⑦ 1986 年《葡萄牙公司法典》第 278 条。
⑧ 1986 年《葡萄牙公司法典》第 424、446 条。
⑨ 1986 年《葡萄牙公司法典》第 447、448 条。
⑩ 欧共体第 1 号公司法指令第 2 条第 1 款。

法典》亦作出了响应，规定公司设立须采用公证书的设立程序，且登记的文件应该予以披露，[①] 公司成立声明亦应在葡萄牙《共和国日报》或公司总部所在地的地区性报刊上刊登公告，必须严格按照指令的要求提供财务信息报告，且该报告须由核数师审核验证。[②] 为保障交易相对人的权益，甚至还规定公司对外信函应载明公司资本及公司的登记号码。[③]

（四）改革评价

葡萄牙的公司法改革对其经济发展起到一定的促进作用，1986 年至 1990 年国民经济增长率都在 4% 以上，居欧共体国家经济增长率的前列。[④] 不可否认的是，加入欧共体后经济孤立状态的改变，是其经济发展的重要原因。除此之外，新《葡萄牙公司法典》对原先呆板的企业组织、管理体系的改变，亦起到重要作用。从这点上说，1986 年葡萄牙的公司法改革是成功的。我们有必要分析其成功的立法经验。

1. 公司法制竞争与融合

欧洲统一市场是一种超越国界的经济统一体，在这个统一体内，市场因素能够迅速实现社会资源有效的优化配置，从而实现各国的商品、劳务、资源、技术及其他生产要素自由流动，使各国经济互相依赖、相互渗透、相互合作。

社会经济的变化带来法律的变革，各国为实现产业结构的转变、提高技术创新效率、参与国际分工、吸引外部资源，争取国际竞争优势，必须提高制度效率，完善公司法律，营造促进公司

---

① 1986 年《葡萄牙公司法典》第 18 条。
② 1986 年《葡萄牙公司法典》第 262 条。
③ 1986 年《葡萄牙公司法典》第 243、245 条。
④ 阿·康斯坦丁诺夫：《加入欧共体：葡萄牙克服经济落后的途径》，《世界经济译丛》1991 年第 5 期。

发展的制度环境。市场竞争已经延伸到公司立法层面，并转变为法制环境的竞争。

将欧共体成员国之间的法制竞争破坏力降低到最低点，成为各国的共识。所以欧共体所确立的公司法指令，旨在各国公司法协调一致，在此之下，形成了欧共体内部的公司法律制度的趋同。

因此，1986年《葡萄牙公司法典》在革新制度的同时，必然不由自主地融入这场竞争和趋同的大环境下。当然，从立法的仓促性上来说，葡萄牙的这场革新属于被动型变动。

2. 本地化的转换

葡萄牙公司法对欧共体公司法指令的转换，可以界定为法律的移植。法律移植过程中，法律输出体的指导思想如符合输入体的实际状况时，那么接下来最为重要的就是法律的本地化。

葡萄牙从开始申请至加入欧共体的这段时间内，就有目的性地引介欧共体的指令，并在学术界进行充分的讨论，所以对欧共体的这些制度是不陌生的。当然，欧共体公司法指令亦为各国国情差异预留了足够的空间，1986年《葡萄牙公司法典》正是利用了这点，从而实现欧共体公司法指令的本地化转换。

三 对《葡萄牙商业公司法典》的移植

《葡萄牙公司法典》的强制性规则，几乎被完整地带入雷贝诺博士的《澳门公司法典草案》中。当然，有以下几方面原因。

（1）《澳门公司法典草案》的主持人——雷贝诺博士，曾是1986年葡萄牙《公司法典》参与者之一，所以《澳门公司法典草案》及后来的《澳门商法典》的公司法规范渗透着葡萄牙规则。

（2）时间仓促。雷贝诺博士从接受法典起草任务到完成草稿，中间只用了不到两年的时间，虽然后期对法典进行一些研讨，但这些研讨并非是全面的。

（3）保障葡萄牙法律文化在未来澳门特别行政区的影响，我们从雷贝诺所说的话可以得到印证，"起草的《澳门公司法》将在立法技术上反映葡萄牙大陆法系的特点"。

接下来，我们将从制度规范方面讨论澳门公司法规范对《葡萄牙公司法典》的移植。

（一）公司设立方面

同1986年《葡萄牙商业公司法典》一样，《澳门商法典》的公司法规范对公司设立身份判别采住所理论，规定"主行政管理机关设在本地区之公司，须受本法典之规定约束"。[①] 换言之，是否属本地区法人身份，以主行政管理机关是否在本地区作为判别的依据，如果公司在本地区设立，但主行政管理机关不在本地区，则不认为具本地区公司身份。

该规定严重背离了澳门的商业实际。澳门在20世纪80年代后至21世纪初，离岸公司及离岸业务发展迅猛，[②] 在2007年中国内地企业所得税改革前，在澳门设立离岸公司以获取外资身份，从而取得内地所得税税收优惠，这是一种常见现象。否认主行政管理机关不在本地区，而否认其在本地区的法人资格，会使离岸业务难以为继。

（二）公司法律制度竞争方面

澳门在区域化协作中获得自己的生存空间，与葡萄牙不同的是，澳门的区域空间未能像欧共体那样达到高度的协调，这必然存在着地区之间公司法律制度的竞争关系，比如澳门与中国内地、

---

① 《澳门商法典》第175条。
② 离岸公司指非本地投资者在本地成立且在本地区以外区域进行营业活动的公司。

香港和新加坡等地在吸引外资方面的竞争关系。哪个地区的公司设立制度、监管制度相对宽松，它将会在吸引外资方面取得积极成果，这也就是"探底竞争"所带来的影响。《澳门商法典》的公司制度全面继受了 1986 年《葡萄牙公司法典》呆板的制度，规定了公司须以公证书方式设立，① 规定了严格的出资制度，② 甚至同葡萄牙一样规定，如果"行政管理机关从有关营业年度账目中察觉公司之资产净值低于公司资本额半数时，应按下款规定建议：……股东缴付使公司财产恢复到公司资本所需之现金……解散公司或者减少公司资本"。③ 受外向型经济的影响，澳门的不动产价值波动较大，而现今澳门采用之公允价值计价法，随时都有可能使公司资产净值低于公司资本额半数，而在经济萧条时，大张旗鼓地要求股东增加投入或者解散公司，都是不可取的。另外，即使是减少注册资本，亦会产生相应的减资费用，对于企业扭转颓势，不但没有帮助，反而起到破坏性作用，甚至有违保护债权人利益的初衷。

（三）公司治理方面

与 1986 年《葡萄牙公司法典》一样，《澳门商法典》采用单层、双层选择制的公司治理模式，规定公司机关为行政管理机关、公司秘书和监事会或独任监事（公司秘书和监事会或独任监事为可选机构），但是，对于以下四种情况，必须设有公司秘书、监事会或独任监事：a）有十名或十名以上之股东；b）发行债券；c）以股份有限公司形式设立；d）公司资本额、资产负债表之金额或收入总额逾总督以训令确定之限额。④

---

① 澳门特别行政区成立后，透过第 6/2000 号法律予以修正。
② 《澳门商法典》第 361、362、394、396、401 条。
③ 《澳门商法典》第 206 条。
④ 《澳门商法典》第 214 条。

第七章
过渡时期：商法本地化

长期以来，澳葡政府对澳门的教育重视不足，导致高水平的企业管理人才严重失衡，供应关系紧张，加之本澳工作人员流动频繁，倘这些人员为公司所有事务的负责人时，将会干扰公司的运作。同时，《澳门商法典》还规定，如果设立监事会的话，则监事会之一名成员或独任监事，应为核数师或核数师合伙，[①] 以百多人的核数师[②]应对成千上万家公司的监督事宜，未免勉为其难。

更重要的是，这样的公司治理结构，忽视了澳门中小企业普遍采用的家族化管理的事实。在家族化管理模式中，企业股东亲力亲为地参与企业的生产经营、管理决策等方面事务的安排，他们对公司经营信息、财务信息了如指掌，无须第三人说明其了解相关信息。相对于双层管理模式，家族式管理模式能够有效地降低公司的运营成本。

（四）信息披露方面

《澳门商法典》为保障债权人的利益，在信息披露方面作了诸多规定，但这些规定从其实施之日起，就引起民怨沸腾，要求修法的声音不绝于耳。比如要求公司的商业名称连同公司章程在新法典实施后一段时间内必须重新登记，还规定向债权人等关系人递送的公司信函须表明公司的资本状况和登记资料。这些规定使企业主承担了不必要的负担。

1986年的《葡萄牙商业公司法典》为遵从欧共体公司法第4号指令，规定了符合欧洲共同市场要求的会计制度和财务信息披露手段。被动继受葡萄牙公司法所规定的会计制度，使澳门公司

[①] 《澳门商法典》第239条。
[②] 截至2009年7月20日，澳门的注册核数师仅为106人，见澳门财政局网站，http://www.dsf.gov.mo，最后访问日期：2009年7月10日。

信息披露更符合欧洲的要求。但事实是，澳门对澳门公司财务信息寻求的外来投资者大多来自香港地区、中国内地与美国，这些地区奉行的会计制度与欧洲有别。正如唐志坚议员所说："《澳门商法典》所规定的会计制度跟欧盟接轨，但无法与世界接轨"。① 这个说法形象地表达了澳门单纯移植葡萄牙法律制度的尴尬。

四 脱离澳门商业实际的原因分析

1. 外来人起草

法律起草绝对不存在"外来的和尚会念经"的现象。《澳门公司法典草案》的起草人——雷贝诺博士，对澳门商业环境的认识是粗糙的，他不可能在有限的一两年内对澳门的商业特征、文化、习惯有深刻的了解。这也决定了法典起草者只能靠片面的、表层的印象去起草这部法。

2. 葡萄牙语立法

《中葡联合声明》签订后，澳葡政府开始提升中文的地位，甚至在1992年1月13日颁布第455/91号法令规定"中文在澳门具有与葡文相等之官方地位及法律效力"，② 但其对中文的理解仅限于法律翻译，而没有实施双语立法。《澳门公司法典草案》在1991年亦经由法律翻译办公室翻译成中文后，呈送各商会公开征询意见。但这绝不等同于双语立法。华商所表达出来的意见，因为语言沟通的问题，最终大部分没有被予以采纳。

3. 保持既得利益

公司法规范对于律师、核数师等专业人士而言，具有利益保障法的作用。特别是，强制登记制度的规定，虽有利于保护债权

---

① 唐志坚议员在2000年4月26日澳门立法会全体会议上的发言。
② 吴国昌：《澳门过渡后期的法律本地化》，《行政》1995年第8期。

第七章
过渡时期：商法本地化

人利益，但它更有利于澳门既得利益集团获取更多利益。这部法典强制性地规定律师跟进公司设立的整个过程、建立核数师监事制度。

1986年《葡萄牙公司法典》制定过程中所体现出来的法律移植与法律本地化的良好经验，在澳门的具体环境里，并没有得到充分体现。1986年《葡萄牙公司法典》本身所具有的协调性与竞争性的优势，并没有因法律的移植而体现到澳门来，相反，移植而来的具体规则，在澳门的商业环境中，出现了水土不服的现象，澳门特别行政区成立后的两次商法改革，说明了这点。

这同时也说明，将一套表层先进的规则体系移植而来，如果没有辅之本地化改造，那么它是起不了积极效果的。

澳葡政府曾经说过，澳门公司法制度的制定基础，是"葡国基本法规配合本地区和邻近地区实况"，所以澳门公司法的制定，不仅是过渡期的责任，还是使本地"法例现代化"的例子。[①] 公司法的改革，"无论在公司的成立甚至在运作上，简化和节省程序；顾及到本地区和亚太地区的特性，把解决办法配合经济从业员的需要，但不妨碍公司利益、第三者和公共利益的监管；作为组织及运作的自由条件，有高度的透明度，同时以安全条件和第三者关系的可信性作为条件（债权人、小股东与一般市民），使机构权利人和股东负起责任。"[②]

而事实是，缺乏对澳门固有商务逻辑的调查，立法者对澳门商业环境的陌生，过分倾向于既得利益集团，使得《澳门公司法典草案》很难称得上是一部绝佳之作。

[①] 司法及安全委员会：《第6/96号意见书》，澳门特别行政区立法会网站，http://www.al.gov.mo，最后访问日期：2009年6月10日。

[②] 司法及安全委员会：《第6/96号意见书》，澳门特别行政区立法会网站，http://www.al.gov.mo，最后访问日期：2009年6月10日。

第三节 《澳门商法典》

一 1888 年《葡萄牙商法典》及其后续补充法的不适性

伴随着时间的推移，1888 年《葡萄牙商法典》在各方面都显示出因某些时期及某些地方立法者的被动或冷淡，造成一定数量的僵化情况没有得到适当处理的情况，比如法典无法对航空运输合同、代办商合同和特许经营合同等现代的、重要的商业合同作出规范，正如葡萄牙学者所说的，"19 世纪制订法典动向的杰作……这个工具已完全不能响应当代社会经济生活的实况或急切性……"[①] 这与葡萄牙的经济发展，是不相适的。另外，大量出现的单行法和补充法的出现，使之趋于分散化，所以，多数葡萄牙学者认为，1888 年《葡萄牙商法典》，已经没有一种统一的立法精神和技术，所剩下的，"不过是规则的剩余物，其重要性是参差的……"[②] 葡萄牙的商事法律"真正处于混乱，因此需要努力……予以编纂"[③]。频应此诉求，葡萄牙本国曾于 1961 年、1977 年、1985 年三次委任专家组成专门委员会，试图对 1888 年《葡萄牙商法典》进行改革。

与葡萄牙一样，延伸而来的 1888 年《葡萄牙商法典》在澳门同样具有僵化、分散化的特征。并且，葡萄牙立法机构和澳葡政府都没有针对澳门的实际情况进行系统的商事法律清理和统计工

[①] A. Ferrer Correia, *Temas de direito comercial, arbitragem comercial internacional, reconhecimento de sentenças estrangeiras, conflitos de leis*, Lisboa: Almedina, 1989, p. 25.

[②] Pinto Furtado, *Código Comercial – Anotado – Das Sociedades em Especial – vol. II Tomo I*, Lisboa: Almedina, 1984, p. 6.

[③] Brito Correia, *Direito Comercial – Sociedades Comerciais vol. II*, p. 89.

作，更没有对延伸而来的法律进行汇编，以至于 1888 年《葡萄牙商法典》哪些条款已经失效，哪些条款继续有效，哪些单行法和补充法能否适用于澳门，澳葡政府本身都说不清楚。我们可以从立法会"跟进及参与制订民法、民事诉讼法及商法典草稿的临时委员会"在 1999 年所发表的意见书中认识到这一点："在量的方面，似乎可以肯定今天约有五百八十条仍然生效。"①

一部僵化、分散的法典，显然不能在澳门特别行政区保持葡萄牙商业法律的影响力。因为这个原因，澳葡政府启动了《澳门商法典》的立法程序。

二 《澳门商法典》的制定过程

相对于公司法规范，《澳门商法典》的起草显得更为仓促。1997 年 2 月 3 日，经刘焯华、华年达、欧若坚及罗立文等议员的建议，澳葡立法会按照《立法法章程》第 42 条之规定设立"跟进及参与制订民法、民事诉讼法及商法典草稿的临时委员会"，负责跟进并参与商法典的起草。在这之前，澳葡政府授予协调员格勒西亚（Augusto Teixeira Garcia）拥有商法典起草的执行权，与朱塞·科思达（José Costa）和沙利华（Pedro Valente da Silva）一道起草澳门商法典。

商法典起草者的工作无疑是紧促的，因为当时距离澳门回归只剩 3 年。1997 年 3 月 18 日，立法会的顾问简天龙编制了《商法典的备忘录》，记载了"跟进及参与制订民法、民事诉讼法及商法典草稿的临时委员会"关于商法典改革所表达出来的见解及建议，

---

① 澳门立法会"跟进及参与制订民法、民事诉讼法及商法典草稿的临时委员会"：《第 1/99 号意见书》，澳门特别行政区立法会网站，http://www.al.gov.mo，最后访问日期：2009 年 5 月 15 日。

以方便对起草工作进行公开咨询。在此之前由雷贝诺博士起草完成的《澳门公司法草案》经由立法会司法及安全委员会以《第6/96号意见书》而列入《澳门商法典》中。

1997年9月8日,"中葡联合联络小组过渡期三大问题工作小组"在澳门举行第十五次会议。会议上,双方认为1998年工作的重点是《民法典》《民事诉讼法典》和《商法典》三大法典的本地化。[1]

短短的三年时间,对一部法典的制定是仓促了许多,所以,相关的中文翻译没有跟上,华人群体的参与度并不是很高。不过,"跟进及参与制订民法、民事诉讼法及商法典草稿的临时委员会"还是在1999年7月15日发表了《第1/99号意见书》,认为"商法典草案在该委员会的一般审议中得到好评"。[2] 但该意见书同时也承认,"法典起草的条件并不理想"(主要是时间上的仓促),未能对草案作深入的分析,并且草案的"中文文本与葡文文本并非同时提交",[3] 但该草案却是"可以接受的"。

1999年8月2日,澳葡总督韦奇立透过第40/99/M号法令,规定《澳门商法典》于1999年10月1日生效,并废除了先前与《澳门商法典》所规范之事宜竞合的法例。1999年9月22日,鉴于《澳门商法典》运行所配套的《澳门民事诉讼法典》立法程序尚未完成,致使《澳门商法典》难以在1999年10月1日生效,澳葡总督韦奇立透过第48/99/M号法令,决定将《澳门商法典》的生效日期延迟至1999年11月1日。

---

[1] 华荔:《澳门法律本地化历程》,第216页。
[2] 澳门立法会"跟进及参与制订民法、民事诉讼法及商法典草稿的临时委员会":《第1/99号意见书》,澳门特别行政区立法会网站,http://www.al.gov.mo,最后访问日期:2009年5月15日。
[3] 澳门立法会"跟进及参与制订民法、民事诉讼法及商法典草稿的临时委员会":《第1/99号意见书》,澳门特别行政区立法会网站,http://www.al.gov.mo,最后访问日期:2009年5月15日。

第七章
过渡时期：商法本地化

核准生效的《澳门商法典》包括4卷共计1268条，在结构上奉行法典编纂模式，分为卷、编、章、节、分节、条。第1卷为"经营商业企业之一般规则"，包含商业企业主、商业企业及商行为、商业名称、商业记账、登记、账目之提交、经营企业之代理、因经营企业而承担之责任、商业企业主之民事责任、商业企业、企业主之间之竞争规则等10编；第2卷为"合营企业之经营及企业经营之合作"，包含公司、经济利益集团、合作经营合同、隐名合伙合同等4编；第3卷为"企业外部活动"，包含各种商业债、寄售合同、供应合同、行纪合同、承揽运送合同、代办商合同、商业特许合同、特许经营合同、居间合同、广告合同、运送合同、一般仓储寄托、旅舍住宿合同、交互计算合同、回购合同、银行合同、担保合同、保险合同等18编；第4卷"债权证券"，包含一般债权证券、特别债权证券等2编。

三 一部移植而成的法典

作为一部仓促而成的法典，《澳门商法典》的大部分条文浮现着法律移植的影子，而移植的输出体，绝大部分来自葡萄牙，剩余的一些源自大陆法系的其他国家和英美法系。

1. 对葡萄牙商法的继受

《澳门商法典》的起草者在法典起草阶段，奉行的指导思想是努力让未来的澳门特别行政区保持葡萄牙法制色彩，继续发挥葡国的学术性论述和判决在澳门的影响力。其结果是，《澳门商法典》非常接近于葡萄牙商事法规，甚至连法典结构也是葡萄牙化的。[1]

---

[1] 即在形式方面：a) 规定以条、款、项作为架构；b) 制定标题，在各种有附注的法律著作中非正式的写法可成为有价值的贡献；c) 使用的葡萄牙语言现代化和简化。

(1) 对 1888 年《葡萄牙商法典》的继受

作为一部过去式的法典，1888 年《葡萄牙商法典》具有老化和分散化的特征。但这并不妨碍法典起草者对其援引，正如法典起草者所述，"在数量的结果方面，最终法典可以保留大约三百四十至三百八十条，这个数字本身解释了具备这个法典标题的法典法规"。①

(2) 对 1888 年《葡萄牙商法典》的补充法和单行法的继受

在第二节中，我们重点分析了《澳门商法典》公司法规范对 1986 年《葡萄牙商业公司法典》的直接继受和对欧共体公司法指令的间接继受，在此不予赘述。

当然，一些事宜，如代办商合同、合作经营合同、隐名合伙合同等在葡国已立法，但是没有延伸至澳门适用，所以立法者直接将它引进《澳门商法典》中。

再比如，《澳门商法典》引入了经济利益集团这一概念，相关的制度与葡国目前的企业补充集团和具有经济利益的欧洲集团制度有着密切联系。

2. 对其他大陆法系国家商法规范的移植

《澳门商法典》的核心概念是"商业企业"和"商业企业主"，相关的立法已经在欧洲大陆国家立法中有所体现，比如 1942 年《意大利民法典》。《澳门商法典》吸收了现代商法中这种最新的改变，在其有关条文中使用商业企业主的概念代替"商人"这个旧概念。

《澳门商法典》同时也间接遵守了共同体的指令，这不仅反映在公司制度上，而且也反映在特许经营合同中企业主的年度账目方面（这方面很接近欧共体第 78/660 号指令——第 4 号指令，以

---

① 简天龙：《商法典的备忘录》，1997 年 3 月 18 日，澳门特别行政区立法会网站，http://www.al.gov.mo，最后访问日期：2009 年 7 月 5 日。

及第 4087/88 号规章）。① 在商业账簿方面，扩大了有权认证账簿的人员的范围，并仿效《意大利民法典》，规定认证可以由公证员进行，依据欧共体第 4 号指令，对编制年度账目的事宜作了较大发展，为之设立了一个相当明确、严格和现代化的法律体系。

《意大利民法典》规定了银行寄存合同、保管箱租赁合同、银行信贷开立合同、银行预付合同、银行账户往来合同、银行贴现合同，《澳门商法典》对此制度予以了仿效。此外，《澳门商法典》还增加了融资租赁合同和保理合同，此两种合同与前几种合同一样，只能由信用机构作出。

在债券证券的一般理论外，《澳门商法典》还参照法国的模式，规定了汇票、本票、支票统一法中的有关制度，从而避免了涉及此类活动的主要制度过于分散。

3. 对盎格鲁—撒克逊商事法律的移植

法典起草者清楚在澳门所处的空间里，盎格鲁—撒克逊传统的法律，特别是邻近的香港特别行政区的法律，对本澳的法律工作者形成巨大的压力，因此也有意地参照了盎格鲁—撒克逊法系的一些规制。②

比如在公司治理机构的选择上，《澳门商法典》第 214 条规定"公司"秘书为公司机关的组成要件，并在各类型公司章目中予以专门规定，这一制度乃由英美法中引进，中国香港、新加坡、澳大利亚、英国及美国的若干州都有此制度。

浮动担保是盎格鲁—撒克逊法系中 Floating Charge（浮动押记）的一种变种制度。这种担保包含保证企业正常经营的一切动产，但在增强担保时，则根据担保财产的性质，且针对当时构成

---

① Augusto Teixeira Garcia：《新〈澳门商法典〉》，《澳门大学法律学院学报》2000 年第 9 期。

② Augusto Teixeira Garcia：《新〈澳门商法典〉》，《澳门大学法律学院学报》2000 年第 9 期。

企业的财产以及将成为企业的财产,赋予债权人质权或抵押权。盎格鲁—撒克逊法系实践的浮动押记与衡平理论紧密相关,所以在引进该制度时,又以加拿大魁北克《民法典》为样板,进行一定的调整。①

4. 规范移植的特征

《澳门商法典》的起草者在进行法律移植的时候,刻意地追求"葡萄牙"法律文化的色彩,这使得整部法典的制定无法通盘考虑澳门本身所特有的社会政治经济和文化条件,同时,相应的中文文本的滞后出现,使得该法典无法获得本地区商业人士的广泛认同,因此可以说,整部《澳门商法典》,实际是"葡萄牙化的澳门商法",缺乏本地法律文化的根基,注定这样的法典只能是以表层规则的方式依附于或寄生于葡萄牙法律文化而运行。

四 法典的立法特点

我们现在就法典的编纂技术所体现出来的一些特点进行探讨,并分析采该等立法技术的内在原因。

(一) 法典重构

工业革命,使工业资本取代商业资本在社会经济生活中占据统治地位,随着生产力的发展,资本家再也不惧怕市场上的竞争,反而渴望竞争。在这个背景下,自由主义的思想取代了贸易保护主义的重商主义理论。19 世纪各国的商法典都是自由主义的杰出作品,在自由主义的空气下,渗透着使每个人自由从事营业的理念。立法者担心对这种营业自由的眷顾不够,于是用理性的办法

---

① Augusto Teixeira Garcia:《新〈澳门商法典〉》,《澳门大学法律学院学报》2000 年第 9 期。

第七章
过渡时期：商法本地化

将法典无限扩张到能够调整所有的商业关系。

这样的做法在 20 世纪马上遭受到挑战。自由放任带来的无序竞争状态造成资本主义经常性的经济危机，自由的空气给唯利是图的工商业者在经济高速发展的黄金时期屡屡制造金融丑闻创造条件。葡萄牙决定在商业上有所作为，它变身转化为经济宪兵，并在 1933 年确立了集体主义的宪法思想，[1] 成为财富流通的代理人和工商业的托管人。他管理着各种合同、进行企业登记（1959 年《商事登记法典》），因为这是统制经济的基础，开始把银行业务置于自己控制之下（1970 年《银行法》），甚至干脆自己参与生产经营（1959 年《公共企业法》）。

毋庸置疑，国家权力为医治当时的弊病提供了良药，国家干预理论战胜了自由主义。于是，商法典开始悄悄地进行着实质性的变革。首先，商法的调整范围大大拓展了。商法不仅调整着私的范畴，来自刑法、社会法和税法等公法的内容大幅度地渗透进来。其次，商法的适用主体大大扩展了。虽以商行为立法，但 1888 年《葡萄牙商法典》还是定义了什么是商人并赋予其法律人格，而 20 世纪繁荣的商业气氛中，流行的概念却是源自会计学上的没有法律主体尊严的"企业"概念，膨胀的关系使"企业"的概念在商事立法中频频出现，因为似乎传统的商法典与它如此格格不入。

当然，来自法律统一化和协调化也悄然地改变着传统商法典的格局，比如来自日内瓦汇票、本票、支票法以及后来的欧共体指令。在这些共同因素的影响下，一百多年来，1888 年《葡萄牙商法典》越呈分散化，它已经不像一部法典，原来其内在的立法精神和技术早已不复存在，取而代之的是单行法和补充法的昌兴。

1976 年，澳门获得本地立法权，更是加速了这种趋势。有关的

---

[1] 何超明：《澳门经济法的形成和发展》，第 61 页。

立法单行法令有第 6/80/M 号法律通过的《土地法》、第 50/80/M 号法令通过的《对外贸易法》、第 50/81/M 号法令通过的《保险业法律制度》、第 6/82/M 号法律通过的《博彩专营法律制度》、第 35/82/M 号法令通过的《金融业管制法律制度》、第 5/83/M 号法令通过的《工商业发展基金》、第 15/83/M 号法令通过的《金融公司法律制度》、第 34/83/M 号法律《企业会计官式规则》、第 11/87/M 号法令《股份有限公司董事会组成法律制度》、第 25/87/M 号法令《离岸银行法律制度》、第 38/89/M 号法令《保险中介业务法律制度》、第 51/89/M 号法令《海洋客运法律制度》、第 40/90/M 号法令《风险资本公司法律制度》、第 17/92/M 号法律《合同一般条款法律制度》、第 32/93/M 号法令《澳门金融体系法律制度》、第 51/93/M 号法令《融资租赁法律制度》、第 56/95/M 号法令《商标保护法律制度》、第 56/95/M 号法令《新对外贸易法》。可以说，在澳门，1888 年《葡萄牙商法典》已经成为一种剩余规则的载体。

就如何处置这空壳般的法典，形成了两种意见，一是商法典的"死亡"，二是商法典的"重构"。立法者也曾犹豫于二者的选择，"就采用独立编纂以改革商业法例，严格来说真正是一项久议不决的问题。"① 在葡萄牙 1944 年成立负责制定民法典草案的委员会时，亦曾考虑参考参照 1942 年《意大利民法典》统一所有的私法。在对待该问题上，澳门商法典的编纂者更多的是基于保持葡萄牙法制色彩的角度进行考虑的，他们认为，葡萄牙从 1833 年已存在真正的商法典，法典文化是葡萄牙保持在未来澳门特别行政区的影响力的一种重要手段，商法典的"死亡"意味着偏离了葡萄牙的法制色彩，而法典的"重构"则有利于澳门法律与葡国法

---

① 澳门立法会"跟进及参与制订民法、民事诉讼法及商法典草稿的临时委员会"：《第 1/99 号意见书》，澳门特别行政区立法会网站，http://www.al.gov.mo，最后访问日期：2009 年 5 月 15 日。

第七章
过渡时期：商法本地化

律接轨，有利于葡国的学术论述和判决充分地发挥其在澳门的影响力。

当然，倾向于选择重构还因为法典编纂时间紧张的缘故。固然选择法典的"死亡"有其优势，但对先前分散的单行法再行整理已然是一件十分艰巨的任务，在有限的时间内完成该项任务，几乎是不可能的。为此，法典的编纂者更倾向于剔除1888年《葡萄牙商法典》中失效的条文，将其中依然有效的保留下来。为寻找独立编纂的理由，法典的编纂者列举了《日本商法典》、《德国商法典》、《美国统一商法典》及《韩国商法典》实行法典化的诸多好处。

法典重构，需要围绕一个核心展开。《澳门商法典》所围绕的核心是"商业企业"，并由此派生"商业企业主"的概念，建立整套商业活动规范。这两个概念的立法基础性地位相当于1888年《葡萄牙商法典》中"商行为"和"商人"的概念。只不过，《澳门商法典》并没有摒弃"商行为"和"商人"，而是将其置于"次要之层次"。

（二）法典中心主义

就商事立法的体系而言，商法典被置于中心地位，这就是我们所说的法典中心主义。所谓法典中心主义，在成文法国家中，法典是成文法的最高形式和最终成就，由法典统率其他形式的商事规范。艾伦·沃森曾言："一部法典最令人瞩目的特征是它标志着一个新的开端。在大多数国家里，一个基本观念是，随着一部法典的问世，先前的一切法律都被废除了。"[①]

奉行法典中心主义的《澳门商法典》在颁布时就宣告："废止

---

① 艾伦·沃森：《民法法系的演变及形成》，李静冰、姚新华译，中国法制出版社，2005，第164页。

与《商法典》所规范之事宜相关之一切法例,尤其废止下列法例,但不影响下款之规定之适用……"①

为确立《澳门商法典》作为商事基本法律制度的中心地位,保障商事规则的统一性,《澳门商法典》大量吸收了科技革命之后新鲜的商事规则,以求详尽规范,从而消除疑义及争议。在总则方面,引进商业企业之转让、租赁、用益权、质权等物权法意义上的规范,并将传统上归属于经济法范畴的竞争法制度涵盖在内;在合营企业之经营及企业经营之合作方面,将 1888 年《葡萄牙商法典》的账目合伙更名为隐名合伙,并对其作出新的规范,为规范企业集团成员之间的活动,引进了经济利益集团这一制度,考虑到葡萄牙法律传统上存在着"非合并的合营",也参照其建立了合作经营合同制度;在企业的外部活动方面,用 18 编规范着 30 多种典型合同,其中新引进的有代办商合同、居间合同、商业批给合同、特许经营合同、合作经营合同、代替隐名合同的隐名合伙合同、融资租赁合同、保理合同,同时对一些商业合同的权利义务重新作定型化安排,比如广告合同、寄售合同、旅馆住宿合同、供应合同、一般银行合同以及担保合同;在债权证券方面,将 1930 年《日内瓦统一汇票本票法》纳入法典中成为其第 1134 - 1211 条规范,将 1931 年《日内瓦统一支票法》纳入法典成为其第 1212 - 1268 条规范,实现了公约到本地法的转换。

为实现法典的中心地位,法典本身还不惜以增加企业成本为代价树立自己的权威,"于《商法典》开始生效日经已设立之公司,一旦基于任何原因而修改其章程,则应促使对其组织架构作出必要更改,以符合《商法典》之规定","上款之规定,经必要配合后,适用于主行政管理机关及章程所定住所均不设于澳门特

---

① 第 40/99/M 号法令第 3 条。

别行政区之公司于《商法典》开始生效日已登记之常设代表处。"①

法典中心主义注重法律的"三段论",凡指引、调整均须按一定程序从法律文本上寻找答案,这就产生了3个要求。

1. 法律语言的准确性

梁启超先生曾指出,"法律之文辞有三要件:一曰明,二曰确,三曰弹力性,明、确就法文之用语言之,弹力性就法文所含意义言之"。②

显然,《澳门商法典》若考究其语言的准确性,则只有适用葡文版本了。《澳门商法典》制定的语言仅是葡文,中文限于葡文版的翻译,并非立法语言。没有经过立法程序推敲的语言,很难达到明、确、弹力之效果,这在以后的第6/2000号法律中得到佐证,而事实上,现存的中文版本逻辑性较差,难以理解和掌握。

2. 专业法律人才

法典化的法律具有系统化、抽象化和逻辑性的特征,它特别注意法律的概念、原理、分类和体系,这对没有受过法律专业训练的人来说难以理解和掌握。因此,法典的实施需要有专业法律人才予以配合。

事实上,澳门的法律专业教育完全依附于葡萄牙,到1988年澳门大学才开设所谓的法律课程,③ 澳葡统治时期,一方面用葡文垄断立法、司法、法律行业,使法律教育一直为少数人所垄断,另一方面有意长期不普及葡文。直到今天,本地的专业法律人才仍然稀缺,甚至法官都要向葡萄牙借聘。

3. 法典能够包含所有商事关系

法典中心主义,要求所有商事关系都能从法律文本中找到相

---

① 第40/99/M号法律第24条。
② 范忠信选编《梁启超法学文集》,中国政法大学出版社,2000,第181页。
③ 赵燕芳:《澳门法律本地化之回顾与前瞻》,《行政》1992年第4期。

应的规范，从而排斥了习惯法及其他单行法的适用。

20世纪中后期开始，科技信息带来商业经营模式新的变化，新的商事关系不断出现，用一种封闭化的法典显然不足以应对。同时，区域性和国际性公约都对当代商法典产生了重大影响，甚至威胁到商法典的前途。

总结而言，如果在20世纪之初用一种封闭性的法典为中心尚可应对社会经济之需求，而时至今日，这样的做法显然是不可取的，特别在澳门这样开放性的城市中，其法律本应与时俱进，否则，澳门商法之治，则又会陷于1976年之前的"民间法"状态。

（三）"商业企业"为中心

现代化城市中，企业扮演着社会经济基本单位的角色，以弥补由于手工业、农村和乡村基本单位消亡或衰退而留下来的空缺。[①] 诚然，还有其他组织形式的诞生或发展以填补这一空白，不过，我们不能视而不见，半个世纪以来，企业在社会生活中占据了领先地位，能够超过它的只有国家。企业已然成为我们当代社会的基本细胞，人们的大部分时间都是在那里度过的。人们靠它维生，对它寄以希望，盼望从中得到物质保障。这些东西，在企业之外，只有国家和公共集体才能予以保证。

传统的商人法模式界定现代商事已几乎不能应对市场经济的泛商化事实，而科学技术的迅速发展使得新的商行为层出不穷，用商法确定限制商行为难免有削足适履、禁锢经济之嫌。现代商法更为关注的是如何适应社会现实，而不是像近代商法的制定者那样，更多地关注抽象的理性。在贴近社会生活的同时，商法立法者注意到在市场经济中居于主导地位的是企业，而不是小商小贩。

---

① 尚波：《商法》，第28页。

第七章
过渡时期：商法本地化

企业概念正好吻合了将资本、人和物高度结合的特征，正如北泽正启总结的，"企业，较好地揭示了商事关系的两个要件——商事主体和商行为的本质特征"。① 这一学说为学界所逐渐认可，因此，有商法学者认为："商法，作为企业关系中特有的法，也叫企业法，这里的企业是指具有计划和继续意图的、从事营利行为的一个统一和独立的经济单位。"②

但是，企业作为商法的概念，大多还是仅存于理论探讨，1942年《意大利民法典》最先旗帜鲜明地使用该概念，只不过在具体使用上，它采用了迂回路线。1942年《意大利民法典》第2082条规定，"以生产交换、提供服务为目的，从事有组织的职业经济活动的人是企业主。"而紧接着第2555条规定，"企业是企业主为企业的经营而组成的全部财产。"这样的立法是从主体性的概念推导出客体性的东西，我们也可以推导出，在1942年《意大利民法典》中，"企业"概念是从财产角度予以界定的，作为财产集合体的企业包括所有用于其活动的财产和相关法律关系，其中包括土地、建筑物、构筑物、设备、器材、原料、产品、请求权、债务，以及对使企业、企业产品、工程和服务个别化的标志的权利和其他专属权。③ 作为财产集合体的企业以及企业的一部分就可以成为买卖、抵押、租赁和与设立、变更和终止物权有关的其他法律行为的客体。自然的，"企业主"的概念就是作为企业所有者的身份出现的。

《澳门商法典》参考了1942年《意大利民法典》的规定，但却存在着很大差别，这主要表现为路线上的差别。同意大利的迂回路线不同，《澳门商法典》虽然先规定"企业主"概念，但却不

---

① 王保树：《中国商事法》，人民法院出版社，2001，第67页。
② 川村正幸：《現代商法》，東京：中央經濟社，2001，第2页。
③ 李江敏：《现代商法重心之转移》，《山西大学学报（哲学社会科学版）》2005年第3期。

是以"企业主"概念推导出"企业"概念。《澳门商法典》中商业企业的定义为:"以持续及营利交易为生产目的而从事经济活动之生产要素之组织,尤其从事以下活动:a) 生产产品或提供服务之产业活动;b) 产品流通之中介活动;c) 运送活动;d) 银行及保险活动;e) 上指活动之辅助活动。"其第 2 款规定:"从事不能与活动主体分开之经济活动之生产要素之组织,不视为商业企业。"① 而"企业主"的概念是先于"企业"概念而界定的,二者在逻辑结构上似乎没有必然联系,"商业企业主为:a) 以自己名义,自行或透过第三人经营商业企业之一切自然人或法人;b) 公司"。②

参考葡国及外国"企业"概念的最新学说,《澳门商法典》的"企业"概念意图表现出现代企业的 4 个特征:"外向性、自我再生产、合理化和非主观化。"③

外向性的含义在于企业生产的目的是将其产品(服务)投放到市场;自我再生产的特点是保证企业的延续性、稳定性,以及企业在市场上的存在;合理性指企业必然是遵循经济合理性原则,不断寻求适当的方法以符合企业目的,存在严格的会计和记账制度对企业的债务和财产进行监管;非主观化就是企业可以成为法律行为的客体,成为独立所有权的财产。④

我们亦可将该四特征简化为三特征,也就是(1)需要一定规模的资金或者财产;(2) 连续性;(3) 进行营业活动。假设一个学生每天以一定的资金组织赌博牟利,那么这是否属于企业的活

---

① 《澳门商法典》第 2 条。
② 《澳门商法典》第 1 条。
③ 朱塞·科思达:《澳门商法典中的商业企业》,《澳门大学法律学院学报》2000 年第 9 期。
④ 朱塞·科思达:《澳门商法典中的商业企业》,《澳门大学法律学院学报》2000 年第 9 期。

第七章
过渡时期：商法本地化

动？按我们传统概念来说，这并不是企业的活动，可是如果按照上述特征，则属企业活动。所以，从这个角度而言，企业本身的概念都是模糊的，在概念没有明确之前，它不应该作为商法的核心概念。

另一个问题是，商业企业主、商业企业是作为替代商人、商行为概念而出现的，那么在出现上述两个概念后，是否有必要再规范商行为为主的法律呢（比如票据法）？所以现在的问题是，作为商业企业概念及其延伸的活动，并不能把所有的商法领域都涵盖进来，这时候，则必须采用商行为理论来进行补充。可是法律就陷进了一种自相矛盾，因为本来商业企业主、商业企业概念就是为了替代商人、商行为概念之不足而出现的，现在出现了四种概念，① 法典的逻辑性如何保障？

本来《澳门商法典》的立法者想简化商事规范，结果却换来了"化简为繁"的效果。当然，这也从侧面反映出立法者在处理技术性法律时所欲展现出其高明的专业能力的急迫心理。但是，商法规范，没有必要像民法那样抽象。

五 带给未来特别行政区政府的困难

很难想象，在有限的时间内，能够编纂出一部高度抽象化的商法典。虽然1807年《拿破仑商法典》的起草同样显得仓促，但它毕竟是在启蒙思想时期，自由主义的论争已深入人心的背景下制定的，且有《海上商事条例》《陆上商事条例》的立法经验。《德国民法典》的制定则更为漫长，它是数十年论争的立法结晶。

相比之下，《澳门商法典》的制定则显得仓促了许多，它鲜有

---

① 在《澳门商法典》中，虽然商行为及商人概念已退到次要层次，但事实上还存在。

理论上和实践上的论争，这使其制定初始已经脱离了澳门商业发展的轨道。另外，立法者对华人社会的陌生（立法者都是葡萄牙人），更是使法典与社会实际的关系更加紧张。

这种仓促为之且采用高度抽象化、体系化立法技术的法律，必然带来难以适用的问题。所以，对法典的适用，必须建立在针对规则的学说解释和先前案例的理解之上。缺乏澳门司法界和理论界深入认识的《澳门商法典》，显然无法得到全面理解乃至良好适用。所以有葡萄牙学者则认为，《澳门商法典》的适用必须引用葡萄牙法学家的著述及葡萄牙的先前判例。殊不知，这实际上是对整个澳门商事法律制度的一种"绑架"。

既然无法适用，那么就有必要对此进行修改。可是，频繁的修改会损害法治的权威。这样的案例已经发生过。《澳门商法典》颁布之后，有些守法的企业主很快根据法典的强制性登记的要求进行商事登记，他们为此付出一笔价值不菲的登记费，可是他们很快发现，澳门特别行政区很快将这种强行登记制度改为任意登记制度。这带来一个结果，不主动响应法律的人比主动响应法律的人得到更多的利益，在此情形下，法治的权威一定会遭受到损害。

法之不直，势必除之。《澳门商法典》之弊端，势必经由法律修正来予以矫正，这也是这部澳葡时期制度的法典所遗留给特别行政区的任务。对于这个修正的过程，并非是简单的文本修改，它需要考虑澳门的商业实际，努力在符合澳门商业法律文化的基础上，实现与世界同步，因为没有自身特色而趋同性的移植，注定要在日益激烈的竞争中处于劣势。同时，在修正过程中应全盘考虑法改各项的轻重缓急，以求谨慎、稳步，免使法治尊严遭受挑战。

一言以蔽之，对澳门特别行政区而言，法制的改革绝对不是修改法典这么简单的事情。回归澳门商法的本来内涵，使之与澳门商业实际相呼应，并在此基础上提升特别行政区法治尊严。

第四节 "本地化"的关键

一 "本地化"的真正内涵

不同主体因为角度不同，对"本地化"的诉求各不相同。倘若考察"本地化"之真正韵味，则须先了解法律移植及法律移植之必要性。

法律制度之创设无非经由两种途径：一是源发性的创制，典型的比如1896年《德国民法典》的制定；二是法律移植，它是一个国家或地区，将其他国家或地区的法律（包含体系、内容、形式、理论）吸纳到自己的法律体系之中，并予以贯彻实施的活动。[①]

源发性法律体系之创制，是对本土长期习惯形成的法律资源的一种立法确认，故此，所需的时间较长，且立法成本较高。我们以1896年《德国民法典》为例。该法典之制定分两个阶段，第一阶段始于1874年，德国成立了由法学家、教授、法官等11人组成的民法典起草委员会，历经13年的努力，于1887年向德国首相提交了民法典草案。但该草案公布后，却受到了来自社会各方面的批评。为平息众议，德国启动了第二阶段的立法。1890年德国参议院任命了由21人组成的特别委员会修改第一阶段所提交的草案，修改工作于1893年完成，后草案提交给参议院司法委员会讨论，再次被修改。1896年最终的草案随同"关于民法典草案的备

[①] 何勤华：《法律移植与法的本地化》，中国民商法律网，http://www.civil-law.com.cn/，最后访问日期：2009年4月30日。

忘录"被正式提交帝国国会讨论,经国会讨论后,草案被交给各政治党派代表 21 人组成的委员会进行最后的讨论和修改,委员会共举行了 53 次会议,最终于 1896 年 6 月 12 日向国会提交了报告。国会三读通过后,草案分别于 7 月 1 日和 4 日由帝国国会和联邦参议院通过。

通过《德国民法典》之制定,从中我们可以获知源发性法律体系创制之艰辛、成本之巨大、时间之漫长。显然,后进法律国家无力于承受如此高昂之立法代价,此时法律移植对于一个国家法律的发展、进化则具有显著意义,特别在世界经济同步化的今天更是如此。

世界上的任何事物,都包含了普遍性和特殊性两个方面,法律也不例外。各国法律,产生于各个不同国家的土地之上,因此,具有各自不同的特点,这是法律的特殊性。但是,作为调整各国人们行为的一种规范,法律又有普遍性,它要解决一些各个国家的人们都面临的共同问题。[1]而全球化的进程则增加了人类面临的共同话题,特别是在商法领域。

既然法律具有普遍性,而这种普遍性所要解决的问题又是各个国家都面临着的共同问题,那么,一国移植他国的法律就是必然的事情了。因此,法律移植是法律的普遍性的必然表现,是法律发展的规律之一。每个国家在全球化的今天都不能独善其身,不论是英国法、美国法、德国法、法国法抑或葡萄牙法,都是整个社会的法,某个国家所创造的法律成果,不仅仅是这个国家的财富,更是整个人类社会的财富,理所当然地应为各国所共同享用。

当然,法律移植,有可能成功,也有可能失败。根本的原因

---

[1] 罗伯特·赛德曼:《评阿兰·沃森的〈法律移植:比较法的方法〉》,王晨光译,《中外法学》1989 年第 5 期。

第七章
过渡时期：商法本地化

在于法律的特殊性问题上。虽有全球化的普适特征，但每个国家、地区并不能毫无个性地展开对外交往。假若脱离了个性特征，那么这个国家、地区将会在全球化进程中迷失方向。法律就是每个国家、地区个性特征的突出体现。现在的问题是，如何将移植而来的法律改造成符合本土资源并使之具有本土性特征的制度，这就是法律移植后各个国家、地区亟须解决的事情。或者我们可以说，在法律移植后，法律输出体与输入体之间相结合，日渐融合并成功地成为输入体之一个有机部分的过程，就是法的本地化。正如阿兰·沃森所说的，"一次成功的法律移植——正如人体器官的移植——应该在新的机体内成长，并成为这新机体的有机组成部分，如同那些在其母体内继续发展的规范与制度一样"。[1]

所以，法的移植是法的本地化的前提和基础，而法的本地化则是将经由移植而来的法律与本土法律环境相融合的过程，这个过程最好的结果就是建立本地区具有个性特征的法律体系，也只有在这个基础上，才能在接轨全球化过程中形成普适性的理念。从这个角度上讲，法律本地化，其本意在于建立自身法律制度，而并非无原则地接受普适理念，因为只有自身制度之健全，才有可能实现与全球接轨。或者说，法律本地化是实现全球化的先决条件，是全球化的基础。

二 "本地化"成功的关键

"本地化"能否成功实施，3个环节需要考虑。

（一）法律输出体是否先进

前者所述，法律移植是法律本地化的先决条件。而法律移植

---

[1] 阿兰·沃森：《法律移植论》，贺卫方译，《比较法研究》1989年第1期。

213

过程中，法律输出体是否先进，将直接影响到法律本地化能否成功实施。

在生命器官移植过程中，假若器官本身活动机理不足，生命力不强，一旦离开它所熟悉的环境后，那么该器官一定会死亡。法律移植亦是同理，法律输出体应是具有生命力的移植体，而不是落后的、腐朽的移植体。

如何判断一法律输出体是否先进，则需考察该法律制度是否符合人类交往的基本准则。人类的交往，无论是一国内抑或一国外，均需一种统一的规则来规范，这种统一的规则，在国际的现实秩序中，又往往以政治、经济上先进国家的法律为基准（如WTO的规则，基本上就是以英美法德等国的法律为基准的），因此，判断法律输出体是否先进，最为功利的方法是看该法律制度创制国是否属政治、经济先进国家行列。

当然，此观点一定会遭致非议，因为有观念认为假若一切以政治、经济是否先进作为衡量法律是否先进的标准，则后进国家法律制度将会遭致先进国家之侵袭，从而在全球交往中处于不利地位。这种担心是多余的，因为法律移植后是需要本地化改造的，而本地化改造则是个性建立之途径。

（二）对法律输出体的再造

即使输出体规则具有先进性，法律的移植也不一定获得效用，"决定人们行为的不仅仅是规则，还有社会环境和资源，后者的作用比前者更大"。① 正如美国学者赛德曼夫妇在评价中国国家体改委建议深圳大规模移植香港法律时所说，"在一个大楼上挂一块银行的牌子并不会使这个大楼成为银行，它必须有经理、董

---

① 赛德曼夫妇：《评深圳移植香港法律的建议》，赵庆培译，《比较法研究》1989年第3期。

第七章
过渡时期：商法本地化

事、客户、出纳员等等，这些人以相互协调的方式重复地实现角色行为，这才是银行的本质"。①

按照这种理解，规则本身的移植是很容易的，但是否形成具有效用的制度，则看是否与本地的社会环境和资源相匹配。

为了实现与本地的社会环境或资源相配套，必须对移植而来的法律进行本地化再造。这个本地化再造可以经由3种途径解决。

一是对受植体的法律环境进行改造。比如建立受植体相应的法律意识、法律观念，建立健全与受植体相配套的法律运作制度。

二是对移植而来的法律进行表层内容上的修改。当然这种修改是建立在不破坏移植法律的功效之基础上，以符合本土的法律意识和法律挂念。

三是对移植而来的法律之适用进行符合本地化的解释。这点，日本在明治时期的法律移植为我们作出了典范。这个本地化的解释就是用本土的判例、学说去论述移植而来的法律，使之成为本土法律的有机组成部分。

（三）法律推广

法的本地化过程成功，即它不仅将外国或地区的法律移植了进来，予以贯彻实施，而且使这种法律成功度过排异期，成为其本土法律体系的有机组成部分，被人们作为本土的法律来使用。那么，我们就可以说该法律制度的移植和本地化获得了成功。②

毫无疑义，安全度过排异期最重要的手段就是法律推广，这个法律推广的对象应该是该法律所广泛适用的群体，唯有如此，才能有效建立本地区相应的法律意识和法律观念，才能与本土传承的观念有机结合起来，不致相互冲突以至无效。

---

① 赛德曼夫妇：《评深圳移植香港法律的建议》，《比较法研究》1989年第3期。
② 阿兰·沃森：《法律移植论》，《比较法研究》1989年第1期。

当然，法律的推广需要采用各个适用群体所喜闻乐见的方式、语言进行。如果以枯燥、乏味的方式进行，那么无从谈起相应法律意识之确立。

三 澳门商法的"本地化"是否成功？

我们曾经不厌其烦地描述葡萄牙如何从西班牙、法国、德国、意大利、欧共体等国及区域组织移植商事规则及商事法律文化从而形成其商法体系，这样的目的在于表明葡萄牙并非大陆法系的代表性国家。更为重要的是，葡萄牙的商法条文及其法律文化并未给葡萄牙带来高的发展绩效。至今，葡萄牙仍是欧盟中的欠发达国家（与西班牙、希腊和爱尔兰属于同一发展水平），[1]"葡萄牙的工业基础比较薄弱，农业生产落后，能源和粮食对外依赖严重……葡萄牙居民的平均文化水平较低，多于10%的人是文盲，20%以上的人从来没有上过学或者完成四年的学校教育，只有差不多8%的葡萄牙人获得了高等教育文凭"。[2] 加入欧共体，也只是在满足欧共体的民主和人权标准才获批准，[3] 其将欧共体商事方面的指引转换为国内法实际是一种受迫遵守，并非源自先进商事文化的自觉需求。从这点说，葡萄牙并非先进商事制度的发源地，它同样也不断地接受移植。从这个上讲，澳门商法的最主要输出体——葡萄牙商法，并非是先进的商事法律制度。这直接影响了

---

[1] 参见国务院发展研究中心"地区发展政策"课题组《均衡发展——欧盟区域政策在西班牙和葡萄牙的实践》，《国际贸易》2002年第6期。

[2] 丁晓正、胡正荣：《葡萄牙媒体产业的集中历程及其特征与启示》，《现代传播》2006年第3期。

[3] António Costa Pinto, "The Transition to Democracy and Portugal's Decolonization," in Stewart Lloyd-Jones and António Costa Pinto, eds., *The Last Empire: Thirty Years of Portuguese Decolonization*, Bristol, UK: Intellect, 2003, pp.17-35.

第七章
过渡时期：商法本地化

商法本地化的效果。

澳门从20世纪70年代开始就形成了"微型经济"模式，[①] 它与周边区域存在着协作关系，但同时亦存在着激烈的竞争。葡萄牙则有所不同，在农业立国政策的背后，有着欧共体给予其相应的经济援助。[②] 所以，葡萄牙越来越依赖于欧洲共同市场。欧共体无微不至地关怀着每一个成员，所以其商事法律规范是围绕着如何配合欧洲共同市场展开的。如果澳门商法基本出发点在于围绕着配合周边区域展开的话，那么澳门将不具有竞争优势。从这来说，澳门商法的法律环境与葡萄牙商法的法律环境存在着诸多区别。为此，如果要将葡萄牙商法与本地的法律环境相适应的话，则应该对移植而来的法律进行修改，或者依据本地区的判例、学说进行不同于葡萄牙本国的解释。

而从《澳门商法典》的制定过程看来，这个法律的本地化再造并没有实施。《澳门商法典》的许多条文是原原本本地从葡萄牙商事法律中移植而来，立法者并没有考察本地的法律资源以进行相应修改。甚至，在司法判决上，澳门法院体系对《澳门商法典》之适用往往采用葡萄牙学说判例进行论证。从这点上说，移植而来的法律并没有成功实现本地化改造。

在澳门，法律推广应以占澳门居民绝大多数的华人为主要对象，将现有的法律原则普及到社会中去。"任何一种有效的

[①] 杨允中认为，澳门是个典型的海岛型微型经济体系，其经济活动的内部容量细小，运行体制具相对独立性；产业结构具较高对外依赖性，对外经济地位受到国际社会认同。杨允中：《当代微型经济学》，澳门学者同盟，2007，第2页。

[②] 欧盟（欧共体）现共有结构基金、团结基金、欧洲经济区金融机制等三种机制对欧盟的落后地区进行援助，其中，2000－2006年，结构基金对落后地区的援助额达到1359亿欧元，葡萄牙属于受援助国。陈锡文、卢中原、侯永志、赵阳：《欧盟区域政策在西班牙、葡萄牙的实践及其对中国的政策启示——赴西班牙、葡萄牙考察报告》，国务院发展研究中心网站，http://www.drc-net.com.cn，最后访问日期：2009年7月1日。

法律，都必定与生活于其下的人民的固有观念有基本协调的关系。"①

法律推广需要有适合本地区绝大多数居民适用的法律语言，但这并不意味着只是法律中文化这么简单。它需要在立法之前，将输出体转化为本地主要语言，但因为语言体系的差异、文化的差异以及法律条文的差异，使用一种语言翻译用另一种语言创制的法律文本，总会出现无法完全表达的情形，这需要在立法之前不断地被法律翻译并加以广泛的讨论。《澳门商法典》的中文版本显然没有经过这个过程，虽然在立法之前有中文版本，但令人遗憾的是，澳葡立法机关并未尝试以中、葡文双语立法，所以最能表达出《澳门商法典》法律文本的真实意义的也就只有葡萄牙文本，这势必增加法律推广的难度。

法律推广还应该包括使法律规范、法律学说及法律教育等融入澳门社会的深层意义，让法律全方位地面向澳门社会，才能有效地达到法律本地化。当然，《澳门商法典》的适用主体并非澳门社会的所有群体，作为强者之法的商法，适用主体自然是商人，借用《澳门商法典》的概念来说，是"商业企业主"。商人十分强调交易迅捷化，如果用一种极端抽象化的法典去约束该商人群体，或者这种极端抽象化的法典使商人茫然不知所措的话，那么这样的法典推广也就没有意义。

总结而言，无论从输出体本身先进与否，还是输入体自身的社会环境和资源，再或者从法律推广的角度来说，《澳门商法典》对葡萄牙商法规范的移植都很难称得上是成功的。

这种移植，乃是对法律文化体系中最表层的东西——也就是法律规定或法律条文——的模仿，并没有触动到澳门深层次的商

---

① 梁治平：《中国法的过去、现在与未来：一个文化的检讨》，《比较法研究》1987年第2期。

第七章
过渡时期：商法本地化

业文化。换言之，《澳门商法典》对整体澳门商业文化而言，只是表层的东西，商人对它的了解仅限于规则的强制性与否。商法所应嵌入的价值内核，比如公平交易、交易迅捷、交易安全等，在今日之澳门，依然只是由商人之间的惯例加以保障（在这方面，远期期票的使用足以说明问题）。

  法律是文化的一部分，并且是历史悠久和根深蒂固的一部分。基本的法律意识与深刻的社会、政治、经济思想之间有着错综复杂的联系。法律源于其文化，又给其他文化增添了新内容，两者之间互为补充，不可分割。[①] 根植于葡萄牙社会资源中的葡萄牙商法，在移植至澳门之余，因为文化条件的区别，势必难以在澳门商业生活中发挥其应有的作用。有人曾经这样感慨过："几百年来葡萄牙法律并没有在澳门切实实行；严格来讲，葡萄牙几个大法典只是在理论上作为澳门的法律。"[②]

  缺乏本地法律文化支持的《澳门商法典》，其实质只是葡萄牙化的澳门商法，未能回归到商法本来的内涵，也就是未能适应澳门商业环境的实际需要，从而失去了"本地化"的本意。

  如果无法建立个性的本地化的商法体系，澳门将会在全球经济交往中迷失方向。商法本地化，是澳葡政府遗留给澳门特别行政区的一个艰巨的历史任务。

[①] 约翰·亨利·梅利曼：《大陆法系》，顾培东、禄正平译，法律出版社，2004，第151页。

[②] J. A. Oliveira Rocha：《论澳门法律制度之可行性》，《行政》1991年第3期。

第八章

走向未来：商法全球化

第一节 澳门商业全球化之进程

一 "一业独大"

澳门属微型经济体，对外依存度较大，受外部因素的影响，都会导致本地生产总值大起大落，特别是1997年的亚洲金融危机，使澳门连续四年经济负增长。如何防止经济的起落，保持经济稳定发展，社会各界都有不同意见。其中，最受关注的当属博彩业在与澳门旅游娱乐有限公司的专营合约到期后开放与否的话题。

2000年7月，负责研究澳门博彩业发展、法律、行政法规及政策的"澳门博彩委员会"正式成立。委员会于同年8月举行第一次会议，决定聘请安达信（Arthur Andersen）国际顾问公司研究澳门博彩业发展路向，为特区政府制定博彩政策提供专业意见。[①]2001年8月，澳门立法会通过开放博彩业的第16/2001号法律，即《娱乐场幸运博彩经营法律制度》，就批给制度、经营条件、竞

[①] 澳门特别行政区政府博彩监察协调局网站，http://www.dicj.gov.mo/CH/index.htm，最后访问日期：2009年6月10日。

第八章
走向未来：商法全球化

投及承批公司的经营模式、股东与管理人员资格、博彩税等主要项目作出了原则性的规定。澳门特区政府决定待澳门旅游娱乐有限公司的幸运博彩专营合约于 2001 年 12 月 31 日期满后，适度开放博彩业市场，引入竞争，提升澳门博彩业竞争力和国际形象。

经过立法、招标和审批等一系列程序，2002 年 2 月 8 日，澳门特区政府宣布竞投结果，将娱乐场幸运博彩经营权批给澳门博彩股份有限公司、银河娱乐场股份有限公司及永利度假村（澳门）股份有限公司。2002 年 12 月，特区政府与银河娱乐场股份有限公司就双方所签的专营合约进行了修改，据此，威尼斯人（澳门）股份有限公司获准以银河娱乐场股份有限公司旗下的"转批给"方式获得博彩经营权。其后，澳门博彩股份有限公司及永利度假村（澳门）股份有限公司亦先后于 2005 年 4 月 20 日及 2006 年 9 月 8 日与美高梅金殿超濠股份有限公司及新濠博亚博彩（澳门）股份有限公司签订了转批给合同。① 2004 年 5 月 18 日，新获得博彩经营权的威尼斯人（澳门）有限公司旗下的金沙娱乐场正式开业，由此结束了澳门旅游娱乐有限公司 40 多年的垄断经营，澳门博彩业迈上新的历史台阶。

赌权开放后，澳门经济走上了历史上不曾有过的高速增长轨道，10 年间博彩毛收入增长超过数十倍，2008 年 12 月 31 日达 1098.263 亿澳门元，约占澳门本地生产总值的 63.9%。② 2008 年博彩税总收入 418.966 亿澳门元，约占本地财政收入的 82%。③ 澳门博彩业总收益已大幅超越美国的拉斯维加斯，成为澳门经济中的龙头产业。从目前澳门的经济结构看，博彩旅游业已呈"一业

---

① 澳门特别行政区政府博彩监察协调局网站，http://www.dicj.gov.mo/CH/index.htm，最后访问日期：2009 年 6 月 10 日。
② 比 2007 年上升 16 个百分点。
③《澳门资料 2009》，澳门统计暨普查局网站，http://www.dsec.gov.mo，最后访问日期：2009 年 7 月 10 日。

独大"或产业极化状态。

博彩业是一种对社会财富再分配的特殊行业,具有产业链条短、所需的人才资源素质要求不高的特点,必然在其一业独大的过程中,产生对其他产业资源极其严重的排挤效应,以至于挤占其他产业的发展空间,严重的则窒息产业的发展。由此,会衍生出社会财富分配严重失衡、教育素质低下、社会风气受到影响等一系列矛盾。

从根本上看,维持澳门博彩业的基础不是本土的自然资源和内生的资产,而是一种特殊的制度安排。当一个经济体中龙头产业的发展与本土内生的经济因素没有联系,那么它必然衍生出以下问题:一业独大不仅会导致一系列矛盾的产生,更致命的是,这个龙头产业的发展会压抑本土自主、内生的经济因素成长,使之难以激励和孕育本土的"创造性资产",阻碍可持续的经济发展动力形成。[1] 以制造业为例,2000年制造业生产总值占澳门居民生产总值的10.1%,而到了2006年该比例降低为1.6%。[2]

二 对外依存度加大

全球竞争的事实已经告诉我们,专注于一个特定产业的经济体,之所以能获取国际竞争力,是由小型经济体的客观局限决定的,即经济规模、市场局限和资源缺乏等。在这些局限下,小型经济体要在全球经济版图中占有重要地位,不可能追求多元的经济结构,而只能通过参与国际分工,把资源集中在最具优势的某一特定产业上,以专业化的生产去追求规模经济,从而争夺世界市场。

---

[1] 封小云:《澳门经济适度多元化的路径思考——引入一个新的分析视角》,《广东社会科学》2008年第2期。
[2] 《澳门资料2008》,澳门统计暨普查局网站,http://www.dsec.gov.mo,最后访问日期:2009年7月10日。

第八章
走向未来：商法全球化

因此，在当今全球化的大趋势中，通过开放市场，参与国际分工，在分工中形成专业化的经济，往往是小型经济体的成功之道。

而小型经济体的单一化或专业化也是区域经济一体化的结果与产物。统一市场的形成，资源在区域间的自由流动，是区域经济一体化的主要作用机理。在这种机理之下，资源会按照各个地区的比较优势进行重新配置，并通过专业化达到规模效益，从而增强整体地区的竞争力。由此可见，由区域经济一体化推进的地区专业化分工，是形成各个地区竞争力的基础。

在澳门的产业版图中，只有博彩业能够在100多年间保持地区比较优势和具备世界性先进地位。这个产业的发展和演进，是市场的选择，也是澳门在这个区域中比较优势的体现。

（一）客源多元化

作为博彩旅游区域，旅客是澳门经济的生命线。从2001年入境旅客总人数的1027.9万人次，上升到2007年最高峰的2699.3万人次，2008年虽受金融危机的影响，入境旅客人数有所下降，到仍维持在2290.7万人次，相比2001年增幅达123%。

受惠中国内地"自由行"及加速融入珠三角区域经济的政策优势，来自中国内地旅客人数从2001年的300.6万人次上升到2008年1159.5万人次，增幅达286%，占整体入境旅客的比率从2001年的29.2%上升到2008年的50.6%。而香港是第二大客源地，从2001年的519.7万人次上升到2008年的700.9万人次。

值得注意的是，东南亚旅客入境人数逐渐增大，2008年达到147万人次，成为第三大客源。[1] 这表明东盟区域经济一体化给澳门带来巨大利益。

---

[1] 《澳门资料2009》，澳门统计暨普查局网站，http://www.dsec.gov.mo，最后访问日期：2009年7月10日。

（二）资本依存度加大

严格地说，目前澳门博彩业的六家承批公司资本结构，主体均是国际资本，而非根植于澳门的本土资本。而最近几年博彩公司加速 BVI[①] 上市步伐，更是使澳门产业发展建立在国际资本流动之上。

最近几年透过 BVI 上市的承批公司有新濠博亚博彩（澳门）股份有限公司、澳门博彩股份有限公司，有报道指威尼斯人（澳门）股份有限公司亦有意分拆澳门资产，实施 BVI 上市。[②]

而没有透过 BVI 上市的承批公司亦透过其投资者（母公司）获得国际资本市场融资的管道，这些承批公司有威尼斯人（澳门）股份有限公司、美高梅金殿超濠股份有限公司、永利度假村（澳门）股份有限公司、银河娱乐场股份有限公司。

（三）与中国内地的区域化联系更加紧密

回归后澳门经济的发展得益于"一国两制"的实施和中央政府对澳门的支持。

相关的优惠并不限于内地"自由行"的政策优势。经过 30 年改革开放，中国内地俨然成为世界日用品的制造基地。澳门及时抓住世界产业转移这一有利时机，利用中国内地税收差异积极发展离岸贸易业和离岸金融业，融入珠三角产业经济圈，成为内地产成品转口贸易的一个重要基地。

中央政府亦给予澳门在此方面的政策待遇。2003 年 10 月 29 日，中央政府与澳门特区政府签署《内地与澳门关于建立更紧密

---

① 透过注册海外控股公司，以达到间接上市融资之目的。
② 魏铭：《新加坡专访金沙门人艾德森：或分拆澳门资产香港上市最高集资 35 亿美元》，《21 世纪经济报导》2009 年 7 月 13 日。

经贸关系的安排》（CEPA），减少了内地与澳门在经贸交流中的体制性障碍，加速了相互间资本、货物、人员等要素的更便利流动，提高了内地与澳门经济交流合作的水平。

我们同时也可以预见，2009年规划动工的港珠澳大桥，在未来的数年，一定会将香港、澳门、广东地区更加紧密地联系在一起。

三　中小企业的困境

20世纪初的澳门，中小企业扮演着重要角色。回归后，受困于博彩业"一业独大"的排挤效应，澳门的中小企业日渐萎缩。澳门街总小区经济事务委员会主任黄耀球曾表示，目前本澳约有3万家员工在10人以下的小企业，他们面对人力资源的冲击，往往无法用内部调动或工作调整来配合，最后鉴于人手短缺而需缩短营业时间，甚至要面临结业。①

2008年本澳新注册成立的公司共计2738家，其中，注册资本在5万澳门元以下的有1999家，占73%，注册资本在100万澳门元以下的占总体的98.5%。澳门的中小企业虽占企业总数的主体，创造着本澳六成以上的就业机会，②但其贡献的本地生产总值只占30%。另外，不容忽视的是，在2008年解散的公司有447家，解散的公司的总资本额有52896.97万澳门元，平均资本额为118万澳门元，③这也说明了澳门中小企业的营运资金越来越小。

自20世纪中叶第二次世界大战后开始，无论发达国家还是发展

---

① 佚名：《人力资源成中小企致命伤》，《澳门日报》2007年8月21日。
② 区宗杰：《澳门中小企业的发展与对策》，加强澳门中小企业竞争力学术研讨会，澳门，2004。
③ 澳门统计暨普查局，http://www.dsec.gov.mo，最后访问日期：2009年6月30日。

中国家，都越来越关注中小企业的发展，国际社会都把促进中小企业的发展作为一项重要的经济政策。不少国家早已设立了高层的专责部门，除了为中小企业提供"一站式"服务外，亦会不断检讨现行的政策、规条和税制，希望尽量支持中小企业的发展。

中小企业能发挥重大作用，是因为中小企业数量众多，反应快速，适应性强，干劲十足，市场触觉敏锐，营运成本较低，可以迅速地因应市场及经济转变而作出反应，更可以在短时间内扩展或收缩，以捕捉商机或尽快离开过度发展的市场。因而对经济周期具有高度的抗衡力量，可以抵消外来的冲击。而且可以带动科技创新、加速技术转移。其中有很多更是大企业的策略伙伴，在某些程度上与大企业进行互补，发挥整体的竞争力。所以，如何提升澳门中小企业的可持续发展能力，是摆在我们面前的一个亟须解决的问题。

四 《澳门商法典》本地化改造

法国启蒙思想家孟德斯鸠曾说过："为某一国人民而制定的法律，应该是非常适合于该国的人民的；所以如果一个国家的法律竟能适合于另外一个国家的话，那只是非常凑巧的事。"[①]

葡萄牙化的澳门商法，在澳门与葡萄牙商业背景差异渐大，商业关联性越来越小的情况下，不可能有效完成调整澳门商事关系的任务。或者说，如果澳门本地的商业社会与葡萄牙的关联度大，那么葡萄牙商业文化及商业法律则有可能渗透影响到澳门，但如果澳门本地的社会经济文化活动与葡萄牙或者葡萄牙人基本没有关联或者关联不大，则只能说澳门本地背景基本没有葡萄牙因素，那么葡萄牙化的澳门商法就有改革必要。所以，我们有必

[①] 孟德斯鸠：《论法的精神》（上），张雁深译，商务印书馆，1961，第61页。

第八章
走向未来：商法全球化

要厘清澳门与葡萄牙的商业关联度。

澳门是一个华人占绝对主导地位的社会（占95%左右），与葡萄牙有关的居民在澳门居民构成中所占的比例极小（占1%－2%），其他类别的居民则占3%－4%。亦即，澳门是以华人为主的社会，葡萄牙因素对本地的影响小。

除此之外，我们应考察澳门的游客人数来判断双方的商业关联性。根据澳门特别行政区统计暨普查局公布的《澳门资料》（2009年），在2008年，中国内地旅客约占总数的50.62%、中国香港旅客约占30.60%、中国台湾旅客约占5.74%，合计占旅客总数的86.96%；日本旅客约占1.60%，东南亚旅客约占6.42%，其他东亚地区的旅客约占1.24%；南亚旅客约占0.41%；欧洲旅客约占1.19%；美洲旅客约占1.36%；大洋洲旅客约占0.67%；其他地区旅客约占0.13%。[1] 因此，从旅客的角度看，澳门以外的最大利益相关者为中国内地居民、中国香港居民和中国台湾居民；次之为东亚区的居民；欧洲居民、美洲居民和大洋洲居民所占的利益比重很小，非洲居民无须单独计算。澳门与巴西和葡萄牙所主导的葡语国家和地区（巴西、葡萄牙、佛得角、几内亚比绍、莫桑比克、安哥拉、圣多美和普林西比、东帝汶、赤道几内亚、毛里求斯、马德拉、亚速尔）的利益关联程度非常小。

从对外贸易的角度来考察，澳门与葡萄牙的商业关联度也微不足道。2008年，澳门主要出口对象是美国（39.9%）、中国香港（19.7%）、中国内地（12.3%）。同年，澳门主要进口来源地为中国内地（39.3%）、欧盟（16.5%，主要是英国、德国、法国）、中国香港（10.1%）。[2] 而葡萄牙的比例极小，根本没有在统计资

---

[1] 《澳门资料2009》，澳门统计暨普查局网站，http://www.dsec.gov.mo，最后访问日期：2009年7月10日。

[2] 《澳门资料2009》，澳门统计暨普查局网站，http://www.dsec.gov.mo，最后访问日期：2009年7月10日。

料中列明的价值。

从投资的角度来考察，2007年，澳门本地区外来投资主要来自中国香港（372亿澳门元）、美国（127亿澳门元）、中国内地（66亿澳门元），葡萄牙虽是澳门的投资来源国之一，但最近在外来投资的比重不断萎缩。2007年，澳门对外投资主要流向英属处女岛（50亿澳门元）、中国香港（23.4亿澳门元）、中国内地（14.66亿澳门元），[1] 而对葡萄牙的投资额太小，以致没有统计的价值。

综合上述，澳门和葡语国家联盟的居民之间的经贸往来和文化交往，很大程度只具"象征性"意义，葡萄牙以及其他葡语国家与澳门之间的利益关联在现今只能维持一般关联度（葡萄牙在投资澳门方面是个例外，可以看成是相对紧密关联）。而与中国内地和港台地区以及美国、欧盟、日本、东南亚国家和地区的经贸往来越来越紧密。在这种条件下，现行葡萄牙化的澳门商法固然有利于与葡萄牙和其他葡语国家地区交往，但不利于真正与澳门有利害关系之关系人。他们已经对澳门司法的现状提出了批评，认为"澳门的司法体系妨碍了贸易和经济发展，并对政府和各个部门施加压力"。[2]

压力之下，特别行政区必须予以响应。在传统上，现任政府对待前政府法律有两种方法。一是废除，比如说中华人民共和国成立后对民国"六法"的废除；二是改造，也就是吸取前政府法律中有益的部分，并转化为现时政府法律体系中的一部分。

澳门特别行政区政府与澳葡政府之间的轮替当然与中华人民共和国政府替代中华民国政府有着截然的区别，所以对澳葡政府

---

[1] 《澳门资料2009》，澳门统计暨普查局网站，http://www.dsec.gov.mo，最后访问日期：2009年7月10日。

[2] 华年达：《澳门律师公会主席华年达在2008司法年度开幕典礼上的讲话》，澳门律师公会官方网站，http://www.informac.gov.mo，最后访问日期：2009年7月2日。

时期的法律不宜采用全盘否认的方式。

有必要澄清的是,《中华人民共和国澳门特别行政区基本法》里"保留原有法律"并非主张不能修改废除澳葡时期澳门的某些法律,《中华人民共和国澳门特别行政区基本法》"保留原有法律"的中心含义在于维护澳门的社会稳定,如果澳葡时期澳门的某些法律与澳门社会现实不符的话,那么是可以依据法定程序对这些法律进行修改的。

就规则而言,历经数百年的葡萄牙商法规范及其后续法律,本身亦具有其存在的价值,特别是,经过欧共体指令引导,更是被烙上了全球化、区域化的特征。其移植到澳门引发的问题,主要缘于因不适应特定法律环境而产生的法律文化冲突。如果以澳门商业社会利益为主导,经过适当改造,依然可以成为澳门法律体系中不可或缺的一部分。从社会学角度来说,这样的进路显然可以减少其中的波折,降低社会成本。那么显然,法律本地化改造便是特别行政区应然之路。

第二节 商法改革:从本地化走向全球化

特别行政区政府一成立,要求《澳门商法典》改革的声音就不绝于耳。甚至有议员认为,澳葡政府主持下制定的、脱离澳门商业实际的《澳门商法典》是一部"恶法",[1] 需要尽快加以补救。为响应社会各界的诉求,立法会分别于 2000 年和 2009 年对《澳门商法典》进行修订,从这点上说,立法会是采用法律改造的

---

[1] 《吴国昌在 2000 年 4 月 26 日立法会全体会议上的发言》,澳门特别行政区立法会网站,http://www.al.gov.mo,最后访问日期:2009 年 6 月 1 日。

方式以实现澳门商法本地化。

一　2000年修改

澳葡政府主持下的《澳门商法典》,扩大了商业登记范围,并规定在限定时间内须完成强制登记注册,这给商人和小企业主带来麻烦,也使有关的行政部门承受巨大工作负荷,难以在预定的时间内完成有关工作。

为此,特区政府成立后就迅速成立"跟进《商法典》适用情况关注委员会",① 跟进《澳门商法典》的适用情况,并提供修改《澳门商法典》的建议。

"跟进《商法典》适用情况关注委员会"根据社会各界不同人士的意见,就《澳门商法典》立法层面的紧迫性问题,向行政长官提出修改建议。行政长官根据该建议,于2000年3月30日向澳门立法会提出《修改〈商法典〉法案》,以其解决因法典的过渡时间太过短促而造成社会难以适应的问题,并使修订后的内容更符合澳门社会的实际情况和商业习惯。

2000年4月17日,立法会全体会议透过第4/2000号议决,决定以紧急程序②方式对《澳门商法典》进行修改。2000年4月26日,立法会表决通过第6/2000号法律对《澳门商法典》进行特别行政区成立后的第一次修改。

---

① 该委员会是根据第40/99/M号法令第8条的规定,经行政长官于3月1日第28/2000号批示而成立的,委员共有9名,分别来自澳门法律界、商界、银行界、会计界及政府相关部门。

② 相对于一般立法程序,紧急程序将:a)免除有关委员会的细则性审议;b)在同一全体会议进行一般性及细则性的讨论及表决;c)免除将已通过的文本发给有关委员会作最后编订。

第八章
走向未来：商法全球化

（一）所遵循的标准和原则

此次修改所遵循的标准和原则有两个方面：一是依照《商法典》执行中暴露的问题对澳门社会民生的影响，并根据影响的轻重缓急，确定了以不干扰澳门现有商业活动正常运作为今次修订的原则；二是确定首先应从立法层面修改最紧迫的问题，而不属紧迫的问题，则留待今后适当时间再作检讨。

所以，此次修改将一些社会上反映出的一些紧迫的、强制性的登记规定，变通为任意性规定，或者将原本限期遵守的强制性规定，变为公司在作出相应调整时才须遵守。此一改变，使原来已正常运作的公司可以保留原有的做法，无须在限定时间内立即符合《澳门商法典》的规定，而是在公司自身需作出某些调整时，方须符合《澳门商法典》的规定，将《澳门商法典》对澳门社会可能造成的冲击降至最低，也使其易于被社会接受。

（二）修改的内容

第6/2000号法律废止了第40/99/M号法令第16条，并修改了第40/99/M号法令第11、17、20及24条等4个条文，废止了《澳门商法典》第67、68、186条等3个条文，修改了《澳门商法典》第23、39、41、103、130、131、143、179、233、234、235、359、366、367、383、384、386、388及389条共19个条文。另外，鉴于法典的中文与葡文之间出现不一致之处，还修改了《澳门商法典》第1181、1182、1256、1257条的葡文本，使两文本条文内容一致。

回归前澳门独资商人从事商业活动，只需领取行政准照，或者在某些情况下，只要将商号开业一事向财税当局作出简单通知即可，而从未要求作商业登记。《澳门商法典》引入强制性登记的规定，要求所有从事商业或工业活动的个人及公司都必须登记，这无疑将会有利于保障一般商业交易的安全,[①] 但对传统形成且已根深蒂固的制度和习惯来说,这需要有一个适应的过程,第6/2000号法律将《澳门商法典》的强制性规范转化为任意性规范,用一种立法的引导来寻找出一种既能满足商业营运需要,又能逐步使利害关系人了解变更商法规则所带来的好处,最后使他们从变更中得益的制度,这无疑是一种立法的衡平技术,有积极的效果。

而此次修改,亦使法典生效前存在的企业能够继续沿用其本来的商业名称,对澳门传统的商号起到保护作用,以确保澳门历史与现代化商业习惯之间保持最起码的连贯性。

第40/99/M号法令要求在《澳门商法典》实施之前已设立的公司,若资本额低于《澳门商法典》的最低资本限额,应予以补足,换言之,该法令具有溯及既往的效力。第6/2000号法律纠正了该法令错误的做法,规定"新法典规定之资本下限,不适用于在其开始生效日已设立之公司",体现了对既往商业习惯的尊重,同时也体现了保障商业活动安全性的倾向。

(三) 小结

作为紧急立法程序的产物,第6/2000号法律是不可能对《澳门商法典》的所有弊端一次性地彻底根除。

而正如我们前面所分析的,《澳门商法典》究其实质,是澳门法律葡萄牙化的产物,由于澳门与葡萄牙的社会、文化、经济、习惯差异较大,移植而来的商事法律规范不可能对澳门商事关系作出有效调整,《澳门商法典》改革的道路依然漫长。

但不管怎样,本次修改,使原来《澳门商法典》一些较为

[①] 《修改〈商法典〉理由陈述(2000年3月)》,澳门特别行政区立法会网站,http://www.al.gov.mo,最后访问日期:2009年6月5日。

僵硬的条文富有弹性，为澳门完善商业活动的平稳过渡提供一个法律保障，同时，亦为今后进一步完善商业立法吸取了立法经验。

二 2009年修改

尽管曾由第6/2000号法律对《澳门商法典》作出局部修改，然而，面对澳门特别行政区经济的全面增长及发展，《澳门商法典》依然存在诸多不适，社会各界都认为有必要修订及完善该法典，以响应新的商业需求。特别行政区政府早在2007年就组织修订商法典的立法咨询，并先后与企业及专业界别的代表团体、公共部门、法律界及司法界人士举行多次会议，就有关事宜收集意见及建议。

这些咨询得出的结论是应分阶段对《澳门商法典》进行修订。而第一阶段，也就是2009年的商法修订应优先完善下列事项的条文：（1）经营商业企业之一般规定（第一卷）；（2）公司，特别是总则、有限公司及股份有限公司。

为此，法律改革办公室对中国内地、香港特别行政区、台湾地区以及欧盟、英国、葡萄牙等地的商事法律进行了比较法研究，务求为修订工作及建议的解决方案提供坚实而客观的依据。

2008年3月，澳门特别行政区行政长官办公室向立法会呈交了立法法案文本，2009年7月28日澳门立法会审议通过该法案，并透过第16/2009号法律予以公布，规定该法律于2009年9月29日生效。

第16/2009号法律秉承"旨在配合社会的发展，透过优化投资及营商环境，为澳门特别行政区的商业发展创造有利的条件"的总目标，在以下几个方面对《澳门商法典》的"经营商业企业之一般规定"和"公司"等内容作出修改。

（一）提升企业营运的灵活性

1. 商业名称新颖性

在判断商业名称是否具新颖性时，之前的法律规定须考虑企业主的种类、住所、所从事或将从事的业务是否相同或相近。考虑到澳门特别行政区的实际情况，第16/2009号法律删除"住所"这一元素，并考虑到实际情况中某些业务活动虽然在商业名称中列明，但从未加以经营，有时在某些情况下甚至是专为"垄断"而滥用，所以亦删除了"将从事的业务"作为判断的元素。

2. 修改商业记账的规定

特区政府于2005年透过第25/2005号行政法规核准《会计准则》，使特区的会计行为有相应的法律依据，改变了之前会计记账的混乱状态。应运该改变，第16/2009号法律亦对《澳门商法典》关于商事记账的规定予以修改，使商业企业主可按照《会计准则》或适合其企业的方式记账，并实现了会计用语的统一。

3. 出租人之连带责任

第40/99/M号法令核准的《澳门商法典》规定自企业租赁合同副本在公证机构内存档后的30天内，商业企业的出租人须与承租人连带承担在该期间内因经营企业而发生的债务。这一规定明显增加了出租人不合理的负担，遭到出租人的极力反对，因此第16/2009号法律将出租人须负连带责任的期间定为自订立租赁合同之日起至登记有关租赁合同，缩短了责任期间。

4. 律师声明之免除

特别行政区政府推出"一站式"服务后，公司设立多透过公共公证员设立，这保障了公司设立文书的真实性。所以第40/99/M号法令核准的《澳门商法典》所规定的"私文书设立时须附有律师作出的、声明其跟进整个设立程序后证实并无任何不当情势的声明书"的规定在保障公司设立文书的真实性方面就没有意义，第 16/2009 号法律规定透过公共公证员设立公司，可免除有关的律师声明书。这一规定也有利于减少公司设立成本，并意味着公证员可参与公司的设立。

5. 在致第三人文件内之注明

第 40/99/M 号法令核准的《澳门商法典》规定在公司致第三人的合同、函件、公布、公告及其他文件内，须注明商业名称、住所、登记编号及公司资本；如已经缴付的公司资本与公司资本不相同，亦须注明已缴纳的资本。这一规定有违澳门现行的商业习惯，第 16/2009 号法律对此作出修正，删除须记载"登记编号"及"公司资本"的规定。

6. 议决之方式

之前《澳门商法典》规定若全体股东以附有议决建议的书面文件声明其投票意向，则无须透过股东会议决，但如其中一名股东没有透过书面投票，则仍须举行股东会；而在举行股东会的情况下，股东必须亲自出席或者透过代理人出席而投票。为提升公司的决策效率，第 16/2009 号法律规定允许股东透过协议作书面投票，而无须举行股东会。

7. 召集通告相隔时间

第 16/2009 号法律规定将因股东会第一次会议出席不足所需的法定人数时而召开第二次会议的间隔时间从 15 日缩减为 7 日，提升股东会召集的灵活性。

（二）扩大公司的自主权

1. 一人有限公司的持有

《澳门商法典》引进一人有限公司制度时，考虑到缺乏对公司集团事宜的专门制度，对一人有限公司的股东主体作出限制，规定只能是自然人。

但鉴于一些大型跨国集团经常透过母公司持有一间本地的公

司,以作为其联属机构,在这种情况下,第 16/2009 号法律规定一人有限公司可由单一的法人股东设立并维持其运作,这将会便利商事交易的运作。但为了保护交易安全及谨慎起见,因此还规定一人有限公司不得成为另一间一人有限公司的股东。

2. 董事会人数

受《葡萄牙商业公司法典》的影响,《澳门商法典》规定董事会须由单数组成。但在实践中,某一个董事的缺席将会使该制度流于形式。第 16/2009 号法律删除关于董事会必须由单数组成的规定,以加大董事会组成的灵活性,并提升董事会的效率。

3. 股的分割

《澳门商法典》规定因分割而产生的股,须为澳门元 1000 元或以上,且为澳门元 100 元的倍数。第 16/2009 号法律为提升股的转让的灵活性,规定只要同时与其他股合并能符合票面价值下限为澳门元 1000 元的规定,则允许进行分割。

4. 公司存续期的延长

《澳门商法典》规定如章程所定的存续期届满,仅得以全体股东一致同意延长,否则,公司须解散并开始清算。在股东人数众多的公司,如延长公司存续期,要求决议的一致通过可能难以实现。相反,改由容许不赞同延长公司章程所定存续期的股东可申请退出公司并有权消除有关的出资,这样的规定才契合现实。

5. 垫付盈余

《澳门商法典》规定股份有限公司的盈余,未经股东议决,不得分派。第 16/2009 号法律则规定,股份有限公司在章程允许下,可在每一营业年度中向股东垫付盈余,以实现股东提前分享公司经营成果的可能性,促进股东的投资信心。这是一个革新性的制度举措,它对公司法资本维持原则进行灵活处理,旨在通过垫付盈余以吸引投资者,当然该制度是有利于本澳博彩公司海外上市的举措。但是,该制度的实施可能会损害债权人和第三人利益,因此，第16/2009号法律同时规定严格的会计核算制度和垫付盈余的上限。

（三）容许应用高新信息科技

1. 电子文书及电子签名

立法会于2005年透过第5/2005号法律通过《电子文件及电子签名的法律制度》，应运该法律制度的生效，第16/2009号法律允许以电子文件或电子签名替代对书面方式或签名的要求或规定，而该等电子文件或电子签名的效力等同于纸本文件或签名。

2. 商业记账及企业管理的电子载体

《澳门商法典》规定商业企业主可对其商业记账制作微缩摄影。因应信息科技的引进，第16/2009号法律同时提供商业企业主另一种选择，容许其将商业记账的载体文件转录于电子载体，但须采用能保证如实复制原始档的严谨技术进行，允许商业企业主可使用电子载体储存其须保存的信件、文件及凭证等，从而降低商业企业主的经营成本，同时它还规定电子载体内的文件可取代原始档。

3. 电子通信

《澳门商法典》规定，关于应知会股东本人的公司行为，公司必须以挂号信通知股东。第16/2009号法律因应信息科技的普及化，并为提高公司的效率以节省公司成本，建议容许公司以电子邮件向股东发出通知，但公司必须确保通信安全，并只适用于同意使用这类通信方式的股东，另外，股东亦可利用电子邮件作为与公司的通信方式。

4. 簿册及股东会所需档的放置

先前规定公司必须将其簿册及股东会所需档放置在公司住所内供股东查阅。第16/2009号法律规定如公司章程允许，公司可将上述档上载于互联网的网址，供股东查阅。

5. 虚拟会议

先前规定股东会会议、行政管理机构会议及监事会须在公司住所或在澳门特别行政区的其他地点举行。面对跨国公司的设立、信息科技的发展，新法容许应用远距离信息传送方法举行股东会会议、行政管理机构会议及监事会，即虚拟会议，以提升公司的效率。

（四）完善公司监管方面的规范

1. 股东信息权

先前《澳门商法典》仅允许股东查阅股东会及行政管理机构会议记录簿册。为使公司的管理更为透明及更有效率，从而保障中小股东的权益，第16/2009号法律扩大股东信息权的范围，使他们可查阅倘有的监察机关会议记录簿册。对于股份有限公司，不仅容许股东本人，也容许代理股东出席股东会的人，均可查阅股东会的预备性文件。

2. 完善监事会的监察职能

第16/2009号法律在完善监事会的监察职能方面，作出了多项规定。首先，取消监事会成员人数上限（原先规定监事会仅由三名成员组成或由一个监事独任），并规定当监事会由双数成员组成时，监事会主席的投票具有决定性；其次，增加了候补监事制度，以便对公司进行更有效的监察；第三，对监事会成员或独任监事从公司收取的报酬规定应由股东会按固定模式而非按企业的业绩定出有关报酬，以确保监事会成员或独任监事客观地履行其监察职务。

（五）删除重复存档的规定

先前《澳门商法典》规定关于商业企业所有权的转移、享益及设定用益权或担保物权的合同副本、公司的设立档副本及转移有限公司中的股的合同副本，须在公证机构内存档。但是，如对上述行为规定相应的登记程序，而公司的设立文件须作商业登记，则无须再在公证机构存档。第 16/2009 号法律删除在公证机构存盘的规定，避免可能出现的重复存盘问题，并减轻经营者的营运成本。

当然，第 16/2009 号法律还对《澳门商法典》的一些条文作了轻微的修改，其中很多只是为了与澳门法律体系其他领域已出现的法律修订相协调，以及对《澳门商法典》的内容作更清晰的解释，这些都是一些在法律上影响不大的修改，在此不予以重复。

三　两次修改的评价

特区成立后的两次商法典修订，均围绕着公司法律制度展开，其原因是来自全球性的公司法制竞争的压力。自 21 世纪开始，世界性的公司法现代化改革浪潮频出。比如 2006 年英国实施公司法改革；2005 年联邦德国制定了《企业完整与撤销法》，并于 2006 年通过《德国公司治理规约》；2005 年日本正式颁布《日本公司法典》；欧洲委员会于 2003 年提出《欧盟公司法现代化和公司治理走向完善的行动计划》；而中国大陆也于 2005 年对公司法进行大规模的修订。

各国公司法现代化改革都是对 21 世纪经济全球化、一体化在立法上的响应，因此，通过公司法的修订增加公司经营的灵活度与活力，改善、提高公司治理水平，促进公司治理机制趋向科学、合理和高效，吸引国际资本进入本国市场，使本国公司能够融入国际社会，并在全球一体化的市场竞争中取得优势地位。这毫无疑问，是各国公司法现代化改革的共同目标。

澳门的两次商法典修改在其目标和内容上，与各国的公司法改革非常相似。毫无疑问，这种立法本身就是适应经济全球化的产物。但这也同时折射出一个问题，经由葡萄牙商法移植而来的澳门商法，在经济全球化的背景下，与澳门商业环境之间的相互排斥，愈呈激烈。

对于这种在特定环境下产生的排斥性的法律规则，我们在前面表述过，对待它可以采用两种手段，一是废除，二是进行本地化改造。显然，澳门特别行政区倾向于采用第二种手段。因此我们也可以说，两次商法典改革就是澳门特别行政区对澳葡时期所制定的《澳门商法典》的本地化改造。

本地化改造具有立法成本较低的天然优势，"拿来主义""移植他国成熟的法律"，是一国节约立法成本，迅速完成本国法律体系的一种很好的方式。

当然，立法成本并非是一国、一地区法律制定的最重要的因素，因为如果无法实现本地化改造的话，那么经由移植而来的法律将在本国产生不良效果，从而使该国、该地区承担更多的社会成本。这里面，最重要的因素是，不同文化背景的法律移植能否成功实现本地化改造。在阿兰·沃森的法律移植论里，不同文化背景的法域的法律移植是可能的，[①] 因为全世界都有深层次的共同法理念，这个共同法理念下的具体规则，可以经由适当的本地化改造，成为一国、一地区有效的法律机制。

透过阿兰·沃森的法律移植理论进而言之，不同文化背景下的法律移植能否成功，重要的是法律输入地需要根据本国的具体背景对引入的法律条文的意义作出调整，这样才能使输入的法律符合本国具体情形。因此，法律输入地对引入的法律条文所持有的与法律输出地的不同理解不仅是可能发生的一种社会事实，而且这种与法律输出地的不同理解是完全合理的，只有适应当地法律文化，才能使输入的法律发生效用。[②] 也就是，在法律移植中，输入的法律必须适应新的法律环境，变更或者修正其原有的法律

[①] 阿兰·沃森：《法律移植与欧洲私法》，《比较法电子期刊》2000 年第 4 期。
[②] 阿兰·沃森：《法律移植与欧洲私法》，《比较法电子期刊》2000 年第 4 期。

意义或法律功能，否则输入的法律最终可能被排除。

特区成立后的两次修改商法典的行为，正是变更、修正葡萄牙公司法框架下的具体规则，使其适应本地化要求的体现。这种修改，变更了葡萄牙公司法的基本原则，由此我们也可以得出结论，特区成立后的两次修改商法典的行为，实际上就是澳门商法去葡萄牙化的行为。

正如吴国昌议员在修改《澳门商法典》的立法会全体会议上所说的："事实上，我觉得，在澳门的经济发展里面，我们希望政府能够领导反恶法、反官僚和反垄断，这是需要整个形势的，而且反恶法这个范畴里面，我相信今日是迈出了重要的一步，相信是一个非常之肯定的步伐。"[①]

当然，这个恶法的排除行动，仅靠两次法典修订是不够的。两次修改把焦点集中在公司法律制度上，但是，法典中与澳门商业社会相排斥的何止公司法律制度，比如票据法律制度、保险法律制度和银行合同制度，这些都是澳门社会所关注的。《澳门商法典》的两次修订，远远不能使这部本来在一定程度上脱离澳门实际的法典变得完善，《澳门商法典》未来发展道路依然漫长。

第三节 商法全球化之途径：趋同与竞争

一 全球性的商法改革

为了适应经济全球化新的变化，自20世纪个别国家已着手进

[①] 《澳门立法会2000年4月17日全体会议摘录》，澳门特别行政区立法会网站，http://www.al.gov.mo，最后访问日期：2009年6月5日。

行商法的现代化改革。如果说这些零星的改革犹如涓涓溪流，那么，进入21世纪已迅速汇集成为世界性商法现代化改革的浪潮，汹涌澎湃，蔚为大观。

在亚洲，2003年10月29日，日本法务省公布了《关于公司法制现代化的纲要法案》，向社会公众征求意见，其目的是制定一部《日本公司法》以取代《日本商法典》第2编——有限责任公司法和商事特例法。2005年《日本公司法》获日本国会通过。此次修订的主要目的是从全球竞争的角度增加日本企业的竞争力，为应运公司经营全球化，主张废除关于不得在同一营业同一登记地登记同一商号的规定，为减少经营者责任，使其安心企业经营，大量规定了经营者的过失责任，并缩小了股东会的权限，增加了董事会的权限。[1]

在欧洲，法国与德国的改革举措亦是明显。2001年5月15日，法国颁布《新经济规制法》是在《商法典》"重生"之后，近20年来法国公司法领域所经历的最大一次更新。为预防企业的困境，2003年的破产法改革突出体现了预防企业破产的要求，同时进一步完善了破产程序。德国在20世纪90年代初，成立了"商法和商事登记簿"工作小组。这个工作小组在司法部的主持下负责调查，为避免德国经济在欧洲统一市场的竞争中处于劣势，德国商法应在多大的范围内进行修改。1998年6月22日颁布的，并于同年7月1日生效的《商法改革法》正是把这些建议付诸实现的一个具体行动。

英美法系在这场改革中亦不甘人后。1998年3月，英国贸工部发起了一个大规模的公司法审查活动，对现行公司法进行审查研究，为大规模修订公司法做准备。这次活动由公司法审查"指

---

[1] 王保树主编《日本公司法现代化的发展动向》，社会科学文献出版社，2004，第3页。

导小组"组织实施。指导小组组织发表了大量的咨询档及研究报告，并于 2001 年公布《竞争经济中的现代公司法：最终报告》。这份报告系统总结了这次公司法审查活动对公司法改革的建议，2006 年 11 月英国女王批准的英国《2006 年公司法》，正是这个小组工作的结晶。

在中国内地，最近几年的改革力度亦超乎想象。2005 年对《公司法》进行改革，大幅度降低公司最低注册资本，放宽公司准入条件，为提高公司竞争力，大篇幅规定了公司治理及其模式选择；2005 年《证券法》改革，坚持结合国家实际情况不断创新的同时，意欲提高上市公司整体质量；2007 年《破产法》重点突出了"重整制度"，使面临困境但有挽救希望的企业得到重生机会。

如此密集的商法修订活动，绝非偶然，而是在全球经济一体化向纵深发展时的主动应对，把握机遇，迎接挑战的必然反映。当今世界性商法现代化的动力，是经济全球化滚滚洪流中激起的一朵浪花。恰逢澳门特别行政区锐意革新，不断修正《澳门商法典》诸多错漏之时，综观当今方兴未艾的商法现代化运动的全域，总结其共同特征，了解各国商法个性差异，把握未来走向，对进一步完成澳门商法的改革具有重要意义。

二 全球化对商法的影响

全球化主要是指全球经济和市场的一体化，是世界资源的优化组合，是跨区域的贸易、资本、信息、市场、企业和人口的扩展过程，它促使全球市场和全球竞争一体化的出现。[①] 全球化使各国、各地区的经济联系更加紧密，形成错综复杂、相互依存、相

---

① G. Deng, "The Foreign Staple Trade of China in the Pre‐modern Era," *International History Review*, 1997, 2: 19.

互制约、相互渗透的结合体,从而实实在在地改变着各国、各地区的社会经济环境,乃至法律环境。

(一) 趋同

所谓法律制度的趋同化,是指调整相同类型社会关系的法律制度和法律规范趋于一致,既包括不同国家的国内法趋于一致,也包括国内法与国际法趋于一致。在全球市场经济的同质进程加速推进的背景下,国际商事活动"非国内化"现象正融入全球化趋势,商法的趋同化趋势亦日益加强,并构成"法律全球化"实践中最突出的一部分。

首先表现为商事统一交易规则的迅速扩张。在全球化的推动下,国际层面的交易规则立法不断扩大其调整范围,将原本属于国内法调整的事项纳入其视野,导致国内法被国际层面的法律制度替代或整合,并产生全球相对统一的法律制度。[1] 比如1978年联合国的《联合国海上货物运输公约》、1980年联合国的《联合国国际货物销售合同公约》、1994年国际统一私法协会的《国际商事合同通则》、国际商会的《国际贸易术语解释通则》及《跟单信用证统一惯例》等国际公约、示范法、国际惯例被各国广泛接受,并通过立法程序转换为国内商事交易法规的一部分。

其次表现为商事组织规范的趋同性,突出表现在公司组织规范上。比如在公司治理结构方面,2001 - 2006年,包括中国内地、台湾地区以及日本、韩国、法国、意大利和德国等,纷纷引进美国式的独立董事制度。德国2006年修订的《证券交易法》其第14条 - 2规定,已经依据本法发行股票之公司,得以章程规定设置独立董事,但是主管机关应视公司规模、股东结构、业务性质及

---

[1] 谢岚:《"法律全球化"问题初探》,李安主编《国际经济论丛》第4卷,法律出版社,2001,第58页。

第八章
走向未来：商法全球化

其他必要情况，要求其设置独立董事，人数不得少于 2 人，且不得少于董事席位 1/5。这突破了德国长期固守的公司二元双层治理结构，尝试着将英美法系单轨制的公司组织的优点与德国双轨制的公司组织的优点相结合；再比如随着科技的发展，各国均对信息技术的应用作出了响应，对公司的各类文书、信息披露，以及股东与公司之间的通信予以电子化，公司可以选择以电子通知的方式代替普通邮寄信函的方式，履行诸如召集会议的通知、传送文件和信息等手续，甚至股东大会的展开，可以采用虚拟形式。

最后表现为法律协调行动展开。协调性要求法律部门彼此之间、法律效力等级之间、实体法与程序法之间应相互协调，构成一个有机整体。经济全球化对商法的协调性提出更高要求，不仅要求在一国法律体系内的协调，而且还涉及一国商法与他国商法之间的横向协调，以及国内商法与国际法之间的纵向协调。

最近几年，欧盟的指令代表着商法协调行动的典范，起到深刻的影响作用。欧盟在《建立欧洲共同体条约》中规定：经委员会建议并同欧洲议会及经济与社会委员会协商后，理事会应以全体一致的方式发出指令，以使各成员国对共同市场的建立和运转发生直接影响的法律、规定和行政规定趋于接近。[①] 显然，这样的指令是为了引导各成员国的立法向趋同、一致的方向上发展，因为只有这样，才能实现有序化的欧洲统一市场的形成。今天，欧盟的立法协调行动已经被其他区域化组织所模仿。

（二）竞争

经济环境趋同的情形下，各国为实现产业结构的转变、提高

---

① 《建立欧洲共同体条约》第 94 条。

技术创新效率、参与国际分工、吸引外部资源，呈现出竞争的态势。为此，各国纷纷提高其制度效率，完善商业法律环境，努力营造促进企业发展的空间。市场竞争已经延伸到商事立法层面，并转变为法制环境的竞争。

1. 规则的竞争

法律规则的竞争首先从公司法开始。在世界经济一体化情形下，各国纷纷通过公司法对本地和国际经济活动施加影响，所以公司法的立法者一直着眼于公司法的系统建设，使本国的公司法在市场上成为更具吸引力的产品，吸引本地和国际企业家乐于使用它。为此，各国都力图通过公司法的修订，提高公司的治理水平，转变经营机制。诸多国家废除了公司法中过时的、僵化的限制公司自主经营的条文，为公司松绑；降低甚至撤除公司设立门槛，简化公司设立程序，鼓励出资方式自由化，吸引国内外的投资，保护股东利益，鼓励股东积极参与公司事务。

规则的竞争还体现在资本市场规则上。资本市场的全球化流通，使资本市场规则的竞争越趋白热化。一些国家执行严苛的资本市场监管模式，比如美国在 2002 年颁布的《萨班斯法案》，这使得本国资本市场存量资源纷纷退出，增量资源稀缺，给本国资本市场的国际竞争力造成重大不利影响。而有些国家则应运该种情况，适当放松资本市场监管力度，在严格监管与提升资本市场吸引力之间进行权衡，本国资本市值不断攀升。

2. 法律文化的竞争

不仅规则之间产生竞争，形成所谓的"探底竞争"态势，各国商事法制之间的竞争还表现为法律文化的竞争。

法律文化的竞争首要体现为法律语言的竞争。最近几年全球资本市场广泛流向香港市场及伦敦交易市场，其中心点就在于没有语言的障碍。每个国家均在共同的法律语言中探求自己共同的根源，比如法国之于比利时和卢森堡，西班牙和葡萄牙之于拉丁

第八章
走向未来：商法全球化

美洲，以排斥法律语言对其造成的侵袭，但是一旦外来语言被本地广泛接受，那么这种语言的壁垒将不复存在，整个机制将会陷入"探底竞争"中，所以越来越多的国家倾向于用一种全球共识的语言文件推广自己的法律及法律文化，以求得到广泛的认同。

法律文化的竞争其次表现在专业法律文化的建设竞争之上。我们以美国的特拉华为例。在19世纪末期，新泽西和特拉华通过了改革后的公司法。[1] 最终，特拉华赢得了美国大公司设立的主导地位。而且，特拉华也是企业选择重新设立的最好地方。但是，特拉华获得成功，并不是以法律规则作为唯一的因素，许多其他方面因素为特拉华进一步巩固其地位奠定了基础。这些其他因素包括特拉华现在拥有了优于其他州的判例法，可以高速处理复杂案件的法院系统，以及众多法律和金融专业人才。[2] 特拉华州的成功说明了在全球法制竞争的大环境下，规则之间的竞争只是其中的硬环境的竞争，法制软环境的竞争同时也占据着重要作用，这个法制软环境就是法律专业法律文化的建设，包括优秀的法律专业人才、出色的富有效率的法院体系等。

三 澳门商法该何如？

澳门的经济如今已经全面融入区域化和全球化进程之中，其赖以维系的博彩产业，本身就是全球资本运作参与财富再分配的一个典范。《澳门商法典》作为市场规则的承载者，同样不能回避一个最具挑战性的问题：面对全球化，澳门商法该如何响应？

---

[1] Karel Van Hulle, *European Corporate Law*, Nomos, 2006, p. 22.
[2] 绍景春：《欧洲联盟的法律与制度》，人民法院出版社，1999，第252页。

我们花了巨幅的篇幅，描述了澳门商法的来龙去脉，个中的意义在于表达出商法本土化的时代呼唤，但是，这个时代呼唤的背后，是澳门商法无论在制度层面抑或法律文化层面的落后，存在制度供给与现实需求之间的紧张关系，而这种紧张关系伴随着全球化步伐的加快而日益凸显。因此，如何在全球化背景下，对《澳门商法典》进行本土化、全球化构建及澳门商业法律文化进行规划、建设，已经成为澳门法律变革之重要环节。

（一）企业外部活动规则：吸收全球共同法理念与规则

市场经济的同构性，决定了商法具有天然的国际性品格，而全球化市场的发展、商法建构的全球化意识，更加凸显了这种品格。在商法领域中的企业外部活动规则，强调的是"共性"，而不是"个性"或"特色"，要确证一国商法的适时性、现代性，就必须实现由个性向共性的质的飞跃。澳门外向型经济的质量，注定了澳门商法更要实现共性飞跃，唯有此，才能避免因法律适用的差异而对本地区带来的不必要的压力和负担，唯有此，才能使我们预见到尚未发生的情况而提前予以应对。①

而这种飞跃，途径有二：一是移植基于全世界共同法理念下的外国法律制度，使之成为澳门商法体系的有机组成部分；二是有选择地纳入国际通行的惯例与规则，将国际规则国内化。

这里，我们有必要探讨一下国际私法公约在澳门的适用情况。在回归之前，葡萄牙将其缔结或参加的国际条约一部分延伸适用至澳门，这个适用是一种直接纳入的关系，虽经过立法程序的转换（比如1930年《日内瓦统一汇票本票公约》纳入《澳门商法典》第1134－1211条、1931年《日内瓦统一支票公约》纳

---

① 伯恩哈德·格罗斯菲尔德：《比较法的力量与弱点》，孙世彦、姚建宗译，清华大学出版社，2002，第43页。

第八章
走向未来：商法全球化

入《澳门商法典》第 1212－1268 条），但却没有经过本地化的筛选。①

但是，移植和纳入并不是盲目的认同及简单的照搬，它是一个缜密的创制法律的过程，这个过程的中心环节就是选择，它意味着对下列问题的谨慎考虑与理性决断：何种制度代表共性（并非一切发达国家法律制度都能反映这一点）？何种共性制度能够本土化？移植与纳入的时机如何把握？上述问题如得不到很好解决，其结局必然陷入"形移神不移"的盲目照搬的泥潭。澳门已经在移植的问题上走过弯路，我们需要引以为戒。

对共性的把握和理解必须建立在发现和指出本地区与各国法律的异同，以及该异同背后的历史、文化和社会原因，寻求各民族国家法律最大限度和最普遍的和谐，并在此基础上考察是否能为本地区法律尽可能地接受、吸纳。

对于澳门，现在的关键是，应当坚持对西方法律制度、国际法律制度的系统研究和比较研究，不能总是着眼于过去式的葡萄牙法律体系的研究；加强对本地区商法制度的实证研究，全面提升理性选择能力，避免空壳化。

当然，共同法的移植和纳入，并不能单纯依靠立法者的选择和努力，它依赖于各方面的合力：包括行政、司法、学界与商人的共同实践。就澳门目前状况而言，这股合力还很难迅速生成。由此可见，澳门现阶段的商法改革之艰辛。

另外，澳门所在的泛珠三角合作区域其整合趋势有不同程度增加，尤其是在中国大陆和台湾地区实现"大三通"，香港、澳门特区分别签订了数个"更紧密经贸关系安排"，国务院批复同意实

---

① 相关的情况还有：1954 年《海牙民事诉讼程序公约》、1961 年《海牙取消要求外国公文书认证公约》、1965 年《海牙关于向国外送达民事或商事司法文书和司法外文书公约》，它们都以直接纳入的形式成为澳门法律的渊源。

施《珠江三角洲地区改革发展规划纲要（2008—2020年）》后，泛珠三角合作区，尤其是粤港澳合作区的整合程度更高。这决定了澳门商法必须树立华人所广泛接受的区域法制理念，唯有此，才能有效地通过法律预防和解决华人之间的利益纠纷。

（二）比较差异，建立规则竞争优势

澳门所处的亚太地区，不同于葡萄牙所处的欧洲，这里是一个既相互依存又相互斗争的有机整体，有其独特的结构和存在形式。经过30多年的持续高速发展，亚太地区经济水平发生质的飞跃，但在区域内多层次、多种经济形式并存的多元趋势日益明显。不同于欧盟，亚太区域之间的多元化并存建立在国家间、地区间经济利益差异的基础之上，区域性的冲突使亚太区域关系更加复杂化。[①] 在此情形下，没有一种超主权力量的干预，使得这个区域之间的法制竞争日趋白热化。

竞争并非是没有目的的多向出击，而是应该立足于本土优势，建立一套健全的商事法律环境。

鉴于澳门的微型经济模式，它不可能在资本市场上掀起巨浪，但它却能在资本市场上承担起一定的作为，因而，放宽金融、保险业的准入，建立健全完善的中介人服务制度，是当前在资本法律环境上亟待解决的事情。恰逢《澳门商法典》第三卷银行合同、保险合同编修订之际，更应以完善资本中间市场法律规制为导向。而《澳门商法典》第四卷特别债权证券一编，本是国际公约的直接适用，难有自身的竞争优势，因而，标新立异以树立票据信用功能为准则的法律规则，将十分有益于本地区的商事运作及资本的国际融通。最近时期关于远期期票立法解禁的呼声，正是业界

---

① 陈峰君：《亚太地区的基本特征》，《当代亚太》1999年第12期。

第八章
走向未来：商法全球化

对具竞争性商事规则的一种呼唤。[①]

回到全球法制竞争异常激烈的公司法律制度上来。亚太区域短时间内还不能有欧洲那样高度协调的统一立法行动，因为亚太地区目前的区域化联盟还是松散的，不能像欧盟那样用一种公司法指令约束各成员国。亚太公司法竞争异常激烈，比如我们前面所说的 2005 年日本、2005 年中国内地公司法改革，都是在亚太公司法制竞争的产物。

相比而言，在吸引外部资源方面，澳门有其自身优势，这突出表现在税制结构的优势。博彩税的保障，使澳门无忧于政府财政，故而澳门最近几年税率不断下调，税收优惠措施层出不穷。这些自然是吸引外部资源的有利条件。但低税率地区何止澳门，与澳门一衣带水的香港亦属此类，此外，亚太区的菲律宾也属低税率区。因而，低税率已不再是吸引外部资源的唯一优势。如果外来资源在本地连商事组织实体都无法取得，那么低税率的吸引力将只会是一个美丽的"空中楼阁"。特区在 2009 年的商法改革中意识到这点，所以锐意革新，以提升企业营运的灵活性、扩大公司的自主权、容许应用高新信息科技、完善公司监管，以求除澳葡政府遗留之积弊，确立公司法制之优势。然而，积弊岂是一朝一夕、一次立法所能清除得了？

澳门现今中小企业之困顿，法制因素之一在于《澳门商法典》之烦琐，以此连本地中小企业都无法振兴之商法，以求吸引外部资源、提高技术创新效率、参与国际分工，无异痴人说梦。为此，《澳门商法典》中的公司法制应不断深入革新，与时俱进。

首先，应当建立更新机制，适应未来发展的需要。为此，应在法典中确立一些法律的基本原则，在此原则下，下级具体性技

[①] 佚名：《修商法利企业运作更灵活，业界认法律接轨国际对澳企有正面帮助》，《澳门日报》2009 年 3 月 7 日。

术规范由专业实体来完成。比如有关的会计标准和信息披露的操作性规范，应当由专业团体制定，而不需经过烦琐的立法会立法程序。只有这样，公司法制的完善才更具活力和艺术性。

其次，简化中小企业决策程序，方便自我管理。例如，召开股东会议没有必要成为这些公司的法定义务；设立公司秘书，不能以股东人数为豁免设立条件；中小企业的章程应予以简化；鼓励其股东通过调解和仲裁非诉讼的方式解决争议，为此，应尽量完善澳门的仲裁与调解制度环境；降低其公司账簿的要求等。

最后，简化公司设立程序。网络畅兴的今天，在线登记是一个不错的做法；取消检察院应促使对经营业务逾三个月而仍未登记之公司作出清算之规定；以设立并注册登记住所地判别公司身份机构，以取代行政管理机构所在地判别标准，鼓励国际间的资本流动，并方便世界贸易。

(三) 本地商事法律文化的构建

正如前面美国特拉华州案例透露的信息，法律规则之间的竞争并不足以保障本地区法制的优势，法制软环境，也就是法律文化的构建，亦是重要一环。

法律文化的建设，法律语言是重要一环，这在澳门表现得尤为突出。长期以来，澳门的裁判语言以葡萄牙文为主，现在澳门司法当局仍然认为中级法院和终审法院发出的葡文裁判书的中文译本极具参考价值，但仍只是作为译本。"中文"译本与"葡文"原文如有任何意义差歧，得以原文为准。[1] 这实际上说的是以葡文裁判书为准，具有法律效力，中文裁判书只是参考而已，没有法

---

[1] 香港律政司：《翻译法院判词》（香港特别行政区立法会 CB (2) 2566/02 - 03 (01) 号文件），香港特别行政区立法会官方网站，http://www.legco.gov.hk，最后访问日期：2009 年 5 月 30 日。

第八章
走向未来：商法全球化

律效力——中文法律翻译由此消灭了中文法律文书的法律效力。澳门中级法院和终审法院的这种语言实践完全是以葡文为主，而将中文当成辅助性语言，实际上仍然停留在1989年2月20日澳葡政府公布之第11/89/M号法令的状态。该法令虽然规定葡文与中文在澳门地区之官方同等地位，但其第1条第3项规定"倘葡文本与中文译本或中文本在理解上遇有疑义时，则以葡文本为准"——但是，该法令已经在1999年12月13日被澳门特区政府通过第101/99/M号法令废止了，因为这样的裁判习惯显然与基本法的精神相背离。

法律语言和法律文化密不可分，某种法律语言被使用于创造、保存和延续某一法律文化，而这种法律文化也赋予这些法律语言以意义——如果没有匹配的法律文化支持，法律文本的意义就无法被解释者理解和确定。葡萄牙法律文化皆由葡萄牙语表达、经由葡萄牙语创造，葡萄牙语和葡萄牙法律文化密不可分，单纯翻译无法将葡文本的意义完全表达于中文，亦即将葡文本法典翻译成中文本法典、翻译成中文的裁判文书当然不可能完全表达出葡文法律文本的含义。因此若只强调翻译的忠实性，则必须强调以葡萄牙法律文化为判断标准，亦即中文本法典和中文本法律文书的含义只能以葡萄牙文本身的含义为准。①

由此看来，澳门法律文化的语言基础只能以葡萄牙文为主。但从全球角度看来，葡萄牙语只是一种过去式的语言，其在世界的繁兴也仅限于16世纪。葡萄牙语属印欧语系拉丁语族，目前全球讲葡萄牙语的人口仅为2亿，除葡萄牙之外，葡语系国家包括巴西、莫桑比克、安哥拉、几内亚比绍、圣多美普林西比、佛得角、东帝汶等国。也就是说，葡语系国家分布很散，无法形成统一的经济体，它难以在世界经济一体化进程中取得骄人业绩。如果澳

---

① 在与澳门科技大学法学院助理教授谢耿亮先生讨论过程中所受的启示。

门继续以葡语作为法律主要文本和裁判主要依据的话，那么，势必会造成一种语言的障碍而难以有效地沟通商事交易关系。本来，澳门可以在两岸四地的竞争中发挥区域优势，结果这个优势被自身的裁判体系、律师制度所排斥，令人惋惜。所以，法律文化建设的首要就是去葡萄牙语化，真正确立中文优势，只有这样，才能真正在两岸四地的竞争中发挥区域优势。

专业法律文化优势是很多国家和地区之所以在公司法制取得竞争优势的重要原因，这方面，美国特拉华州已经为全世界作出表率，亚洲的表率则是香港。在香港，法官、律师经过严格遴选才能任职，因此，其专业性较强。在"一国两制"的框架下，香港每年都为不识中文的法官、律师开设中文法律课程，着重改善法官、律师的中文语言技巧，在聆讯的时候，采用务实手法，按有关案件的情况，从司法的角度来考虑用哪一种语言最为合适。所以香港的法官及律师素来以高效闻名。

而在澳门，律师及律师工会长期被葡萄牙人、土生葡人把持，形成一个利益集团，从而把自己陷进了狭隘的领域。他们对澳门法律改革之声置若罔闻，甚至予以反对，现今澳门律师公会主席葡人大律师华年达在 2008 司法年度开幕典礼上的讲话最能说明问题。他认为现行对法律进行改革的主张是"无视澳门和中国人民的地理、历史和文化，将其外来的系统和规则强加到本地人民头上的企图"。① 这充分反映了他们的观点，也说明了澳门律师制度的后进。不仅如此，在司法领域，他们还主张聘请更多的葡萄牙籍法官，现今终审法院的法官利马就是外聘法官。他们对澳门的实际商业情况本来就不熟悉，无法用中文与当事人沟通，这势必

---

① 《澳门律师公会主席华年达在 2008 司法年度开幕典礼上的讲话》，澳门律师公会官方网站，http://www.informac.gov.mo，最后访问日期：2009 年 6 月 20 日。

造成司法裁判效率的低下。

这种低下的裁判效率,突出体现在未决案件累积严重上——至 2008 年 12 月 31 日,澳门第一审法院中之行政法院的未决行政案件(适用于 1999/12/20 生效的《行政诉讼法典》)总数为 143 件,结案率为 47.23%;税务执行案(按照第 9/1999 号法律第 30 条第 3 款第 7 项的规定)未决案件为 144 件,结案率为 48.75%;刑事起诉法院的所有类型未决案件总数为 1458 件,结案率为 72.68%;初级法院的所有类型未决案件总数为 13538 件,结案率仅为 7.16%;中级法院的所有类型未决案件总数为 627 件,结案率为 50.12%;终审法院的所有类型未决案件总数为 12 件,结案率为 88.12%。[①] 在这当中,行政法院、中级法院几乎累积了一半未决案件,初级法院更是累积了惊人的九成以上未决案件。这种无法令人满意的司法效率,显然受制于澳门现今法律文化。长此以往,即使有富有竞争力的商法规则体系,澳门的商事法律环境仍然不具备竞争优势,澳门经济极可能在全球化的经济大潮中被无情淘汰。这值得我们深思。如何建立高效的、专业化的本地法官、律师制度,在现在的澳门,是刻不容缓的事情。

四 小结

全球化给澳门带来诸多机遇,也带来新的挑战,给予澳门更多的图景期待,也对澳门商事制度及商事法律文化提出了更高要求。澳门应该在吸收全球共同法理念与区域共同法理念过程中,纠正自身不足,发扬自身优势,确立本区域的商事规则和法律文

[①] 载澳门特别行政区法院官方网站,http://www.court.gov.mo,最后访问日期:2009 年 6 月 21 日。

化的竞争优势,才能再书写一篇微型经济体的美妙篇章。

我们谨以西班牙诗人胡安·雷蒙·西蒙内斯(Juan Ramon Jimenez)的话(他的精彩语句被镌刻在圣胡安的波多黎各大学校园内的一处喷泉旁边)来结束本篇:"立足于祖国土地,思想和心灵翱翔于世界的天空"。①

第四节 商城之路

历史上的葡萄牙人是带着大航海贸易攫取中国无穷财富的梦想来到澳门的,这个梦想拉近了澳门与世界的距离。在贸易的名义下,他们借居澳门,并本着双重臣服这样"谦卑"的心态,在中华帝国的一片土地上开始筑城自治,并在葡萄牙王室力量的引导下,使之成为远东贸易的商站。在这个商站里面,除了服从必要的中华帝国关于船舶和商事交易的管理外,他们还需要服从葡萄牙王室贸易特权的管理。但是,这一切并不能阻止他们将远在欧洲的中世纪商人习惯和葡萄牙商事法令援引适用于他们之间的交易,有时候,这种援引还扩张到和华人、其他外国人的交易中。我们把这些援引过来的规则,认为是澳门早期的商法。但这并不意味着它具有现代商法的特征。它没有经过立法程序的确认,它适用对象仅限于葡萄牙人(当然,还有土生葡人),它有时候还抑制外人参与其贸易活动……

这个大部分仅限于葡萄牙人之间的商人法,似乎昭示着未来葡萄牙的法律文化因为其内在的局限性,无法在华人世界里生根发芽。

到了19世纪中叶,葡萄牙与世界强国彻底无缘。但是,这并

---

① 伯恩哈德·格罗斯菲尔德:《比较法的力量与弱点》,第67页。

第八章
走向未来：商法全球化

不妨碍其附庸于英国，用一种"狐假虎威"的"强权政治"对澳门开始实施殖民统治。他们驱逐清朝官吏，对华人开征地税、人头税和不动产税，并将适用于葡萄牙的商法典直接延伸至澳门。

虽然1862年的《中葡和好通商条约》成为他们"永居管理"澳门的重要法理依据，但逐渐占据澳门商业主导权的华人华商并没有彻底成为葡萄牙商法治下的群体。相反，他们奉行华人社会的商业习惯，用一种"民间"的规则对葡萄牙人这种名不正、言不顺的治理进行着无声抗议。

而依然回味在大航海贸易辉煌中的1888年《葡萄牙商法典》注定无法响应工业革命后有效组织产品生产和产品供应的要求，它在现代化的道路上渐行渐远。同时，亦丧失了与华人商业文化交流融通的机会。

19世纪末20世纪初，澳门是罪恶的。这缘于苦力贸易、鸦片贸易、赌博业的繁兴。但它又是无辜的，因为是资本主义世界工业化对劳动力、资金的需求使它跨入这个罪恶的行当里。但这罪恶的行当毕竟也是贸易。

所幸的是，澳门在这不光彩的世界里，停留不是很久，它很快就利用了两次世界大战和世界产业转移的商业缝隙，创造出曾经的辉煌。在这个曾经的辉煌里，葡萄牙殖民者为了税收上的利益，建立了专营制度和工业准照制度，实施着与1888年《葡萄牙商法典》的自由主义实质背离的商业政策。也就是说，连葡萄牙人自己都背叛了由葡萄牙延伸至澳门适用的法律，那么，这样的法律何以有权威，何以在构建葡式法律文化中立下汗马功劳。

二战以后，美国开始谋求改变旧的世界体系下的制度安排，直接参与并促进非殖民化运动。但葡萄牙君主制国家依然在这场运动中固守其传统政策，直到国内革命将它推翻后才开始实施"非殖民化"政策。

该政策亦惠及澳门，虽然在革命政府眼中的澳门并非属于殖民地,"那只不过是葡萄牙当局驻守并行使'主权'的一个城市",[①] 但这并不妨碍澳门很快取得本地立法权。

恰逢其时,澳门在世界工业转移中积极地扮演着承接者的作用,在此影响下,澳门的工业、商业、旅游博彩业和金融业均得到飞速发展。本地立法权之取得,为澳葡政府应对澳门的发展提供了立法前提,它们在回归之前颁布了许多关于商事方面的法律、法令,作为1888年《葡萄牙商法典》的补充,这些对澳门的商事活动起到规范作用。

但我们应该认识的是,这个阶段的法律、法令,多以强行性规范的方式出现。1888年《葡萄牙商法典》所透露出来的自由主义、个人主义的私法精神和私法文化,依然无法为澳门商人所深刻感应。1888年《葡萄牙商法典》自1894年延伸适用于澳门,一直未能融入当地以成为多元文化交融的典范,这不能不说是一种遗憾。

1987年《中华人民共和国政府和葡萄牙共和国政府关于澳门问题的联合声明》的签订,宣告了澳葡政府在澳门管治的最后日程。而《联合声明》的政治共识所表达出来的"法律本地化"的概念,推动了澳葡政府加快立法脚步。它们同时也创造了世界立法史上的奇迹——不到10年时间,完成了五大法典的立法工作,在这当中就有《澳门商法典》。

时间的仓促是不言而喻的。不同于其他国家(地区)法典的起草,《澳门商法典》并未对澳门固有商业习惯做太多关注,以至于法典的一些规范与澳门的商业实践格格不入。我们不禁扼腕叹息,作为20世纪世界最后出台的一部商法典,并没有得到全世界给予的实质认同。

[①] Mário Soares, Democratização, *Dez Meses no Governo Provisório*, Lisboa: Publicações Dom Quixote, 1975, pp. 90 – 91.

第八章
走向未来：商法全球化

　　这部法典在澳葡时期的生效只有不到两个月的时间，也就是说，未来对该法典所承担的不利社会成本，一应由未来的澳门特别行政区负担。亦即，这是一部将不利后果加之于后续政府的法典。

　　"一国两制"的成功实施是回归后澳门经济迅速发展的原因，澳门形成了博彩业为主体的微型经济结构，在全球经济一体化进程中，参与财富的分配。与此同时，澳葡时期留下来的《澳门商法典》由于过分强调商事登记对交易安全的作用，忽略了中小企业降低成本、灵活经营的诉求，导致民怨沸腾。特区应运民众呼声，在2000年对《澳门商法典》进行了修改。但此次修改的紧急性特征，必然无法将《澳门商法典》的诸多缺陷予以纠正。

　　经过多年的咨询和研讨，2009年，特区第二次对《澳门商法典》作出修改。此次修改与第一次修改有所不同，它是建立在对全球化进程中商法趋同与竞争的冷静分析后得出的立法结晶，因而，在规则方面，它提升了企业经营的灵活性，扩大了公司的自主权，完善了公司监管制度，同时为高新信息科技应用于企业管理奠定基础。可以说，本次修改，澳门的公司法规则在全球化资本流动竞争中并不落下风。

　　然而，我们也要清醒认识，这场席卷全球的法制竞争，并不单纯指法律规则的竞争，相反的，法律文化等软环境，比如高效率的律师制度、法院体系及法律语言，也实实在在成为这种全球竞争的考察点。

　　必须承认，澳门的法律文化是落后的。葡萄牙人几百年来的治理，虽然把其商事惯例、商事法律援引（或者称为延伸适用）移植至澳门，但法律文化的移植却是缓慢的，甚至令人难以容忍。因为在澳门，本应被视为最能体现公平、正义的专业法律文化，却成为一小撮人维持其垄断利益的坚强堡垒，他们排斥了澳门专业法律文化的发展，同时也影响了大众法律文化的发展。我们需要改变，以全球化的名义。

澳门商法的道路，就是一条世界商业文明的演进道路。现在，它应该以开放和竞争的态度，为澳门良好商业环境的营造，作出自己应有的贡献。

结　论

美国人斯塔夫里阿诺斯认为，人类存在两种历史，一为公元1500年之前的，孤立与隔绝之历史，我们称为"地区史"，另一则为公元1500年之后的，交汇与融合之历史，我们称为"全球史"。

正值"地区史"向"全球史"跨越之秋，一批来自伊比利亚半岛那片贫瘠土地上的冒险家偶然闯入澳门，开始了其在亚洲攫取财富的商业投机和冒险旅程。在他们获得成功的同时，亦不自觉地将澳门——这个中国南方偏僻的渔村——推进了"全球史"的历史洪流中。澳门，从此被纳入到"全球史"的轨道中去，纳入到由自由主义所构筑的资本主义法律体系之中。

瞬间，一切都是新鲜的，就连矗立在静海岸边的那座小小庙宇——妈阁，也成为葡萄牙人对这个小小渔村的称谓。规约公司、股份公司、复式记账法，这些本来资本主义才有的组织方式和生活方式，被堂而皇之地引进到这里，并成为其社会生活的主旋律。

面对着这来自全新世界的事物，明清政府本可以武力强行驱逐。但是，源自中国文明承继下来的那种宽容的、开放的文化精神，使得明清政府并没有这样做。相反的，他们从中国最古老的"蕃坊"制度中寻找到提供治理澳门的制度模式与法律依据。即，让葡国人聚居在一地，享有某种程度的自治；只要葡国人遵守秩序，便可获得使用他们自己的法律，按照他们的风俗习惯办事之

第八章
走向未来：商法全球化

特许；但中国政府始终保持最高主权。

葡人不了解中国文化精义及其衍生的"蕃坊"制度，他们只是依据自己的传统在这里生活下来。中世纪的城邦"议事会"自治模式给予他们确立市政体制、法律体系的"灵感"，为使这个"灵感"更具法理上的正当性，他们寻求到了葡国国王特许令状的支持。

于是，16世纪在澳门所发生的这场跨文化的人类互动，竟在中西两种文化传统中"耦合"连接成一种"自治"制度，虽然其中各方的理解不同，但这不能不说是一场奇妙的历史景象。不管怎样，葡式的民事、商事习惯和法律制度被合法地、明确地应用于澳门，有效地解决了葡国人之间的纠纷；甚至，有时候还部分被应用于解决华与夷之间的纠纷。

接下来的历史里，资本主义在全世界的范围内取得了胜利，非洲、美洲被殖民化，而亚洲则被半殖民化。此时的葡国人，虽已然褪去了大航海时代的闪亮光环，但这并不妨碍他们以威吓、武力等手段窃取澳门的管治权，因为摆在他们面前的中国政府，早已是千疮百孔、风雨飘摇。

带着殖民者的荣耀，在取得澳门的管制权后，葡人便迫不及待地将《塞亚布拉民法典》、1888年《葡萄牙商法典》等葡国法律延伸适用于澳门。葡国人这样做当然有着其充足的理由。即，长期浸淫于西方法律传统中的葡式法律，自然契合了资本主义的生产方式、生活方式与价值理念等关于"现代性"和"理性"的诉求；19世纪以来各国风起云涌的法律移植运动，不正是对资本主义"现代性"要求的响应吗？启蒙思想所带来的法律理性主义不正是证实了世间确系存在一种普适、永恒的、放之四海而皆准的关于法律的原理与准则吗？

葡人似乎忘记了正悄然发生过的历史。其葡式法律中的理性主义之风，显然不是其内在源生的，而是在拿破仑的铮铮铁骑下予以确立的；由此放眼全球，18、19世纪理性主义之全球构建，不也正是建立在殖民扩张的"暴力性"基础上吗？如果暴力与掠夺是"现代性"生活方式的话，那么理性主义法律之存在又有何意义呢？

事实上，无论是法的原理还是准则，它们都只是时间与空间的存在物，都处于不断变化的过程中，根本不是什么本质不变的东西。理性主义法律观却将人类多元文明解释为启蒙程度的差异，抹杀了法律事物的变化性，隐含了对形而上学的偏执与辩解。

后来被葡国学者称为"游离"于葡国法律之外的澳门法律实践便验证了理性主义者的轻狂与谬误。当葡式法律制度与价值观"进犯"到澳门时，那里的华人本能地、内在地、默默地遵守其时毫无公力支持的、渗透着浓郁礼仪教化的华人风俗习惯，并在事实上架空了葡式法律；甚至在涉及所有权、诉讼权等中华文明所未曾深刻阐释的具体制度里，那里的华人也是在套用其所熟悉的文化概念或价值去进行意会、理解、适用的。

这样，中西两种文化对同一法律制度的不同理解，在澳门这片土地上产生了激烈的冲突。此冲突所衍生出的法律"本地化"之论战，仍是时至今日困扰澳门民商法律事物的首要难题。

这一历史难题，在回归后竟被一些人解读为保持葡式法律传统。其依据，竟源自《中华人民共和国澳门特别行政区基本法》第5条关于"一国两制"的阐述："澳门特别行政区不实行社会主义的制度和政策，保持原有的资本主义制度和生活方式，五十年不变。"这显然是对"一国两制"所深蕴的宽怀的、开放的中华文明精神和信念的错误解读，"一国两制"决然不会故步自封于某一种具体的法律制度中去。其真正涵意在于，宽怀、容纳资本主义制度和生活方式，运用本民族的文化传统和价值理念，将之沉淀、加工并构造成中华文明的有机组成部分。

由是观之，"本地化"的澳门民商法律制度构建，最终应仰赖

第八章
走向未来：商法全球化

于对中华民族文化传统和精神价值的正确理解。于是，我们不应只是专注于某一项具体法律制度的改革方案及其成败，而是应更关心作为整体的民族文化格局与文化秩序。我们不但应自觉地把每一项具体的改革放入到这样的整体格局中去考察与评判，而且寄希望于源生出一种更为和谐、有序、美满的文化秩序。自然，这样一种格局或说秩序，正悄然形成于澳门；而且，也许是最重要的，我们就生活在这样的一个时代中。

参考文献

中文著作

唐晋主编《大国崛起》，人民出版社，2006。

张天泽：《中葡早期通商史》，姚楠、钱江译，中华书局香港分局，1988。

周景濂：《中葡外交史》，商务印书馆，1991。

吴志良：《澳门政治发展史》，上海社会科学院出版社，1999。

金国平、吴志良：《过十字门》，澳门成人教育学会，2004。

吴于廑、齐世荣：《世界史·近代史编》上卷，高等教育出版社，2001。

米健：《澳门法律》，中国友谊出版公司，1996。

陈尚胜：《开放与闭关——中国封建晚期对外关系研究》，山东人民出版社，1993。

《中葡关系史资料集》，四川人民出版社，1999。

吴志良：《澳门政制》，澳门基金会，1995。

米也天：《澳门法制与大陆法系》，中国政法大学出版社，1996。

何超明：《澳门经济法的形成与发展》，广东人民出版社，2004。

黄湛利：《论港澳政商关系》，澳门学者同盟，2006。

娄胜华：《转型时期澳门社团研究——多元社会法团主义体制解析》，广东人民出版社，2004。

黄德鸿：《澳门掌故》，中国文联出版社，1999。

李由：《公司制度论》，北京师范大学出版社，2003。

黄汉强主编《澳门经济年鉴》(1984—1986)，华侨报出版社，1986。

《新时期新港澳经济关系专题研究》，澳门发展策略研究中心，1999。

华荔：《澳门法律本地化历程》，澳门基金会，2000。

范健：《商法》，高等教育出版社，2002。

范忠信选编《梁启超法学文集》，中国政法大学出版社，2000。

王保树：《中国商事法》，人民法院出版社，2001。

王保树主编《日本公司法现代化的发展动向》，社会科学文献出版社，2004。

绍景春：《欧洲联盟的法律与制度》，人民法院出版社，1999。

译著

费正清、刘广京编《剑桥中国晚清史》上卷（1800—1911年），中国社会科学院历史研究所编译室译，中国社会科学出版社，1984。

叶士朋：《澳门法制史概论》，周艳平、张永春译，澳门基金会，1996。

马士：《东印度公司对华贸易编年史（1635—1834年）》第1卷，区宗华等译，中山大学出版社，1991。

龙斯泰（A. Ljungstedt）：《早期澳门史》，吴义雄等译，东方出版社，1997。

伯尔曼：《法律与革命——西方法律传统的形成》，贺卫方等译，中国大百科全书出版社，1993。

伊夫·居荣：《法国商法》，法律出版社，2004。

蒙达都·德·徐萨斯：《历史上的澳门》，澳门基金会，2000。

尚波：《商法》，罗结珍、赵海峰译，商务印书馆，1998。

K. 茨威格特、H. 克茨：《比较法总论》，潘汉典等译，法律出版社，2003。

萨维尼：《论立法与法学的当代使命》，许章润译，中国法制出版社，2002。

艾伦·沃森：《民法法系的演变及形成》，李静冰、姚新华译，中国法制出版社，2005。

约翰·亨利·梅利曼：《大陆法系》，顾培东、禄正平译，法律出版社，2004。

孟德斯鸠：《论法的精神》（上），张雁深译，商务印书馆，1961。

伯恩哈德·格罗斯菲尔德：《比较法的力量与弱点》，孙世彦、姚建宗译，清华大学出版社，2002。

贡德·弗兰克：《白银资本——重视经济全球化中的东方》，刘北成译，中央编译出版社，2002。

汉斯—彼得·马丁、哈拉尔特·舒曼：《全球化的陷阱》，张世鹏译，北京大学出版社，2002。

中文论文

阿兰·沃森：《法律移植论》，贺卫方译，《比较法研究》1989年第1期。

戚印平：《加比丹·莫尔及其澳日贸易与耶稣会士的特殊关系》，《文化杂志》第57期，2005年。

郭卫东：《论18世纪中叶澳门城市功能的转型》，《中国史研究》2001年第2期。

任先行：《重商主义与商法的情怀》，《商事法论集·第12

卷》，法律出版社，2007。

李研：《葡萄牙商法的历史渊源——兼谈对澳门商法的影响》，《国际经贸探索》2005年第2期。

黎晓平、覃宇翔：《明代对澳门商贸之管理制度》，《澳门2002》，澳门基金会，2002。

罗晓京：《试析1846年以前葡萄牙管理澳门的历史特点》，《广东社会科学》1998年第2期。

戚印平：《明末澳门葡商对日贸易的若干问题》，《浙江大学学报（人文社会科学版）》2006年第5期。

赵宇德：《试析十六、十七世纪天主教风行日本的原因》，《日本研究》1996年第3期。

戚印平：《关于日本耶稣会士商业活动的若干问题》，《浙江大学学报（人文社会科学版）》2003年第3期。

汤开建：《明清之际中国天主教会传教经费之来源》，《世界宗教研究》，2001年第4期。

叶林、段威：《论有限责任公司的性质及立法趋向》，《现代法学》2005年第1期。

刘羡冰：《双语精英与文化交流》，《澳门语言学刊》2001年第12期。

黄翊：《澳门语言状况与语言规则研究》，博士学位论文，北京语言大学，2005年。

黎祖智：《澳门的葡萄牙语言和文化及其推广机构的现状与未来》，《行政》1995年第4期。

邓伟平：《过渡时期澳门法院的现状及其走向》，澳门中央图书馆、澳门历史档案室编《中葡关系四百五十年》，http://www.library.gov.mo。

姚立：《理性主义反思》，人民网读书频道，www.booker.com.cn。

汪太贤：《人文精神与西方法治传统》，《政法论坛》2001年第3期。

田成有：《理性主义与经验主义之争的法律视角》，《甘肃政法学院学报》2002年第4期。

李曙光、贺丹：《破产法立法若干重大问题的国际比较》，《政法论坛》2004年第5期。

李志英：《外商在华股份公司的最初发展——关于近代中国股份公司制度起源的研究》，《北京师范大学学报（社会科学版）》2006年第1期。

郭天武、朱雪梅：《澳门法律本地化问题研究》，《中山大学学报》1999年第2期。

吴国昌：《澳门过渡后期的法律本地化》，1995年第2期。

张学哲：《欧洲法院在欧洲一体化中的作用——对欧洲法院有关公司法裁决的分析》，《比较法研究》2008年第1期。

阿·康斯坦丁诺夫：《加入欧共体：葡萄牙克服经济落后的途径》，《世界经济译丛》1991年第5期。

赵燕芳：《澳门法律本地化之回顾与前瞻》，《行政》1992年第3/4期。

李江敏：《现代商法重心之转移》，《山西大学学报（哲学社会科学版）》2005年第3期。

何勤华：《法律移植与法的本地化》，中国民商法律网，http://www.civillaw.com.cn。

丁晓正、胡正荣：《葡萄牙媒体产业的集中历程及其特征与启示》，《现代传播》2006年第3期。

赛德曼夫妇：《评深圳移植香港法律的建议》，《比较法研究》1989年第1期。

陈锡文、卢中原、侯永志、赵阳：《欧盟区域政策在西班牙、葡萄牙的实践及其对中国的政策启示——赴西班牙、葡萄牙考察报告》，国务院发展研究中心网站，http://www.drcnet.com.cn。

梁治平：《中国法的过去、现在与未来：一个文化的检讨》，《比较法研究》1987 年第 2 期。

封小云：《澳门经济适度多元化的路径思考——引入一个新的分析视角》，《广东社会科学》2008 年第 6 期。

谢岚：《"法律全球化"问题初探》，李安主编《国际经济法论丛》第 4 卷，法律出版社，2001。

陈峰君：《亚太地区的基本特征》，《当代亚太》1999 年第 12 期。

陈文源：《清中期澳门贸易额船问题》，《中国经济史研究》2003 年第 4 期。

王海港：《澳门经济落后的根本原因：制度问题》，《中山大学学报》1999 年第 2 期。

彭家礼：《十九世纪开放殖民地的华工》，《世界历史》1980 年第 1 期。

林广志：《晚清澳门华商与华人社会研究》，博士学位论文，暨南大学，2006。

邓正来：《两种法学全球化观——中国将何去何从？》，《法学家》2008 年第 5 期。

朱塞·科思达：《澳门商法典中的商业企业》，《澳门大学法律学院学报》2000 年第 9 期。

安娜·马丽亚·阿马罗：《大地之子：澳门土生葡人研究》，《文化杂志》第 20 期，1994 年。

Eduardo Nascimento Cabrita：《法律翻译——保障澳门法律 - 政治自治之核心工具及遵守联合声明之必要条件》，《行政》1992 年第 2 期。

António Aresta：《澳门的政权及葡语状况（1770 - 1968）》，《行政》1995 年第 1 期。

J. A. Oliveira Rocha：《论澳门法律制度之可行性》，1991 年

《行政》第 13/14 期。

Blaurock:《德国与欧盟公司法》,《欧洲私法杂志》1998 年第 3 期。

阿兰·沃森:《法律移植与欧洲私法》,《比较法电子期刊》2000 年第 4 期。

罗伯特·赛德曼:《评阿兰·沃森的〈法律移植:比较法的方法〉》,王晨光译,《中外法学》1989 年第 5 期。

外文资料

川村正幸等:《现代商法》,东京:中央经济社,2001。

T. G. Williams, *The History of Commerce*, London, Isaac Pitman & Sons, 1926.

Anderson, *James Maxwell The History of Portugal*, Greenwood Pub Group 2000/02/28.

Sanjay Subrahmanyam, *Portuguese Empire In Asia, 1500 - 1700: A Political And Economic History*, Pearson Education Limited, 1992.

Joel Serrã, *Dicionário da História de Portugal*, Lisboa, Iniciativas Editoriais, 1971.

高獺弘一郎:《耶稣会与日本》,《大航海时代丛书》第 2 期,东京:岩波书店,1988。

Mário Júlio de Almeida Costa, *História do Direito Português*, Almedina, 2008.

Pereira, António dos Santos. *Portugal. O Império Urgente*, University of Beira Interior, Ph. D thesis (2003) Lisboa: INCM.

José Alvarez - Taladriz:《1610 年澳门、长崎贸易船 ArmaÇão 契约资料》,野间一正译,《基督教研究》第 12 辑,东京:吉川弘文馆,1967。

参考文献

António Manuel Matins do Vale, Entre a Cruz e o Dragão: O Padroado Português na China no séc. XVIII (Ph. D. diss., Universidade Nova de Lisboa, 2000).

Pe. Manuel Teixeira, *The Church in Macao*, R. D. Cremer: *Macall Origins and History*, Hong Kong: UEA Press Ltd., 1987.

R. Tsunota & L. C. Goodrich, *Japan in the Chinese Dynastic Histories*, *Later Han through Ming Dynasties*, South Pasadina, 1951.

A. M. Martins do vale, *Os Portugueses em Macau* (1750 - 1800), Instituto Português do Oriente, 1997.

José Maria de Vilhena Barbosa de Magalhães, *José Ferreira Borges*, in *Jurisconsultos Portugueses do Século XIX*, Lisboa, 1960.

Pedro Lains e Álvaro Ferreira da Silva, *História Económica de Portugal 1700 - 2000*, Lisboa, 2005.

Brito Correia, *Diteito Comercial Volume I*, Lisboa: AAFDL, *1987*.

Watson, *The Making of the Civil Law*, Harvard University Press, 1933.

Vital Moreira, *A ordem jurídica do capitalismo*, Lisboa, 1973.

PAULO MERÊA, Projecto de Constituição de 1823, *Boletim da Faculdade de Direito de Lisboa*, XLIII Vol.

C. R. Boxer, *Estudos para a História de Macau*, 2 vols, Lisboa, Fundação Oriente, 1991.

José Maria BRAGA, *Hong Kong and Macao: A Record of Good Fellowship*, Graphic Press Limited, Hong Kong, 1960.

Heidegger, Einführung in die Metaphysik, a. Aufl., Tübingen 1958.

Mário Soares, *Democratização: Dez Meses no Governo Provisório*, Lisboa, Publicações Dom Quixote, 1975.

B. Buzan, "The Asia - Pacific: What Sort of Region, in What Sort of World?" in A. G. McGrew and C. Brook, eds., *Asia - Pacific in the New World Order*, London: Rout ledge, 1998.

Clive M. Schmitthoff, ed., The Harmonisation of European Company Law, The United Kingdom National Committee of Comparative Law, 1973.

Ferrer Correia, Almedina. Sobre a projectada Reforma da Legislação Comercial Portuguesa, Temas de Direito Comorciale Direito Intermacional Privado, 1977.

Pinto Furtado, Disposição Gerais do Código Comercial, Almedina, 1984.

Brito Correia, Direito Comercial I, AAFDL, 1987.

António Costa Pinto, "The Transition to Democracy and Portugal's Decolonization," in Stewart Lloyd-Jones and António Costa Pinto, eds., The Last Empire: Thirty Years of Portuguese Decolonization, Bristol, UK: Intellect, 2003.

G. Deng, "The Foreign Staple Trade of China in the Pre-modern Era," *International History Review*, 1997.

Karel Van Hulle, ed., *European Corporate Law*, Nomos, 2006.

典籍类

郭棐：《广东通志》卷69《外志》，万历20年刊本。

邓迁：《嘉靖香山县志》卷1《风土第一》，嘉靖刊本。

《明史·佛郎机传》，中华书局，1974年点校本。

印光任、张汝霖：《澳门记略·官守篇》，赵春晨校注，澳门文化司署，1992。

《香山县志》卷8《濠镜澳》。

梁廷枏：《粤海关志》卷7，道光刊本。

《世宗雍正实录》卷29，雍正三年正月己巳。

《军机大臣庆桂等奏会议百龄等酌筹民夷交易章程逐款胪陈呈

览片》(嘉庆十四年五月十九日,1809年7月1日),选自《清代外交史料》嘉庆朝第3册。

张嗣衍:《广州府志》。转引自中国第一历史档案馆、澳门基金会、暨南大学古籍研究所合编《明清时期澳门问题档案文献汇编》(五),人民出版社,1999。

陈翰笙:《华工出国史料汇编》第4辑,香港中华书局,1985。

广东省档案馆编《广东澳门档案史料选编》,中国档案出版社,1999。

吴志良、杨允中:《澳门百科全书》,澳门基金会,2005。

施白蒂:《澳门编年史》,澳门基金会,1995。

《澳门宪报中文资料辑录:1850—1911》,澳门基金会,2002。

网站及报纸

科英布拉艺术学院历史、思想研究所网站:http://www.uc.pt

澳门博彩监察协调局网站:http://www.dicj.gov.mo/CH/index.htm

澳门统计暨普查局网站:http://www.dsec.gov.mo

澳门财政局网站:http://www.dsf.gov.mo

澳门律师公会官方网站:http://www.informac.gov.mo

香港特别行政区立法会官方网站:http://www.legco.gov.hk

澳门特别行政区法院官方网站:http://www.court.gov.mo

《21世纪经济报导》,www.21cbh.com

《澳门日报》,www.macaodaily.com

法律、法规及立法意见书

《菲力普一世律令》

1888 年《葡萄牙商法典》
1901 年《葡萄牙有限责任公司法》
1888 年《中葡和好通商条约》
1932 年《葡萄牙宪法》
1968 年《欧共体公司法 1 号指令》
1986 年《葡萄牙商业公司法典》
1999 年《澳门商法典》。
澳门特别行政区第 6/2000 号法律
澳门特别行政区第 48/2009 号法律
澳葡时期立法会——司法及安全委员会：《第 6/96 号意见书》
澳葡时期立法会：《第 1/99 号意见书》
2000 年《修改〈商法典〉理由陈述》
2008 年《修改〈商法典〉理由陈述》

图书在版编目(CIP)数据

望洋法雨：全球化与澳门民商法的变迁／黎晓平，汪清阳著．—北京：社会科学文献出版社，2013.3
（澳门研究丛书·"全球史与澳门"系列）
ISBN 978-7-5097-3838-2

Ⅰ.①望… Ⅱ.①黎… ②汪… Ⅲ.①民法－研究－澳门 ②商法－研究－澳门 Ⅳ.①D927.659.304

中国版本图书馆 CIP 数据核字（2012）第 235265 号

澳门研究丛书·"全球史与澳门"系列
望洋法雨：全球化与澳门民商法的变迁

著　者／黎晓平　汪清阳

出 版 人／谢寿光
出 版 者／社会科学文献出版社
地　　址／北京市西城区北三环中路甲29号院3号楼华龙大厦
邮政编码／100029

责任部门／近代史编辑室（010）59367256　　责任编辑／郭　烁　于　冲
　　　　　　　　　　　　　　　　　　　　　　　　　　　徐碧姗
电子信箱／jxd@ssap.cn　　　　　　　　　　　责任校对／岳书云
项目统筹／徐思彦　　　　　　　　　　　　　责任印制／岳　阳
经　　销／社会科学文献出版社市场营销中心（010）59367081　59367089
读者服务／读者服务中心（010）59367028

印　　装／北京鹏润伟业印刷有限公司
开　　本／787mm×1092mm　1/20　　　　印　张／14.6
版　　次／2013年3月第1版　　　　　　　字　数／234千字
印　　次／2013年3月第1次印刷
书　　号／ISBN 978-7-5097-3838-2
定　　价／45.00元

本书如有破损、缺页、装订错误，请与本社读者服务中心联系更换
▲ 版权所有　翻印必究